JESÚS HERNÁNDEZ

Eso no estaba en mi libro de Hitler

ALMUZARA

Primera edición: abril de 2024

Editorial Almuzara • Colección Historia
Director editorial: Antonio Cuesta
Editora: Ángeles López
Corrección: Mónica Hernández
Maquetación: Joaquín Treviño

www.editorialalmuzara.com
pedidos@almuzaralibros.com - info@almuzaralibros.com

Editorial Almuzara
Parque Logístico de Córdoba. Ctra. Palma del Río, km 4
C/8, Nave L2, nº 3. 14005 - Córdoba

Imprime: Liberdúplex
ISBN: 978-84-10521-04-9
Depósito legal: CO-459-2024
Hecho e impreso en España - *Made and printed in Spain*

A mi hijo Marcel

«Entiendo a Hitler. Creo que hizo algunas cosas mal, absolutamente, pero puedo verle sentado en su búnker al final… Creo que entiendo al hombre. No es lo que llamarías un buen tipo, pero entiendo muchas cosas de él y simpatizo con él un poquito».

Lars von Trier, cineasta danés
Cannes, 17 de mayo de 2011

Índice

Introducción

El 4 de junio de 1942, Hitler realizó una visita secreta a Finlandia con el pretexto de felicitar al comandante en jefe de las fuerzas de ese país, Carl Gustav Mannerheim, por su 75º cumpleaños. Su propósito real era garantizar que Finlandia continuara siendo aliada de Alemania. La reunión tendría lugar en el vagón privado de Mannerheim.

Ese encuentro pasaría a la historia por un hecho singular. Thor Damen, un ingeniero de sonido de la emisora finlandesa Yleisradio, a quien se le había asignado grabar los actos oficiales del cumpleaños, grabó los primeros once minutos de la conversación privada de Hitler y Mannerheim, sin el conocimiento de los presentes. Los guardias de las SS, cuando se dieron cuenta de lo que Damen estaba haciendo, le hicieron el inequívoco gesto de cortarle el cuello para exigirle que dejara de grabar. Aunque los alemanes exigieron que la cinta fuera destruida, finalmente a Damen se le permitió conservar la cinta con la promesa de no difundirla. La grabación fue entregada a la Oficina de Censores del Estado, que la devolvería a la emisora en 1957. Años después, la cinta sería puesta a disposición del público.

Esa es la única grabación conocida de Hitler hablando en un tono no oficial, conversando tranquilamente, sin alzar la voz. Los once minutos discurren en un monólogo apenas interrumpido por el finlandés, en el que destaca su sorpresa ante la capacidad de los soviéticos para producir miles de tanques. Aunque Hitler se reafirma en que había hecho lo correcto atacando a la Unión Soviética, a pesar de haber infravalorado su potencial, se intuye precisamente lo contrario. Pero lo que más llama la atención es su voz; grave, profunda y extrañamente convincente y persuasiva. Al haber identificado siempre a Hitler con su imagen histriónica y vociferante, convertido en una caricatura, el auténtico Hitler se nos revela casi como un desconocido.

Ese episodio, pese a ser anecdótico, es una metáfora del desconocimiento que rodea a uno de los personajes centrales del siglo XX. Aunque se han publicado miles de libros sobre él, su auténtica personalidad parece escurrirse como agua entre las manos. Pero esa misma sensación la tuvieron los que lo conocieron en persona. En 1965, su arquitecto favorito, Albert Speer, reflexionó sobre el modo en el que describiría su carácter, después de veinte años: «Me parece que lo sé menos que nunca. Cuanto más reflexiono, mayores se me antojan las dificultades y más incomprensible me resulta su figura. Naturalmente, comprendo el juicio de la Historia acerca de él, pero no sabría cómo describirlo».

Speer evidenciaba la confusión y perplejidad en la que queda sumido el que intenta descubrir cómo era el Hitler *humano*, valga el oxímoron: «Podría decir que fue un hombre cruel, injusto, inaccesible, frío, falto de dominio, quejumbroso y ordinario, y, en efecto, era todo esto. Sin embargo, al mismo tiempo era también casi todo lo contrario. Podía ser un padre de familia solícito, un jefe prudente, amable, ecuánime, orgulloso y capaz de entusiasmarse por todo lo bello, por todo lo grande».

Otro testimonio es el de un oficial de la Wehrmacht, miembro de su cuartel general, Bernd Freytag von Loringhoven, quien en 1947 retrataría también a Hitler desde esa desconcertante óptica dual: «Se suele presentar a Hitler como un dictador furibundo, un ser desaforado apenas se le diera el menor motivo. Creo, sin embargo, que eso es falso y peligroso. Si se suprime todo rasgo humano en la imagen de Hitler, si se le arrebata su poder persuasivo, sus cualidades más atrayentes e incluso esa jovialidad austríaca que él sabía exteriorizar cuando quería, no se podrá explicar con imparcialidad el fenómeno».

Así pues, el objetivo de estas páginas es ofrecer ese retrato del auténtico Hitler en su complejidad y sus contradicciones, a través del relato de anécdotas y curiosidades, y de la descripción de los aspectos más desconocidos de su vida privada. Para reunir ese material he acudido directamente al testimonio escrito que dejaron algunos de los que mejor lo conocieron, como August Kubizek, Ernst

Hanfstaengl, Heinrich Hoffmann, Christa Schroeder, Traudl Junge, Rochus Misch, Heinz Linge, Otto Günsche o Hans Baur, entre otros. He incidido especialmente en dos aspectos que sus biógrafos suelen pasar por alto; sus relaciones afectivas, normalmente problemáticas, y el consumo desmedido de sustancias psicoactivas, que alterarían su comportamiento y su percepción de la realidad. En este último caso, me he basado en las revelaciones del historiador Norman Ohler, seguramente la aportación más destacada al estudio de Hitler en las últimas décadas.

Con todo ello, espero que el libro suponga para el lector la misma sorpresa que sigue provocando aquella grabación finlandesa. En estas páginas aparecerá un Hitler insólitamente cercano, con sus traumas familiares, sus frustraciones y fracasos personales, sus miedos e inseguridades, y también con su intuición, su sentido del humor y su fuerza de voluntad, al mismo tiempo que aflorará el dictador cruel y despiadado que llevó al mundo a la guerra e impulsó el exterminio de millones de personas.

De Braunau a Múnich

Los años de infancia y juventud de Hitler son fundamentales para comprender su personalidad. Sufrió la tiranía violenta de su padre, pero encontró amor y comprensión en los brazos de su madre. Su adolescencia y juventud se verían marcadas por el fracaso y la frustración. Convencido de que estaba destinado a convertirse en un gran pintor, fue rechazado por la Academia de Bellas Artes de Viena. Tampoco pudo estudiar su otra gran pasión, la arquitectura, por carecer de la titulación necesaria. La muerte de su madre tras una prolongada y dolorosa agonía supondría un golpe todavía más duro. Incapaz de ganarse la vida, acabaría viviendo durante un tiempo en la calles de Viena.

Con su llegada a Múnich revivieron sus esperanzas de llegar algún día a ser alguien. Recibió con entusiasmo el estallido de la Primera Guerra Mundial pero, tras cuatro años de penalidades y sacrificios, la derrota germana le hizo descender a un nuevo abismo personal. De nuevo en Múnich, el destino, esta vez sin buscarlo, vendría a su encuentro.

¡HEIL, SCHICKLGRUBER!

En 1942, el arquitecto favorito de Hitler y ministro de Armamento del Reich, Albert Speer, estaba conduciendo su vehículo por Austria cuando observó una placa grande en una casa del pueblo de Spital, cerca de la frontera con Checoslovaquia. En ella se podía leer: «El Führer vivió aquí en su juventud».

Más tarde, Speer se lo comentó a Hitler, quien se puso hecho una furia, reclamando a gritos la presencia de su secretario privado, Martin Bormann. Cuando este llegó a toda prisa, Hitler le dijo, gruñendo: «¿Cuántas veces he dicho que ese pueblo —Spital— no debe mencionarse nunca? Ese idiota de *gauleiter*[1] ha ido y ha puesto una placa, ¡debe retirarse de inmediato!»

¿Por qué Hitler montaba en cólera cuando le recordaban sus raíces familiares en Spital? El motivo era que de ese pueblo procedía la rama paterna, en la que existía una inquietante casilla vacía, la correspondiente a su abuelo. Hitler, al frente de un régimen que exigía la pureza de raza, estuvo siempre preocupado de que se pudiera encontrar una sorpresa desagradable en su ascendencia; en el peor caso, que su abuelo hubiera sido judío.

Su abuela paterna, Maria Anna Schicklgruber, una campesina de 42 años, tuvo en 1837 un hijo natural: Alois, el futuro progenitor de Hitler. Ella no quiso revelar el nombre del padre, un secreto que se llevaría a la tumba. Cinco años después, Maria Anna se casó con Johann Georg Hiedler, un peón molinero itinerante que entonces se hallaba sin trabajo. Por algún motivo desconocido Johann Georg no legitimó a Alois, que continuaría llevando el apellido de soltera de su madre, Schicklgruber.

El pequeño Alois fue criado por un tío paterno, Johann Nepomuk Hüttler —la grafía de los apellidos no era fija en esa época— en Spital, la localidad de donde procedía la familia. El motivo pudo ser el poco amor al trabajo de su hermano, lo que hacía que la familia pasase por estrecheces económicas. Maria Anna falleció en 1847, y el padrastro de Alois reinició su vida nómada, desentendiéndose de Alois, para regresar a Spital mucho más tarde, donde murió en 1857.

En 1876, Johann Nepomuk se preocupó en legitimar a su sobrino, que contaba ya con 39 años, sin que se conozca el motivo de esa decisión. Así pues, acompañado de tres familiares, acudió a un notario, quien inscribió a a Alois como hijo de Johann Georg Hitler, introduciéndose ya aquí el apellido de esa forma, no como «Hiedler» o «Hüttler». Tal vez ese cambio en la ortografía fuese un descuido del notario, pero también es probable que se tratase de una artimaña campesina para oscurecer el asunto. Al día siguiente, Johann Nepomuk, respaldado por los tres testigos y el protocolo firmado ante el notario,

---

1 Un *gauleiter* era el Jefe Político del Partido Nazi en cada región administrativa o *Gau*. En total, Alemania constaba de 32 *gaue* en 1934, que llegarían a 42 en 1945. En este caso, Hitler se refería al *gauleiter* de Estiria, Siegfried Uiberreither.

acudió al cura párroco de Döllersheim —del que dependía la comuna de Spital— y le solicitó que borrara la palabra «ilegítimo» del registro bautismal y que abriera uno nuevo en el cual constaría que su hermano Johann Georg había aceptado la paternidad de Alois, sustituyendo «nacido fuera del matrimonio» por «dentro del matrimonio».

Como vemos, teniendo en cuenta el tiempo que había transcurrido desde la defunción del padre y de la madre, esa legitimación constituía una farsa, a la que tanto el notario como el párroco se prestaron. Así, desde comienzos de 1877, doce años antes de que naciera Adolf, su padre cambió su apellido por el de Hitler, abandonando así el de Schicklgruber. De este modo, el apellido anterior, de rancio regusto campesino, se transformó en otro de diferente grafía y mayor sonoridad, un cambio del que posteriormente Hitler se mostraría muy satisfecho. Su amigo de primera juventud, August Kubizek, se acordaba de oírle calificar el apellido original de su padre de rudo, campesino y de difícil pronunciación, mientras alababa la musicalidad y facilidad de retención de «Hitler». De hecho, aunque Adolf se apellidó Hitler desde el primer momento, posteriormente algunos de sus adversarios políticos le designarían con el apellido de su abuela para ridiculizarlo.

El cambio de apellido que impulsó Johan Nepomuk tal vez modificó la historia mundial, ya que es probable que a su nieto le hubiera resultado más difícil abrirse paso en el mundo de la política si se hubiera mantenido el apellido de su abuela; cuesta imaginarse a los alemanes gritando «*Heil Schicklgruber!*» en vez de «*Heil Hitler!*»

Del mismo modo, no hay duda de que el épico duelo de la Segunda Guerra Mundial, entre Hitler y Stalin, lo hubiera sido un poco menos si sus protagonistas hubieran conservado sus apellidos originales: «Schicklgruber Vs. Dzhugashvili».

EL ABUELO JUDÍO DE HITLER

Gracias a aquella legitimación irregular aceptada por el párroco de Döllersheim, el molinero Johann Georg Hiedler, después de llevar dos décadas enterrado, se convertía en el padre de Alois, al menos oficialmente. Pero entonces, ¿quién pudo haber sido en realidad el abuelo de Hitler?

La primera hipótesis, que realmente hubiera sido el molinero itinerante, no se sostiene. Si así hubiera sido, lo habría reconocido en vida. Además, su despreocupación total respecto a la educación del niño apunta a que él no debía ser el padre.

Más posibilidades hay de que fuera su hermano, Johann Nepomuk. Teniendo en cuenta que él fue quien crió y educó al niño y que, al parecer, impulsó su legitimación tal vez para que pudiera recibir su legado, es lógico pensar que en realidad fuera él el padre. Al estar entonces casado, era comprensible que Nepomuk no reconociese al niño como suyo. Como la legitimación se produjo tras la muerte de la mujer de Nepomuk, se puede entender que ella constituía un obstáculo para ese reconocimiento.

Pero de la tercera posibilidad Hitler no quería ni oír hablar: que su abuelo hubiera sido judío. Tras la Segunda Guerra Mundial, se dieron a conocer las memorias del gobernador general de Polonia, Hans Frank, dictadas en su celda de Núremberg mientras esperaba su ejecución. Frank aseguraba que Hitler le había llamado a finales de 1930 y le había mostrado una carta de su sobrino William Patrick Hitler, hijo de su hermanastro Alois, por la que amenazaba con revelar que su antepasado común era judío. Siempre según Frank, Hitler le encargó investigar ese punto, descubriendo que Maria Anna Schicklgruber había tenido su hijo cuando trabajaba como cocinera en casa de una familia judía de Graz apellidada Frankerberger. Frank decía haber descubierto que quien había dejado embarazada a Maria Anna era el hijo de los Frankerberger, que entonces contaba con diecinueve años; el padre de familia se había encargado de enviar cantidades regulares a Maria para el mantenimiento de su nieto, hasta que Alois cumplió catorce años.

Aunque la historia relatada por Frank en sus memorias tuvo mucho eco, las investigaciones posteriores demostraron su inconsistencia. En la década de 1830 no había en Graz ninguna familia judía que se llamase Frankerberger; de hecho, no habría ningún judío en esa región, Estiria, hasta tres décadas más tarde, ya que hasta 1860 no se permitió a los judíos residir en esa parte de Austria. Tampoco había pruebas de que Maria Anna estuviese alguna vez en Graz.

En definitiva, la hipótesis de que el abuelo de Hitler fuera el hijo de los Frankerberger, tal como apuntaba Hans Frank, es descartable. Si pudo ser un judío cuya identidad desconocemos es algo que nunca sabremos. La posibilidad de que el abuelo paterno de Hitler fuera judío existe, pero es poco probable. En definitiva, el abanico de posibles candidatos a haber sido el abuelo de Hitler quedaría totalmente abierto.

UN CAPRICHO DEL DESTINO

Alois Hitler, el padre de Adolf, marchó a Viena para trabajar de aprendiz de zapatero. Pero a Alois no le atraía ese oficio y a los dieciocho años ingresó en el Servicio Imperial de Aduanas. Fue ascendiendo como oficial al servicio del Estado, aunque nunca pasaría de ser un funcionario de categoría menor debido a su falta de titulación. Un compañero de la oficina de aduanas de principios de la década de 1880 lo describió como «antipático para todos nosotros. Era muy estricto, detallista y hasta pedante en el trabajo y muy poco accesible como persona».

En 1873, Alois se casó con Anna Glass, que tenía entonces cincuenta años, catorce más que él, estableciéndose en Braunau am Inn, una localidad austriaca fronteriza con Alemania. Anna enfermó al poco tiempo; además, no tuvieron hijos, algo que era de prever teniendo en cuenta su edad madura. Alois, por su parte, mantenía mientras tanto relaciones con Franziska *Fanni* Matzelberger, una jovencísima cocinera de la fonda donde entonces residían los Hitler. Además, Alois había conseguido que Klara Pölzl, nieta de su tío Johann Nepomuk, dejase Spital y se trasladase a Braunau para ayudar a Anna en las tareas del hogar. Klara, que contaba con dieciséis años, era esbelta, con una abundante cabellera castaña y facciones delicadas. La turbadora presencia en la casa de ambas jovencitas, unida al espíritu fogoso de Alois, debió acabar con la paciencia de Anna, que en 1880 solicitó la separación legal y se marchó.

Fanni, con diecinueve años, quedó entronizada como esposa *de facto*. Como medida de precaución con el libinidoso Alois, hizo que Klara abandonase la casa para evitar tentaciones. En 1882, Fanni dio a luz un hijo, que recibiría el mismo nombre que su padre, Alois. La muerte de Anna en 1883 despejó el camino para que Alois y Fanni se casaran, lo que harían apenas seis semanas después de la defunción. Para entonces, Fanni ya estaba en avanzado estado de gestación; a los dos meses de la boda nació una niña, Angela.

Al año siguiente Fanni cayó enferma de tuberculosis; para que respirase aire fresco, fue trasladada a una casa en el campo. Alois recurrió entonces de nuevo a Klara para que se hiciera cargo del cuidado de los dos pequeños. La futura madre de Hitler poseía un gran corazón, ya que ayudó a Fanni a recuperar la salud, visitándola con frecuencia, a pesar de que anteriormente había forzado su expulsión de la casa.

En cuanto Fanni falleció, en el verano de 1884, Alois comenzó a hacer los preparativos para su boda con Klara. La que iba a ser su tercera mujer era 23 años más joven que él, curiosamente la misma diferencia de edad que tendrían Hitler y Eva Braun. Klara era hija de la prima de Alois y nieta de Johann Nepomuk Hiedler, en cuya casa se había criado Alois como si fuera su hijo. Fue necesario obtener una dispensa especial de la Iglesia católica, por tratarse prácticamente de tío y sobrina; de hecho, Klara llamaba «tío» a Alois. Al parecer, el hecho de que ya estuviera embarazada hizo acelerar el trámite.

Casa natal de Hitler en Braunau am Inn en 2010. *Foto del autor.*

Finalmente, el 7 de enero de 1885, Alois Hitler lograba casarse con Klara en Braunau, en la posada regentada por la familia Dafner. La ceremonia se celebró a las seis de la mañana para que Alois pudiera acudir después a su trabajo en el puesto aduanero, pese a ser domingo.

Klara era un ama de casa modelo. A Alois hijo y a Angela los trataba como si fueran sus propios vástagos. El 17 de mayo de 1885 nació en Braunau el primer hijo el matrimonio, Gustav. En septiembre de 1886 nació una niña, Ida, y un año después Otto, que murió a los pocos días de nacer. Pero esa desgracia no sería más que el preludio de una tragedia mucho mayor; en diciembre de 1887, Gustav falleció a consecuencia de la difteria, una enfermedad que se llevaría la vida de la pequeña Ida tan sólo unas semanas después. En apenas unos meses, Klara había pasado de tener tres hijos a no tener ninguno. No sería hasta el verano siguiente cuando Klara volvió a quedar embarazada.

El 20 de abril de 1889, un Sábado de Pascua frío y nublado, Klara daba a luz en la posada Dafner de Braunau a su cuarto hijo, Adolf. El Lunes de Pascua, el recién nacido fue bautizado en la iglesia de San Esteban de Braunau, quedando inscrito, tal como era costumbre entonces, con su nombre en latín: Adolfus.

El hecho de nacer en la frontera entre Austria y Alemania fue para Hitler un «capricho del destino», tal como dejaría escrito en su libro autobiográfico *Mein Kampf*. El hecho de que las primeras líneas de su obra las dedicase a señalar esta circunstancia geográfica, sin ni siquiera indicar la fecha de su nacimiento, denota la gran importancia que tenía para él; la unión de ambos países en un gran Reich alemán se convertiría en una de las grandes empresas de su vida.

LA ÚLTIMA PALIZA

La madre de Hitler comentó años después que su hijo Adolf fue un bebé enfermizo. En cambio, la criada recordaba a Adolf como «un niño saludable, vigoroso, que crecía muy deprisa». Tal vez, la apreciación de la madre se veía condicionada por el miedo a perderlo, como había sucedido con sus tres hermanos anteriores. Se ha dicho que, en su empeño de sobreproteger al niño, lo seguiría amamantando durante más tiempo del habitual.

Aunque casi no hay documentos y los recuerdos de familiares y conocidos hay que contemplarlos con prevención, se puede hacer un bosquejo de lo que fue durante aquellos años la vida habitual en el hogar de los Hitler.

La casa debía estar siempre bastante animada; además de Adolf, el matrimonio tuvo en 1894 a Edmund, fallecido en 1900, y en 1896 a Paula. Como se ha indicado, los dos hijos que Alois tuvo con la difunta Fanni también vivían con ellos: Alois hijo, que abandonaría el hogar en 1896, y Angela, seis años mayor que Hitler. Además, una de las hermanas pequeñas de su madre, Johanna, compartía techo con la familia; aunque era de mal carácter, sentía una especial debilidad por Adolf, lo que aprovecharía éste años después para sablearla regularmente.

El pequeño Adolf, con un año de edad. *Bundesarchiv.*

La situación económica de los Hitler correspondía a la de una familia de clase media acomodada, ya que el sueldo de Alois era superior al de un director de escuela. A pesar de mantenerse a salvo de problemas económicos, la vida de la familia no era apacible. A Alois no le gustaba hacer vida en casa; prefería mantenerse alejado de un hogar que por fuerza debía ser muy ruidoso por la presencia de tantos niños pequeños. Después del trabajo acudía a la taberna o iba a la parcela en donde tenía abejas. Su familia prefería que fuese así, ya que Alois poseía un carácter irascible que podía estallar en cualquier momento. En su casa era un marido autoritario y dominante, y se tomaba poco interés por la educación de sus hijos.

En *Mein Kampf*, Hitler describe a su padre como un funcionario escrupuloso y un excelente cabeza de familia. Sin embargo, en sus conversaciones con personas de su círculo íntimo lo señalaba como un borracho empedernido; en muchas ocasiones, él mismo era enviado por su madre a buscarlo por las tabernas para conseguir que regresase a casa. Aunque sus vecinos lo veían a menudo volver a su hogar con paso vacilante, lo tenían en gran estima. Por otro lado, sus

La madre de Hitler, Klara Pölzl, quien había perdido tres hijos antes de que naciera él.

aventuras amorosas, a las que había sido antes tan aficionado, parecían haber quedado definitivamente atrás.

Adolf sería el principal objeto de las iras de su iracundo padre, sobre todo después de que su hermanastro Alois se marchase de casa. Según su hermana pequeña Paula, «era especialmente mi hermano Adolf quien empujaba con su obstinación a mi padre a la severidad extrema y recibía cada día una buena zurra». El propio Hitler explicaría años después que su padre tenía súbitos arrebatos de cólera y que entonces le pegaba. Contaba también que su madre vivía constantemente preocupada por las palizas que él tenía que soportar.

Años más tarde explicó a su secretaria que un día, cuando vivían en Leonding, tomó la decisión de no llorar más cuando su padre lo azotaba: «Unos pocos días después tuve la oportunidad de poner a prueba mi voluntad. Mi madre, asustada, se escondió en frente de la puerta. En cuanto a mí, conté silenciosamente los golpes del palo que azotaba mi trasero». Según Hitler, después de ese día su padre no volvió a azotarlo nunca más.

No se sabe con certeza si Alois se mostraba también violento con Klara, pero un pasaje de *Mein Kampf*, en el que Hitler describe las condiciones de una familia de trabajadores donde los hijos tienen que presenciar como su padre borracho da palizas a su madre, apuntaría en este sentido. El testimonio de su medio hermano Alois parece confirmar ese extremo, un hecho que, de ser cierto, debió dejar una impresión indeleble en el pequeño Adolf.

Sin duda, esa violencia en el ámbito familiar tuvo que marcar la personalidad futura de Hitler, y no para bien. Su posterior incapacidad para construir relaciones de afectividad, así como la sed de dominio y su insensibilidad ante el sufrimiento ajeno podrían tener su origen en el modelo de conducta de su progenitor.

EL PADRE ADOLF

Con ocho o nueve años, el más ardiente anhelo de Adolf no era otro que ordenarse sacerdote. A menudo se hacía con el amplio delantal de la criada, se lo colocaba sobre los hombros a manera de casulla, trepaba sobre una silla y pronunciaba largos y fervientes sermones, con los demás niños de la familia como improvisados feligreses.

Por entonces la familia Hitler residía en la ciudad de Lambach, en el segundo piso de una posada situada frente a un imponente monasterio benedictino fundado en 1040. Adolf sacaba una notas excelentes; de hecho, en el último trimestre del curso 1897-98 llegaría a obtener la nota máxima en las doce asignaturas. Poseía además buena voz, y varias tardes a la semana acudía a la escuela coral del monasterio. Por tanto, se podría decir que, al menos hasta ese momento, era el hijo del que cualquier padre se mostraría orgulloso.

Un dato curioso es que para entrar en el edificio se tiene que pasar bajo un arco de piedra en el que está esculpido el escudo de armas del monasterio, cuyo elemento central es una esvástica. Lo que la diferencia de la cruz nazi es que las cuatro aspas exteriores forman un ángulo de cuarenta y cinco grados en vez de ser perpendiculares.

Ese símbolo había sido escogido en 1869 por el abad Theodorich von Hagen, probablemente debido a un juego de palabras que debió parecerle ingenioso. En alemán, esvástica es *Hakenkreuz*, por lo que su pronunciación es similar a *Hagenkreuz* o Cruz de Hagen. Así pues, la esvástica fue esculpida en el arco de la entrada con el

El monasterio benedictino de Lambach, cuyo escudo de armas era una esvástica. Adolf asistía a su escuela coral.

año en la parte superior. Al estar en un sitio tan prominente, Hitler podía verlo incluso desde la ventana del apartamento en el que residía. La esvástica también se hallaba en media docena de escudos de madera tallada repartidos por el edificio, por lo que es muy probable que ese símbolo se grabase para siempre en su memoria. Solo podemos especular con el grado de influencia que pudo haber tenido ese recuerdo a la hora de escoger el símbolo que representaría a su movimiento.

En cuanto a su ferviente inclinación por el sacerdocio y convertirse así algún día en el padre Adolf, una intención que su madre veía con muy buenos ojos, la realidad es que no duró demasiado; su vocación decayó tan rápidamente como había surgido. De todos modos, su fascinación por los ritos cristianos quedaría también grabada en su mente, lo que haría que, de manera consciente o inconsciente, aprovechase esa tradición secular para dotar a su movimiento político de un componente pseudoreligioso.

TOZUDO Y REBELDE

Hitler solía explicar una y otra vez sus experiencias infantiles al auditorio tan incondicional como cautivo integrado por sus pacientes secretarias. Según relataría una de ellas, Christa Schroeder, en la escuela, Adolf era el jefe de una banda siempre dispuesta a perpetrar gamberradas. Ya de pequeño era tozudo y rebelde.

Un día, su maestro, por distracción pasó lista llamándole *Hitter*, y él no se levantó de su asiento. El maestro lo miró a los ojos y, una vez más, dijo *Hitter*. El futuro Führer permaneció hierático. Finalmente, cuando el maestro perdió la paciencia, Hitler le respondió tranquilamente y sin levantarse de su asiento: «No me llamo Hitter, sino Hitler».

En diciembre de 1923, tras el fracasado *Putsch* de Múnich, el doctor Eduard Hümer, maestro suyo en la *Realschule*[2] de Linz, ofreció esta descripción del joven estudiante: «Puedo recordar muy bien al joven delgado y demacrado... tenía un claro talento, aunque en

2 La *Realschule* es un tipo de enseñanza secundaria intermedia entre la dirigida a la preparación para la universidad (*Gymnasium*) y la formación profesional (*Hauptschule*). Su origen en Austria se remonta a 1771.

un campo estrecho. Pero carecía de autodisciplina, siendo notoriamente irascible, terco, arrogante y de mal genio. Era obvio que tenía dificultades para adaptarse a la escuela. Lo que es más, era perezoso. Su entusiasmo por el trabajo duro se evaporaba con demasiada rapidez. Reaccionaba con hostilidad mal disimulada a consejos o reproches. Al mismo tiempo, exigía de sus compañeros de escuela una sumisión incondicional, imaginándose en el papel de líder».

En las clases de religión hacía servir estratagemas diabólicas para vejar al pobre capellán del pueblo, e intentaba convencer a sus compañeros de que la religión no era algo que pudiera tomarse en serio. Un día afirmó con gravedad, delante de toda la clase, que Dios no había creado al hombre; había leído en un libro que el ser humano descendía de los simios. Al día siguiente aportó como prueba un libro de Charles Darwin, cosa que provocó alarma en el profesor de religión. El director de la escuela hizo venir a su madre y la amenazó con represalias si no impedia que su hijo continuase leyendo libros blasfemos.

La clase de Hitler en la *Realschule* de Linz, en septiembre de 1900. Adolf es el primero por la derecha en la fila superior. *National Archives.*

NI TABACO NI ALCOHOL

Hitler era muy consciente de los peligros del tabaco. Pero no siempre había sido así, ya que de joven había sido un fumador empedernido. De todos modos, el motivo por el que abandonó su consumo siendo todavía joven no fue para proteger su salud, sino de tipo económico; solía relatar con frecuencia que durante su adolescencia, cuando vivía en Linz, gastaba mucho dinero en comprar cigarrillos, hasta que se dio cuenta de que eso le privaba de asistir a las funciones de teatro. Según explicaba, «estaba yo en el puente que cruza el Danubio y me dije: Hay que terminar con esto. Entonces arrojé el cigarrillo a las aguas del río. Desde entonces, jamás volví a fumar».

No obstante, la realidad de esa escena sobre el puente hay que ponerla en cuarentena, ya que Hitler explicaba también otra versión del momento en el que decidió no fumar más. Según relataría su secretaria Christa Schroeder, Hitler, también durante su primera juventud, se compró una larga pipa de porcelana, con la que tendría una traumática experiencia: «Fumaba como un carretero con aquella pipa, incluso en la cama. Una vez me quedé dormido y, cuando me desperté, la cama se estaba quemando. Aquel día decidí no fumar más, y me he mantenido fiel a mi promesa».

Un incidente parecido se produjo cuando, siendo muy joven todavía, Hitler bebió más aguardiente de la cuenta. Conocemos ese suceso gracias también a su secretaria Christa Schroeder. Según explica en sus memorias, siempre había tenido la sensación de que Hitler tenía reparos en explicar el motivo por el cual manifestaba tanta aversión al alcohol. El hecho de que envolviese aquella explicación de misterio no hacía sino atizar la curiosidad de Christa. Finalmente, la insistencia de la secretaria pudo más que su reserva y le contó el hecho, también traumático, que le hizo despedirse del alcohol para siempre.

Después de aprobar el examen de fin de estudios, Hitler y sus compañeros fueron a remojar el acontecimiento con una cantidad respetable de aguardiente en una taberna del pueblo. Pero el joven Adolf, que no estaba en absoluto acostumbrado a tomar alcohol, se mareó mucho; además, la bebida le pasó factura a sus tiernos intestinos, por lo que se vio obigado a acudir una y otra vez al escusado.

Al despertarse a la mañana siguiente, apenas podía recordar nada de lo sucedido, ni siquiera cómo había llegado a casa. Su padre quiso ver el certificado de estudios y no lo encontró; supuso que lo había perdido en algún momento de la noche anterior, por lo que se vio obligado a pedir una copia al director de la escuela.

Pero al hacerlo pasó la que él mismo calificaría como «la vergüenza más grande de toda mi juventud», ya que el director le devolvió el diploma con manchas de excrementos. Un campesino lo había encontrado en un granero y lo había llevado a la escuela. Al parecer, en el camino a casa, había tenido un apretón, entró en el granero para aliviarse y no se le ocurrió otra cosa que limpiarse con el flamante diploma. Hitler lo pasó tan mal con ese ridículo que, según diría, «desde entonces, no he probado una gota de alcohol»[3].

UNA PULMONÍA OPORTUNA

Tras aprobar un examen de recuperación de geometría, Hitler podía presentarse al denominado *Abitur*, el examen final para obtener el título que le permitiría proseguir sus estudios en una *Oberrealschule* o en una escuela técnica. Pero a Hitler se le debía hacer muy cuesta arriba la idea de tener que seguir acudiendo a clase, por lo que ideó una estratagema para abandonar sus estudios.

Adolf exageró una ligera afección pulmonar que había contraído durante las vacaciones en Spital para convencer a su madre de que ya no estaba en condiciones de seguir asistiendo a clase. La «grave enfermedad pulmonar» a la que alude en *Mein Kampf* para justificar su abandono de la escuela parece una exageración. No obstante, su hermana Paula aseguraría más tarde que, en efecto, su hermano padeció por entonces una afección de ese tipo. Un vecino afirmó

3 Esa rotunda afirmación sería inexacta. No era raro que Hitler se tomase una cerveza; en este caso, bebía una que se elaboraba especialmente para él en la localidad de Holzkirch, que tenía solo un dos por ciento de contenido alcohólico. En ocasiones, se hacía servir un vasito de Fernet Branca —una bebida amarga elaborada con hierbas maceradas— después de las comidas como digestivo, o una copa de Boonenkamp, un licor estomacal. Cuando decía hallarse resfriado, echaba un poco de coñac en el té. La propia Christa Schroeder sería testigo de cómo en la Navidad de 1944 tomó con placer una copa de vino tinto que le habían enviado. Sin embargo, cuando quisieron volver a llenarle la copa, lo rechazó enérgicamente. Al día siguiente volvió a probarlo de nuevo pero, según la secretaria, «su aversión al alcohol era superior a él».

también que «no estaba bien de salud» y confirmó que «tuvo que dejar los estudios debido a un problema pulmonar, de resultas del cual escupía sangre».

En todo caso, ese problema de salud, fuera grave o no, resultaría muy oportuno para sus intereses, en una constante que se repetiría a lo largo de su vida. Cuando Hitler se veía apurado ante una situación, siempre confiaba en que la Providencia acudiría en su ayuda, lo que le proporcionaba una gran autoconfianza.

La madre de Hitler, angustiada por los síntomas de su enfermedad, por leves que fueran en realidad, accedió a la dramática petición de su hijo de dejar de acudir a clase. Después de la pérdida de cuatro vástagos, la sola idea de perder también a Adolf debía aterrorizarle. Así, en ese otoño de 1905, el joven Adolf, a los dieciséis años, forzó esa interrupción de su escolaridad, un paréntesis que acabaría por ser definitivo.

Hitler, convencido de que su futuro estaba en la pintura después de haber sido calificado positivamente en la asignatura de dibujo, se mantendría tres años en Linz sin buscar trabajo. Según él, esos serían «los mejores años de mi vida».

COMPOSITOR DE ÓPERA

A finales de 1905, Hitler trabó amistad en las localidades baratas del teatro de Linz con un joven que también sentía pasión por la ópera, el citado August Kubizek, nueve meses mayor que él. El nuevo amigo de Hitler, al que este llamaba *Gustl*, tenía un espíritu apocado, lo que le convertiría en el oyente ideal de sus exaltados monólogos. Kubizek sufría por el destino que su padre le tenía reservado, el de tapicero. El muchacho también tenía un sueño: llegar a ser un gran músico. Sin embargo, se veía condenado por el momento a ayudar a su padre a tapizar muebles viejos.

Así pues, el destino de ambos jóvenes se cruzó en Linz. Kubizek había descubierto su vocación musical cuando, en una ocasión, tuvo que acudir al teatro de Linz para tapizar unos asientos, en un momento en el que se estaba ensayando una ópera. Desde entonces, no se perdería una sola función de este género musical, aunque solo podía permitirse una entrada para la zona de pie. Allí coincidía siempre con Hitler, pero sin llegar a intercambiar palabra. Pero un día, durante el entreacto de una actuación, empezaron a hablar sobre la desafortunada asignación de uno de los papeles. Ese fue el comienzo de la amistad entre ambos.

Si el sueño de Kubizek era ser músico, el de Hitler era, tal como se ha apuntado, el de ser pintor, aunque sus diseños arquitectónicos daban también salida a su ansia creativa. Su obsesión era cambiar la fisonomía de Linz, remodelando los edificios existentes y diseñando nuevos: «Se entregaba por entero a sus construcciones imaginarias, que lo absorbían completamente», afirmaría Kubizek en sus memorias. Mientras recorría las calles con Gustl, señalaba los elementos que debían modificarse y después explicaba en detalle el nuevo proyecto que debía sustituirlos.

Hitler daba ya entonces rienda suelta a su megalomanía; por ejemplo, consideraba que el nuevo museo debía duplicar su longitud para convertirse así en el museo más largo de Europa. También empleó su tiempo en diseñar una nueva estación de trenes para Linz en las afueras, proyectando convertir en parque el solar que ocupaba la vieja estación. Entre otros muchos elementos, ideó construir una torre de acero de cien metros de altura que dominaría un nuevo puente sobre el Danubio.

August Kubizek, el amigo de juventud de Adolf en Linz. Su sueño era ser músico.

Otros planes utópicos incluían proyectos destinados a resolver el problema de la vivienda en Viena y nuevas casas para los obreros, la creación de una nueva bebida popular que sustituyera a las bebidas alcohólicas o una orquesta itinerante que llevase la cultura hasta el último rincón del país. Se entiende que Kubizek se mostrase fascinado ante los ambiciosos proyectos de su amigo. Aunque esas ideas provocaban en Hitler entusiasmos súbitos y temporales que habitualmente se esfumaban poco después de formularlos, no dejan de resultar sorprendentes en un muchacho de apenas diecisiete años.

La música llamó también la atención del joven Adolf. Comenzó a tomar lecciones de piano con el mismo profesor de Gustl. Viendo el interés de su hijo, Klara accedió a comprarle un hermoso piano de cola Heitzmann. Pero al poco tiempo, al comprobar que tocar el piano requería de muchas horas de práctica, el interés de Adolf decaería. Abandonó sus clases particulares de piano cuatro meses después de haberlas iniciado: «Esos tediosos y monótonos ejercicios de digitación no se adecuaban de ningún modo a la forma de ser de Adolf», explicaría Kubizek. Hitler era incapaz de afrontar ninguna tarea de un modo sistemático y regular.

Sus inquietudes creativas también se centraron en las artes escénicas. Durante varios días, Adolf permaneció sentado ante la mesa hasta altas horas de la noche, escribiendo a la luz vacilante de una lámpara de queroseno. Llevado por la curiosidad, Kubizek le preguntó finalmente qué estaba haciendo y Hitler le tendió varias páginas de texto garabateado. En ellas describía una dramática escena en la que dos vigorosos guerreros sujetaban un toro negro sobre un altar de sacrificios; un sacerdote empuñaba una espada mientras otros soldados, apoyados en sus escudos y con las lanzas prestas, contemplaban atentos la ceremonia.

Hitler le explicó que se trataba de un texto teatral. La acción se desarrollaba en la época en la que el cristianismo llegó a Baviera. Probablemente no llegó a terminarla, al igual que otras obras que también comenzó a escribir, con argumentos basados en la mitología o la historia germánicas. Pero, tal como le señaló Kubizek, esos dramas con tintes wagnerianos requerían de montajes muy costosos, por lo que le sugirió que comenzase por escribir algo más sencillo.

Esa observación de su amigo provocaría precisamente el efecto contrario. Hitler consideró que el reto de escribir una simple obra teatral no estaba a la altura de su excelso talento y se lanzó a componer una ópera. Un comentario casual de Kubizek sobre el esbozo de un libreto acerca de *Wieland, el herrero*, que se había descubierto entre los papeles póstumos de Wagner, encendió la inspiración de Hitler. Él compondría la música y la interpretaría en el piano como buenamente pudiera, mientras que Gustl se encargaría de trasladarla a la partitura.

Durante unos días, Hitler se aplicó febrilmente a esa tarea, sin apenas comer ni dormir, y provocando las consiguientes molestias a Kubizek, quien debía ser consciente de que la ambiciosa empresa sobrepasaba las capacidades de su amigo. Noches después Hitler tocó la obertura en el piano y esperó ansiosamente la opinión de su amigo. Ya fuera por no contrariarle o porque pensase que la base era buena, se ofreció a darle a la música la forma métrica adecuada.

A Hitler no le convenció el trabajo de pulido de Gustl, pero la máquina creativa ya estaba puesta en marcha. Continuó componiendo durante varios días, además de bosquejar la escenografía, el vestuario y la silueta del héroe, y despertaba a su amigo en mitad de la noche para leerle su manuscrito. Pero, al cabo de varias semanas, las llamaradas de creatividad de Hitler se fueron apagando. Según Kubizek, «fue dejando de hablar de ello, y al final dejó completamente de mencionarlo».

STEFANIE, SU AMOR SECRETO

En torno a 1906, cuando Hitler tenía diecisiete años, su relación con las jóvenes de su edad apenas eran reseñables. Según explicaría más adelante a un compañero de trinchera, durante unas vacaciones en Spital[4] se había producido un inocente coqueteo en un establo con

4 Cuando Hitler llegó al poder, la granja de Spital en la que él había pasado los veranos, que ya no pertenecía a la familia y tenía nuevos dueños, se convertiría en lugar de peregrinación para los nazis más fanáticos. Sus seguidores se subían al tejado para tomar fotografías, se dirigían al patio para lavarse en la pila de madera como si contuviera agua bendita, desprendían trocitos de las grandes piedras que sostenían el establo y se llevaban todo lo transportable como objeto de recuerdo. Incluso pintaban esvásticas en las vacas y desfilaban de un lado para otro entonando cánticos nazis. En poco tiempo, el lugar quedó hecho una ruina.

una muchacha que ordeñaba una vaca, pero cuando ella se mostró dispuesta a pasar a mayores, Adolf huyó precipitadamente, volcando al pasar un cubo de leche fresca.

En Linz, Hitler experimentaría por primera vez la embriaguez del enamoramiento, en la primavera de ese año. Una tarde, mientras daba su paseo habitual junto a Kubizek, Adolf le agarró del brazo y le preguntó con entusiasmo qué pensaba de una chica rubia y delgada con aspecto distinguido, con una espesa cabellera recogida en un moño, que caminaba por la Landstrasse del brazo de su madre. «¿Sabes que estoy enamorado de ella?», añadió resueltamente.

Comenzó entonces una labor detectivesca para conocer quién era esa joven, un trabajo que dejó en manos de Kubizek. Ella se llamaba Stefanie Isak, provenía de una clase social más alta que la de Hitler, y tenía un año más que él. Había regresado a Linz después de estudiar en Múnich y Ginebra. Su apellido sonaba judío, aunque ella no lo era. Kubizek lo deletrearía en sus memorias como Isaak. La ortografía correcta no sería identificada hasta 2003, por lo que es probable que Hitler hubiera asumido que Stefanie era de origen hebreo; si fue así, es evidente que no vio ningún problema con ello en ese momento.

Pese a estar perdidamente enamorado de Stefanie, Hitler nunca se atrevería a hablar con ella. Él la veía como su futura esposa, y estaba convencido de que ella «aceptaría su propuesta de matrimonio en cuanto intercambiasen la primera palabra». Kubizek lo animaba a presentarse, pero él rechazaba la idea con la excusa de que todavía no era pintor académico, por lo que no podía ofrecerle un futuro sólido. Cuando su amigo le convencía de que lo hiciera, a lo sumo decía que lo haría «mañana». Hitler dibujó unos planos detallados para una villa de estilo renacentista que quería construirle.

A una joven tan hermosa no le faltaban pretendientes, sobre todo oficiales militares, unos escarceos de los que Hitler era testigo a distancia. Él llegó a sentir una enemistad intransigente hacia esos «tontos engreídos» y hacia la clase de oficiales en su conjunto, seguramente frustrado por no poder competir con ellos en atraer su atención.

La vigilancia de las actividades de Stefanie se prolongaban incluso cuando Hitler se iba de Linz para visitar a su familia; Kubizek tenía el encargo de seguirla y enviarle informes diarios. En uno de esos partes, Kubizek escribió que a Stefanie le encantaba bailar y que había tomado lecciones. A Hitler no le gustaba el baile, y respondió a su amigo: «Stefanie sólo baila porque la sociedad de la que lamentablemente depende la obliga a hacerlo. Una vez que Stefanie sea mi esposa, ¡no tendrá el más mínimo deseo de bailar!»

De vez en cuando se producía alguna interacción entre ambos, como en junio de 1906, cuando ella obsequió a Hitler con una sonrisa y una flor de su ramo cuando pasaba junto a él en un carruaje, durante un desfile festivo. Ese gesto fue como arrojar gasolina a su corazón en llamas: «Nunca más vi a Adolf tan feliz como en ese momento. Cuando pasó el carruaje, me arrastró a un lado y con emoción miró la flor, esa visible prenda de su amor. Todavía puedo escuchar su voz, temblando de emoción, '¡Ella me ama!'», relata Kubizek en su libro.

Según Kubizek, «Stefanie no tenía idea de cuán profundamente estaba enamorado Adolf de ella; lo consideraba un admirador algo tímido, pero sin embargo notablemente tenaz y fiel. Cuando ella respondía con una sonrisa a su mirada inquisitiva, él estaba feliz y su estado de ánimo se volvía diferente a todo lo que había observado en él. Pero cuando Stefanie, como sucedía con la misma frecuencia, ignoraba fríamente su mirada, quedaba hundido y listo para destruirse a sí mismo y al mundo entero».

Cuando murió la madre de Hitler, éste le dijo a su amigo que había visto a Stefanie en el cortejo fúnebre, lo que le dio cierto consuelo, pero lo más probable es que esa presencia no fuera más que fruto de su imaginación. Hitler elaboró un mundo de fantasía en el que unas veces barajaba la posibilidad de raptarla mientras su amigo se encargaba de distraer a su madre y otras estaba dispuesto a lanzarse con ella al Danubio desde un puente, en un dramático pacto suicida.

Ajena por completo a esos sueños desquiciados, Stefanie se comprometió en 1908 con un oficial destinado en Linz, Maximilian Rabatsch, con quien se casaría en octubre de 1910 en Viena. Pero Hitler seguía en su mundo irreal; por ejemplo, se refirió en 1910 a Stefanie como su «novia de Linz» en una conversación con Reinhold Hanisch, un compinche que le ayudaría a vender sus pinturas en Viena, y a otro amigo con el que compartió habitación, Rudolf

Häusler, en Múnich en 1913. Además, en la Navidad de ese año, hizo publicar una felicitación navideña anónima dirigida a ella en un periódico de Linz, aunque ella ya residía en Viena.

El marido de Stefanie llegaría a coronel durante la Primera Guerra Mundial. Ella enviudó en 1942, y llevaba una existencia tranquila en la Viena de posguerra hasta que Kubizek publicó en 1953 su libro *Adolf Hitler mi amigo de la infancia* y fue entonces localizada por los interesados en la figura del dictador. Stefanie se sintió muy sorprendida por la atracción que había despertado entonces en Hitler, aunque le resultaba imposible acordarse de él. Ni siquiera cuando Hitler fue famoso y ella supuso que habían coincidido temporalmente en Linz, lo asoció en ningún momento con el joven al que quizás alguna vez sonrió.

Debido a las innumerables visitas que Stefanie comenzó a recibir, resolvió que el portero del edificio entregase a los curiosos un panfleto en el que figuraba todo lo que podía referir sobre el asunto, que, tal como vemos, no era gran cosa. Lo que sí pudo recordar es que había recibido una carta de amor anónima de alguien que decía que asistiría a la Academia de Bellas Artes de Viena y que debía esperarlo para casarse con él. Cuando mostró la carta a su madre, ésta le aconsejó que la rompiera, y así lo hizo. Entonces no tenía idea de quién podría ser el admirador secreto, pero es muy probable que fuera Hitler.

Stefanie falleció el 22 de diciembre de 1975 a los 88 años, y fue enterrada junto a su marido en Viena.

SI YO FUERA RICO...

En la primavera de 1906, el joven Adolf pudo cumplir un sueño: su madre le permitió visitar Viena. Por entonces, la capital del Imperio austrohúngaro era uno de los centros culturales más potentes de Europa, en donde resplandecía lo que más interesaba a Hitler: el arte, la música y la arquitectura. Allí estuvo durante un mes, alojado en casa de sus padrinos. Además de visitar museos, asistía a la ópera y al teatro. Según explicaba en las postales que enviaba a Kubizek, se hallaba completamente fascinado por lo que podía encontrar allí cada día.

Regresó a Linz muy exaltado, resuelto a consagrar su vida a la pintura y la arquitectura. Convencido de que el universo iba a conspirar a su favor para que pudiera lograr su sueño de hombre renacentista, insistió a su amigo para que comprasen a medias un billete de diez coronas de la lotería del Estado, para que él también pudiera alcanzar el suyo, convertirse en un reconocido músico y tal vez llegar a dirigir una orquesta. Una vez comprado el billete, Hitler hablaba incesantemente de cómo gastarían sus ganancias, lo que tenía planificado hasta el último detalle. Alquilarían todo el piso superior de una gran casa frente al Danubio y trabajarían en dos habitaciones lo bastante apartadas entre sí para que la música de Gustl no lo distrajera de sus tareas artísticas. El propio Adolf se encargaría de decorar todos los cuartos, crear los murales y diseñar los muebles.

Hitler fantaseaba también con que el piso adquirido con el billete premiado se convertiría en un punto de reunión de un círculo de diletantes. Según el testimonio de Kubizek, Hitler avanzaba que «allí compondremos música, estudiaremos, leeremos... y por encima de todo, aprenderemos; el campo del arte alemán es tan vasto que nunca acabaremos de estudiarlo».

Las previsiones de Hitler no terminaban ahí, faltaba darles un toque tan delicioso como revelador: «Una dama de cultura exquisita presidirá la casa a manera de 'señora del castillo', pero esta educada mujer tendrá que ser de temperamento y edad sosegadas, para no dar pie a esperanzas o intenciones de un tipo no deseado por nosotros», aseguraba Hitler a su buen amigo.

Esa fantasía, como tantas otras, acabó por esfumarse ante la dura y previsible realidad; el billete en el que Hitler puso tantas esperanzas no resultó premiado, lo que le provocó un tremendo enfado, volcando toda su frustración en la organización del sorteo, convencido de que estaba amañado.

AGRADECIDO A UN MÉDICO JUDÍO

En enero de 1907, Klara fue diagnosticada de cáncer de mama por el doctor Eduard Bloch, un médico judío que era conocido como «el médico de los pobres», y que era muy apreciado por la familia Hitler. Bloch quedó impresionado por la reacción del hijo al saber que su madre estaba gravemente enferma: «Su rostro largo y delgado se demudó y sus ojos se le llenaron de lágrimas». Adolf preguntó al doctor si su madre no tenía ninguna posibilidad. «Sólo en ese momento percibí la intensidad del afecto que existía entre madre e hijo», diría Bloch.

Klara fue operada por otro médico ese mismo mes, siéndole extirpado un pecho. La tía Johanna acudió desde Spital para hacerse cargo de la casa. Durante casi tres semanas, Klara permaneció convaleciente en una sala del hospital de las Hermanas de la Caridad. Pudiendo costearse una sala mejor, Klara prefirió una de tercera clase por tres coronas diarias, para no suponer una carga a la economía familiar. Como el pequeño apartamento de la Humboldtstrasse resultaba incómodo para Klara en esas circunstancias, ya que, además de que era reducido, había que subir tres pisos, la familia se mudó a otro más amplio en el barrio de Urfahr. El nuevo apartamento contaba con tres habitaciones y estaba en una primera planta.

Durante los meses siguientes a la operación por la que se le había extirpado un pecho, su madre pareció resistir los embates de la enfermedad, pero en octubre se hizo evidente que su vida se estaba apagando. Olvidándose momentáneamente de sus sueños de ser pintor, Hitler regresó a casa. Allí, el doctor Bloch no le ocultó la gravedad de su dolencia, pero le expuso que si existía una mínima posibilidad de salvarla era aplicando un remedio que iba a resultar muy doloroso, consistente en administrar yodoformo en la herida abierta, una sustancia que quema los tejidos. Bloch advirtió también de que el tratamiento iba a ser sumamente costoso, y que en todo caso el resultado era incierto. Pese a todo, Hitler no dudó en recurrir a esa última esperanza de salvar la vida de su madre.

Ante los días fríos que se avecinaban, se decidió instalar la cama de Klara en la cocina, al ser la única habitación caldeada a todas horas. Allí, Adolf cuidaba de ella día y noche, y era el encargado de cocinar. Durante ese período, dejó de haraganear, convirtiéndose en el hombre de la casa y asumiendo todas las responsabilidades, un cambio que impresionó a su amigo Kubizek.

El tratamiento diario con yodoformo supuso una auténtica tortura para Klara. Además de la quemazón en la propia herida, la paciente sentía la garganta abrasada, por lo que no podía tragar, sufriendo así una sed espantosa. Según aseguraría años después el doctor Bloch, «ella sobrellevaba bien su carga, con entereza y sin quejarse, pero sus sufrimientos parecían insoportables para su hijo». Según el médico, «una expresión de angustia asomaba a su rostro cuando veía que el dolor contraía las facciones de ella».

Tal como temía el doctor Bloch, el yodoformo no sirvió para derrotar a la implacable enfermedad. En la noche del 20 de diciembre, ya fue evidente que la vida de Klara se acercaba a su inexorable final; la familia decidió no requerir al doctor Bloch ante la inminencia del fatal desenlace. En la madrugada del 21 de diciembre de 1907, Klara expiró. Según diría después Hitler, murió serenamente. Cuando el médico llegó por la mañana para certificar su muerte, encontró a un hijo inconsolable; Bloch, aseguraría años después no haber encontrado nunca en su extensa carrera profesional un joven tan abrumado y destruido por el dolor.

Tras el entierro de su madre, la familia acudió al doctor Bloch para pagar sus honorarios. Aunque ascendían a una cantidad respetable, 359 coronas, ésta era inferior a lo que debían haber pagado si el médico no hubiera sido amigo de la familia. Consciente de que Bloch había hecho todo lo posible para salvar la vida de su madre, Adolf le tomó la mano y le dijo: «Le estaré agradecido eternamente».

No es extraño escuchar que uno de los factores que encendió o alimentó el antisemitismo de Hitler pudo ser el que hiciese responsable al doctor Bloch de los atroces sufrimientos de su madre. Aunque quizás esa circunstancia pudo jugar algún papel en su subconsciente, los hechos demuestran que Hitler no sólo no le guardó ningún rencor, sino que siempre le estuvo agradecido. Durante su estancia en Viena le mandó varias postales e incluso le regaló pinturas y dibujos. También le enviaba felicitaciones cordiales de Año Nuevo y las fir maba como: «Su eternamente agradecido Adolf Hitler».

Tras la anexión de Austria en marzo de 1938, los judíos austríacos fueron perseguidos y Bloch se vio obligado a cerrar su consulta en octubre de ese año. El doctor escribió entonces a Hitler pidiendo ayuda, y éste le colocó bajo la protección de la Gestapo; él sería el único judío de Linz con ese estatus. Gracias a esa protección, pudo vender su casa por una importante suma y tramitar su emigración a Estados Unidos. Sin embargo, a Bloch y su esposa sólo se les permitió salir del país con dieciséis *Reichmark*; la suma que los judíos podían llevar consigo era de apenas diez. Este hecho, del que no sabemos si

Hitler tuvo conocimiento, es el único que podría arrojar dudas sobre el grado de agradecimiento que pudo conservar hacia él. Boch se instaló en Nueva York, aunque no pudo practicar la medicina porque su título no fue reconocido[5]. Falleció en 1945, a los 73 años.

DESCENSO AL INFIERNO

Como hemos visto, en diciembre de 1907 Hitler perdió a su madre en tan penosas circunstancias. Pero tres meses antes había sufrido otro golpe, en este caso a su autoestima. Había sido convocado a realizar la prueba de suficiencia necesaria para ingresar en la Academia de Bellas Artes de Viena. Pero Hitler sufrió la primera contrariedad en su proyectada carrera artística; la Academia rechazó su petición de ingreso. Esa decepción supuso una amarga caída desde el reino de los sueños y las fantasías a la cruda realidad. El director de la Academia, después de calificar su examen de ingreso con un «insuficiente», aseguró al fracasado candidato que no poseía talento suficiente para ser pintor, aconsejándole que estudiase Arquitectura. La puerta de la pintura se había cerrado, pero ante él se abría un nuevo destino: convertirse en un gran arquitecto.

Sin embargo, para estudiar Arquitectura era necesario el título de bachillerato, del que carecía por no haberse presentado al examen correspondiente, el *Abitur*, aduciendo la referida enfermedad

5 Durante su estancia en Estados Unidos, Bloch dijo a las pocas personas que le hicieron preguntas sobre los recuerdos que conservaba de Hitler algún detalle destacable, como el que hacía referencia a la cuestión de su supuesta monorquidia, o existencia de un solo testículo. El médico precisó que los órganos genitales del joven eran perfectamente normales. Esta versión, recogida en Estados Unidos, acabaría siendo paradójicamente suplantada por una fuente soviética durante la Guerra Fría. El historiador ruso Lew Bezymenski fue finalmente autorizado en 1968 a divulgar el informe de la autopsia del cuerpo de Hitler encontrado por el Ejército Rojo el 2 de mayo de 1945. El informe afirmaba que en los restos mortales solo se encontró un testículo. Hubo innumerables publicaciones que tomaron como un hecho que el otro testículo nunca existió y que Hitler tuvo muchas dificultades para asumir ese defecto, lo que quizás explicaría su crueldad como reacción de compensación. Sin embargo, la hipótesis más simple es que ese órgano desapareció en la cremación incompleta del cuerpo, ya que los testimonios de otros tres médicos que exploraron a Hitler a lo largo de su vida coinciden en la normalidad de sus órganos sexuales.

pulmonar. Aspirar a convertirse en arquitecto implicaba, además de la titulación necesaria, intensos estudios preliminares, compuestos de materias que no le interesaban, como las matemáticas. Estaba claro que la carrera de Arquitectura no estaba hecha para un joven inconstante y soñador como él. La imposibilidad de acceder a esos estudios le llevó a exacerbar su inquina por «la Escuela», como él decía, ya que ésta se negaba a reconocer su talento.

Hitler permaneció en el hogar familiar hasta febrero de 1908, cuando partió de nuevo hacia Viena, en donde gozaría de una situación económica desahogada. La madre había legado a sus dos hijos unas tres mil coronas en total, de las cuales Hitler se llevó la parte más sustanciosa. A esa cantidad había que añadir una pensión de orfandad y los fondos que le enviaba su tía Johanna, de la que él era su ojito derecho. Mientras tanto, aseguraba a su familia que era alumno de la Academia de Arte de Viena. Hitler cortó toda comunicación con su amigo Kubizek, quizás avergonzado de su fracaso como pintor[6].

La cómoda vida de rentista de la que Hitler disfrutaba en Viena se terminó en la primavera de 1909, cuando los fondos de la herencia se agotaron. El joven Hitler comenzó por primera vez a atravesar dificultades económicas. Se vio obligado a mudarse en repetidas ocasiones, descendiendo el nivel de su alojamiento para adaptarse a sus cada vez más precarios ingresos. Según explicaría en *Mein Kampf*, durante dos semanas trabajó en una obra como peón hasta ser despedido por orden del sindicato local, aunque ese relato no parece veraz; es más probable que una mezcla de pereza y orgullo herido le impidiese ponerse a buscar trabajo.

6 Ambos se reencontrarían el 9 de abril de 1938, cuando Hitler visitó Linz tras la anexión de Austria. Hitler le recibió en su hotel con gran alegría. Kubizek le explicó que, debido a la guerra, había tenido que renunciar a sus sueños de ser músico profesional, y que se había convertido en secretario de un ayuntamiento. No obstante, dirigía una orquesta de aficionados y sus tres hijos parecían dotados para la música. Hitler se ofreció a asumir la responsabilidad de la formación de los tres muchachos. Después de charlar durante un par de horas, Hitler le estrechó la mano y dijo que debían encontrarse más a menudo. Volverían a verse el 3 de agosto de 1938 en el festival wagneriano de Bayreuth, a donde Kubizek acudió invitado por su amigo. Kubizek se presentó con un grueso manojo de tarjetas postales con la fotografía del Führer y le pidió que las autografiase para sus amigos, a lo que accedió. Después, Hitler lo guio por el jardín hasta la tumba de Wagner, donde reconoció sentirse feliz de encontrarse con él en ese lugar.

Esos meses centrales del año 1909 serían el período más oscuro de su vida. Hubo días en los que se vio obligado a pasar la noche en un portal o en un banco del parque. En su libro, Hitler se describe en tercera persona: «Camina sin rumbo y pasa hambre. A menudo empeña o vende sus últimas prendas que le quedan. Su ropa empieza a convertirse en andrajos, y con la creciente pobreza de su atuendo desciende a un nivel social más bajo». Su vida había tocado fondo.

En otoño de 1909, con la llegada de los primeros fríos, Hitler se vio obligado a buscar refugio en un albergue nocturno de un suburbio vienés. Un vagabundo que conoció por entonces a Hitler y llegó a ser amigo de él, el citado Reinhold Hanisch, describió años después su primer encuentro con él en el dormitorio público: «El primer día se sentó junto a la cama que me había sido asignada un hombre que sólo llevaba encima unos pantalones viejos: Hitler. Estaban despiojando su ropa, pues había vagado días enteros sin encontrar un techo que le acogiera, encontrándose en pésimas condiciones».

El albergue cerraba en las horas diurnas, por lo que se veía a obligado a callejear durante todo el día. La mayoría de sus compañeros de albergue ejercían la mendicidad, pero Hitler y Hanisch decidieron unir esfuerzos para buscar trabajo. Así, obtenían algunas monedas sacudiendo alfombras, cargando maletas en la estación o limpiando con una pala la nieve de las aceras. Entonces se le ocurrió una idea mejor a Hanisch: preguntó a Hitler qué oficio había aprendido y éste contestó que «pintor». «Creyendo que era un pintor de brocha gorda —explicaba Hanisch—, le dije que seguramente era fácil ganar dinero con su oficio. Le ofendió mi insinuación aclarando que no era un pintor de ese tipo sino, por el contrario, un artista académico».

Al final, Hitler y Hanisch acordaron asociarse; el primero se dedicaría a realizar dibujos y acuarelas con el material que pudo comprar gracias al dinero de la pensión de orfandad, mientras que el segundo se encargaría de venderlos por los cafés o de puerta en puerta, accediendo a repartirse las ganancias. De este modo, Hitler comenzó a desempeñar por primera vez un «trabajo» estable. Hanisch, de taberna en taberna y gracias a su verborrea, lograba vender los dibujos y acuarelas de su compañero, que solían representar las vistas más conocidas de Viena. Las obras tenían demanda entre los pequeños comerciantes que buscaban algo con que llenar los marcos para cuadros que tenían a la venta, con el fin de hacerlos más atractivos.

La sociedad que formaban ambos marchaba razonablemente bien, lo que les llevó en el verano de 1910 a poder abandonar el dormitorio público para trasladarse a una residencia. Si, un año antes, Hitler había tocado fondo al verse obligado a dormir en la calle como un vagabundo, ahora comenzaba a salir de su particular descenso al infierno.

En la residencia, Hitler disponía de una sala en la que podía trabajar tranquilamente, pintando las escenas que luego Hanisch se encargaba de vender. El lugar en el que se sentaba a pintar en la sala común era respetado por todos; si llegaba un nuevo huésped y se sentaba allí, los demás le advertían de inmediato de que ése era el sitio de «Herr Hitler».

Sin embargo, Hitler se sintió estafado por su socio, al creer que vendía sus trabajos por una cantidad superior a la que él le decía. La disputa acabó dirimiéndose en la comisaría de policía; Hanisch pasó una semana en la cárcel y ya no volvió a la residencia, desapareciendo también de su vida. Años después, Hanisch podía describir a su antiguo amigo con toda claridad. Contó que Hitler «usaba un abrigo negro, muy viejo, que le llegaba más abajo de las rodillas. Por debajo de un sombrero negro y grasiento le colgaba el pelo, que le tapaba el cuello del abrigo. Cubría su cara, huesuda y hambrienta, una barba negra sobre la que destacaban los ojos, grandes y saltones. En suma, una aparición que se ve muy de vez en cuando entre cristianos».

Hanisch afirmó que Hitler era perezoso y taciturno. Le seguía disgustando el trabajo constante. Si ganaba unas cuantas coronas dejaba de dibujar días enteros y se pasaba las horas en los cafés comiendo pasteles de crema y leyendo los periódicos. No tenía ninguno de los vicios comunes, ni fumaba ni bebía y, según Hanisch, era demasiado huraño y torpe para relacionarse con las mujeres. Sus pasiones eran leer periódicos y hablar de política.

«Frecuentemente —recuerda Hanisch— había días en que sin más rehuía todo trabajo. Vagaba por los dormitorios públicos comiendo el pan y la sopa que en semejantes lugares se repartían, discutiendo temas políticos y enfrascándose a menudo en disputas acaloradas». Cuando en la réplica se excitaba, Hitler gritaba y manoteaba de tal modo que los otros huéspedes le maldecían por las molestias que les causaba y el conserje se veía obligado a callarlo. Anticipando lo que sucedería años después, las personas que constituían su auditorio o bien se reían de él, o bien se mostraban extrañamente impresionadas por su persuasiva energía.

SUS AMIGOS JUDÍOS

En *Mein Kampf*, Hitler afirma que se había vuelto profundamente antisemita en Viena al descubrir que los judíos eran los «responsables desvergonzados, calculadores y crueles» de la prostitución; que el mundo de la música y el arte estaba controlado por judíos y, lo más importante, que la prensa socialdemócrata estaba «dirigida predominantemente por judíos».

Sin embargo, esas afirmaciones no concuerdan con los testimonios que lo conocieron durante esa época. Su amigo Hanisch nunca le oyó arremeter contra los judíos, ni siquiera en alguna conversación privada, y estaba convencido de que no era en algún modo antisemita. De hecho, muchos de sus actores y cantantes favoritos eran judíos.

Resulta aún más sorprendente saber que expresaba su gratitud por la caridad que le habían demostrado algunos judíos, junto con su admiración por la resistencia de los hebreos ante las persecuciones, y una vez negó que los capitalistas judíos fueran usureros. En honor a la verdad, Hanisch solo recordaba un comentario despectivo por parte de Hitler; cuando alguien preguntó por qué los judíos vivían como extranjeros en el país, su respuesta fue que ellos eran «una raza diferente» con un «olor diferente». En todo caso, sus prejuicios debían ser apenas más fuertes que los del vienés medio.

Dos de sus amigos más cercanos en el albergue eran judíos: un cerrajero tuerto apellidado Robinson que lo ayudaba a menudo y un húngaro que ejercía a tiempo parcial como marchante, llamado Josef Neumann, quien se compadeció de los andrajos que vestía y le regaló una levita negra. Hitler «tenía en gran estima» al segundo, y en cierta ocasión comentó que era «un hombre muy decente». También manifestaba una gran consideración por los tres comerciantes de pintura judíos que compraban casi todas sus obras, y más de una vez le dijo a Hanisch, todavía su agente, que prefería hacer negocios con judíos «porque ellos son los únicos dispuestos a correr riesgos».

Al mismo tiempo que Hitler parecía no tener prejuicios contra los judíos, era un lector asiduo de la revista *Ostara*, exaltada defensora de ideas racistas. Según esta publicación, los arios debían dominar el mundo mediante la destrucción de sus enemigos oscuros y racialmente mezclados. Alimentaba en sus lectores el temor al ilimitado poder de los judíos; su control de dinero, su influencia en el mundo del arte y del teatro y la extraña atracción que ejercían sobre las mujeres. Sus páginas estaban ilustradas con dibujos de inocentes mujeres arias sucumbiendo a sus caricaturas simiescas, unas imágenes que se reproducirían posteriormente en la propaganda nazi.

Hitler le diría después a la esposa de su amigo Ernst Hanfstaengl, al que nos referiremos en detalle en el próximo capítulo, que su odio a los judíos era «un asunto personal», y a su hermana Paula que estaba convencido de que su «fracaso como pintor se debió solamente al hecho de que el comercio de obras de arte estaba en manos de judíos». Solo pueden formularse conjeturas acerca del «asunto personal» que según Hitler estaba en el origen de su odio hacia todo lo que fuera judío; un roce con un marchante, el dueño de alguna casa de empeños o un profesor de la Academia de Bellas Artes. Tal vez fue una combinación de todo ello o quizás algo que permanecía en su subconsciente.

UN ENCUENTRO IMPROBABLE, PERO NO IMPOSIBLE

En enero de 1913, un hombre cuyo pasaporte llevaba el nombre de Stavros Papadopoulos descendió de un tren procedente de Cracovia en la estación Terminal Norte de Viena. Tenía la tez oscura, con marcas de viruela, lucía un gran bigote de campesino y llevaba una modesta maleta de madera. Pero ese hombre no se llamaba Papadopoulos; había nacido como Iosif Vissarionovich Dzhugashvili y sus amigos lo conocían como *Koba*.

En efecto, se trataba de Iósif Stalin. Entonces, al georgiano no se le podía pasar por la cabeza que en Viena, en ese justo momento, se encontraba también el hombre con el que mantendría el duelo bélico más colosal de la historia. Stalin permanecería en Viena apenas un mes, pero el tiempo suficiente para que ambos pudieran coincidir en alguno de los cafés de la ciudad.

Por entonces también residían en Viena otras futuras figuras históricas, además del psicoanalista Sigmund Freud, que ya era una celebridad. Allí estaba León Trotski y Josip Broz, el futuro mariscal Tito, y que por entonces trabajaba en una fábrica de automóviles.

Viena era una ciudad muy cosmopolita; de sus dos millones de habitantes, menos de la mitad habían nacido allí. Además, la influencia checa era muy fuerte, ya que una cuarta parte de la población tenía su origen en Bohemia y Moravia, por lo que el checo se hablaba junto con el alemán en muchas partes. En las calles de Viena podía escucharse la docena de idiomas que hablaban los súbditos del Imperio austrohúngaro. Había un teatro bohemio, una ópera italiana, cantantes franceses y clubes polacos.

Esa mezcla única había creado su propio fenómeno cultural: el café vienés. Según la leyenda, esa simbiosis entre Viena y el café tenía su origen en los sacos de café dejados por el ejército otomano tras el fallido asedio turco de 1683. La cultura del café, con sus debates y discusiones, era una parte muy importante de la vida vienesa. La comunidad intelectual era muy dinámica, todos se conocían entre sí, y era fácil integrarse por encima de las barreras culturales. Por ejemplo, en ciertos cafés se encontraban periódicos en checo, eslovaco, polaco o húngaro, pero ninguno en alemán. Viena era una ciudad contradictoria, en donde coexistían la elegancia y la sordidez, las tradiciones férreas y los experimentos intelectuales radicales o el libre pensamiento y los prejuicios raciales.

Esa fascinante atmósfera, que atraía especialmente a los disidentes políticos y a los prófugos, sin duda hubiera sido el escenario ideal para que se diese ese encuentro entre los dos futuros colosos de la historia del siglo XX. Los lugares de residencia de Hitler y Stalin estaban separados por unos tres kilómetros y medio, en direcciones opuestas desde el centro, así que es difícil que se cruzasen por la calle. Pero no hay que descartar que fuera en alguno de esos cafés del centro de la ciudad en donde coincidiesen algún día.

En esa época, Hitler seguía atravesando estrecheces económicas, ya que tan solo cobraba la pensión de orfandad que se le había asignado. Pero para él era prioritario acudir al teatro y la ópera varias veces a la semana, lo que le obligaba a ahorrar en comida.

Así, Hitler pasaba hambre a menudo, limitándose a ingerir leche y pan con mantequilla. Casi a diario, dejaba la habitación infestada de chinches que compartía con un amigo que había conocido en un albergue, el referido Rudolf Häusler, a menudo con el estómago vacío, e iban caminando hasta el centro de la ciudad. Si alguna vez Hitler se cruzó allí con Stalin es algo con lo que solo podemos fantasear.

UN ROSTRO ENTRE LA MULTITUD

En la primavera de 1913, Hitler decidió abandonar Viena y trasladarse a Múnich, acompañado de su amigo Häusler. En esa época, la capital bávara poseía una intensa vida cultural, convirtiéndose en un polo de atracción de artistas de toda Europa. El espíritu bohemio que se respiraba en Múnich ejercía una atracción irresistible hacia el pintor fracasado que por entonces languidecía en la capital austríaca.

En cuanto llegó, Hitler se sintió embriagado por los aires muniqueses: «Sentí un amor profundo hacia esta ciudad, más que hacia cualquiera de los otros lugares que conocía, casi desde la primera hora de mi estancia allí. ¡Una ciudad alemana!», afirmaría en *Mein Kampf*.

Los dos amigos alquilaron una modesta buhardilla. A veces se encerraba en la habitación durante varios días, leyendo y pintando sin parar. Por entonces, Hitler disponía mensualmente de unos cien marcos, gracias a la venta de sus pinturas, una cantidad que le permitía vivir sin demasiadas estrecheces. Afortunadamente, encontró algunos comercios que estuvieron dispuestos a poner a la venta sus trabajos, lo que le ahorraba la penosa tarea de ir vendiéndolos por calles y cafés. Precisamente en los cafés era donde comenzó a entablar encendidos debates, unas discusiones a cara de perro que le servirían de entrenamiento para su posterior carrera política.

El 18 de enero de 1914, un agente de la policía criminal de Múnich se presentó en su habitación para entregarle una notificación por la que debía presentarse dos días después en Linz para prestar su servicio militar en el ejército austríaco. Pero a Hitler le resultaba insoportable la idea de tener que renunciar a su vida bohemia de artista, y más ahora que se encontraba tan cómodo en Múnich, para someterse a la rígida disciplina de un cuartel. Hitler no tuvo otro remedio que presentarse, pero afortunadamente fue declarado «no apto para el combate ni para servicios auxiliares; demasiado débil. Incapaz de portar armas».

Coincidiendo con el episodio de su orden de alistamiento, su amigo Häusler decidió abandonar la habitación que compartía con Hitler. El motivo se desconoce, aunque es posible que Häusler tuviera menos paciencia que Kubizek y acabase por hacérsele insoportable el carácter de su excéntrico amigo[7].

Al mediodía del 28 de junio de 1914, Hitler se encontraba en su buhardilla pintando postales, cuando fue interrumpido por su casera, la señora Popp. Al ser Hitler austríaco, ella pensó que querría

Los muniqueses celebran la declaración de guerra a Rusia. En 1929, el fotógrafo descubrió a Hitler entre la multitud. *USHMM.*

7 En 1933, Häusler estuvo seis semanas en Berlín tratando de tener un encuentro con Hitler, pero éste no quiso recibirle. En 1938, tras la anexión de Austria, Häusler se trasladó a Viena, donde accedió a un puesto oficial en el Frente Alemán del Trabajo, con lo que quizás Hitler quiso premiar y asegurar su discreción. Fue expulsado del Partido Nazi en 1944, sin que se conozcan los motivos. Häusler murió en Viena en 1973.

saber que su futuro emperador, el archiduque Francisco Fernando, acababa de ser asesinado esa misma mañana en Sarajevo.

La fatal cadena de acontecimientos que se desató tras el asesinato del heredero del Imperio austrohúngaro llevaría a Alemania a declarar la guerra a Rusia el 1 de agosto. Al día siguiente, en la céntrica Odeonsplatz de Múnich, una multitud vitoreaba al anciano rey Luis III de Baviera ante el Feldhernhalle, celebrando la declaración de guerra de la víspera.

Un fotógrafo entonces anónimo, Heinrich Hoffmann, tomaba instantáneas de la enfebrecida multitud que se agolpaba en la plaza. En 1929, Hoffmann, promovido al cargo de reportero gráfico exclusivo de Hitler, lo identificaría entre los incontables rostros que llenaban las fotografías de aquella histórica jornada cuando este lo visitó en su laboratorio y le dijo que había estado allí. Su aspecto en la imagen congelada en el tiempo ya no era la que tuvo que ofrecer cuando era un indigente en las calles de Viena. Estaba pulcramente vestido, bien peinado, no parecía que le faltase de comer y lucía bigote. La expresión de su cara, con la boca abierta por la emoción y su mirada ilusionada, demuestra que es verdad lo que luego afirmaría, que cuando supo de la declaración de guerra agradeció al cielo, de todo corazón, el haberle concedido el privilegio de vivir un día como ese.

En aquel momento histórico, Hoffmann no podía imaginar que una de aquellas personas anónimas retratadas por su cámara cambiaría su propia vida y el destino de toda Alemania.

UN MILAGRO TRAS OTRO

Hitler se alistó en el Segundo Regimiento de Infantería de Baviera y comenzó la instrucción militar básica. En esta ocasión, Hitler sí superó el examen médico; la supuesta debilidad que le había librado de servir en el ejército austríaco no sería ningún obstáculo para poder servir ahora a la causa germana. Finalmente, Hitler quedó adscrito al 16ª Regimiento de Infantería de Reserva de Baviera, comúnmente conocido como el regimiento de List, por apellidarse así su primer comandante. El escribiente de la unidad era un sargento llamado Max Amann, quien se convertiría con el tiempo en el gerente del periódico oficial del Partido Nazi, así como de su editorial. El 20 de octubre de 1914, su regimiento, que había sido fusionado con otro para formar la 12ª Brigada, fue por fin enviado al frente.

El que Hitler sobreviviera a la Primera Guerra Mundial sólo se puede calificar de milagro. Parecía estar protegido por un escudo que se manifestaría ya el mismo día en el que tuvo su bautismo de fuego. Su compañía entraría en combate cerca de la localidad belga de Ypres el 29 de octubre. Los reclutas iniciaron su avance envueltos en la niebla de la mañana para dar apoyo a una unidad sometida a una presión intensa, cuando empezaron a caer obuses ingleses y belgas en los bosques que tenían delante. Soportando la lluvia de metralla y astillas, los alemanes avanzaron cuatro veces, siendo rechazados. Un disparo arrancó la manga derecha de la chaqueta de Hitler. A la quinta fue la vencida y los alemanes tomaron el bosque. Del pelotón de Hitler, solo él permanecía ileso. Esa sería la constante a lo largo de toda la contienda. En apenas tres semanas en el frente, su regimiento pasó de 3500 integrantes a sólo 700; el resto perdieron la vida o sufrieron heridas. Conforme fue avanzando la guerra, Hitler figuraría siempre en la lista de supervivientes de su unidad.

Hitler combatió en estas trincheras, en un sector llamado Bayernwald, cerca de Ypres. Junio de 2013. *Foto del autor.*

La fortuna volvió a ponerse de su lado unas semanas después. Una tarde, Hitler y tres soldados más tuvieron que dejar su tienda de campaña para que la utilizasen cuatro jefes de campaña; en cuanto se produjo el cambio de ocupantes, un obús cayó en la tienda, matando a tres hombres e hiriendo de gravedad al cuarto.

Convertido en mensajero, fueron innumerables las ocasiones en las que estaría en serio peligro de muerte. Los mensajeros o «corredores» como él gozaban de unas comodidades de las que no disponía el grueso de la tropa; pasaban mucho tiempo en la retaguardia, dormían en lugares secos y abrigados, y tenían la suerte de poder comer caliente cada día. Accedían a un estatus superior; se les tenía por más inteligentes que el resto de la tropa, se veían libres de la disciplina común y participaban en cierta medida del secreto del Mando. Pero a cambio, corrían más riesgos cuando entraban en acción; operaban por parejas para que al menos uno de ellos llegase a destino con el mensaje, aunque no era raro que ambos cayesen bajo el fuego enemigo. De hecho, tampoco era infrecuente que una unidad se quedase sin ningún mensajero y los oficiales tuvieran que pedir voluntarios para suplirlos.

Pero no todos podían desempeñar ese papel. Era necesario poseer una gran rapidez y agilidad. Los corredores, una vez fuera de la trinchera y escuchando silbar las balas a su alrededor, avanzaban unos cuantos metros y se dejaban caer; al cabo de un rato, volvían a despegarse del suelo y reemprendían su carrera. Mientras, sus compañeros les observaban desde la trinchera con el corazón en un puño hasta que desaparecían fundiéndose con el humo del campo de batalla o, en el peor de los casos, caían al suelo para no levantarse más.

En los primeros tres años de guerra, de un total de catorce mensajeros con que contaba el batallón de Hitler, tan sólo sobrevivirían él y otro compañero. Increíblemente, pese a participar en centenares de misiones, Hitler resultaría herido una sola vez. Se comprende que Hitler adquiriese un aura de invulnerabilidad entre sus compañeros.

Unos años, después, Hitler explicaba a un corresponsal inglés uno de estos episodios en los que parecía que la Providencia estaba de su parte: «Estaba cenando en una trinchera con varios camaradas. De repente me pareció que una voz me decía: 'Levántate y márchate de aquí'. Era tan clara e insistente que la obedecí mecánicamente, como si de una orden militar se tratara. Me puse enseguida de pie y caminé unos veinte metros por la trinchera, llevando conmigo mi cena en una lata. Entonces me senté para seguir comiendo, con la mente de nuevo tranquila. Unos instantes después, llegaron hasta mí un destello y un estallido ensordecedor procedentes de la parte de la trinchera que yo acababa de dejar. Un obús perdido había estallado encima del grupo con el que yo había estado sentado, y todos sus miembros murieron».

El extraordinario valor demostrado como mensajero en primera línea de fuego le llevó a ser propuesto por sus superiores para la Cruz de Hierro de primera clase. Sin embargo, parece ser que el hecho de que apuntasen su nombre al final de la lista de condecoraciones le hizo quedar fuera del cupo de distinciones a entregar, por lo que Hitler acabó recibiendo el diciembre de 1914 la Cruz de Hierro de segunda clase. Dos días después de recibir la condecoración, escribió estas líneas al marido de su casera: «Fue el día más feliz de mi vida. Desgraciadamente, mis camaradas, que también se ganaron la condecoración, están todos muertos».

Además de ese reconocimiento, un mes antes había sido ascendido a cabo. Estos honores hicieron que se ganase el respeto de oficiales y compañeros. En una carta al matrimonio Popp, les pidió que le guardasen los periódicos que describían las acciones en las que había participado, para conservarlos como recuerdo.

Para ganar la Cruz de Hierro de primera clase tendría que esperar a agosto de 1918. Se supone que le fue concedida por un episodio ocurrido dos meses atrás, cuando en una de sus incursiones capturó a punta de pistola y sin ayuda a cuatro soldados franceses. Sin embargo, en los registros militares figuraría un escueto motivo: «Por su valentía personal y sus méritos generales». Curiosamente, la condecoración se la impuso el ayudante de batallón que lo había propuesto para la distinción, el teniente Hugo Guttmann, un judío.

PASIÓN POR LA MERMELADA

Hitler, al que sus compañeros de armas llamaban *Adi*, era considerado una especie de lobo solitario. No gustaba de participar en las conversaciones del grupo, prefiriendo leer o pintar. No fumaba ni bebía, ni se le conocían aventuras amorosas. Cuando sus compañeros vertían comentarios obscenos acerca de las muchachas francesas o belgas, él les reprochaba agriamente su actitud. Incluso, cuando algunos de ellos hacían una excursión a alguna localidad cercana en busca de un prostíbulo, él les reprendía su actitud y la calificaba de poco patriótica.

Los bávaros eran muy bien vistos por la población de los territorios ocupados por las tropas germanas. Al ser católicos, artistas y melómanos, resultaban encantadores. Y cuando se fueron, muchas muchachas sintieron la marcha de sus simpáticos enemigos, aunque no parece que ese fuera el caso del cabo Hitler.

Según uno de sus camaradas más íntimos, Balthasar Brandmayer, un cantero bávaro, Hitler afirmó en una ocasión: «Me moriría de vergüenza si buscase relaciones con una francesa». Ante las carcajadas de sus compañeros, Hitler les espetó: «¿Es que no os queda ningún sentido alemán del honor?». Brandmayer recordaba años después que preguntó a Hitler si alguna vez había querido a una chica. La respuesta de Hitler fue: «Nunca he tenido tiempo para una cosa así, y nunca me dedicaré a buscarla».

Hitler permanecía en silencio cuando los demás protestaban por el tiempo prolongado que pasaban en las trincheras o por las penalidades que sufrían, pero era mayoritariamente apreciado por sus compañeros. Uno de ellos comentaría: «Es un tipo un poco raro y vive en un mundo aparte, pero por lo demás es buena persona». Por un lado, el hecho de ser artista y gozar de reputación de intelectual por sus constantes lecturas, en contraste con la mentalidad más simple de sus camaradas, le hacía objeto de una cierta admiración. Por otro, todos sabían que se podía contar con él en los momentos difíciles; no dudaba en ofrecerse voluntario para cualquier cometido, por muchos riesgos que entrañase. Jamás abandonaba a un camarada herido ni se fingía enfermo para evitar participar en una misión peligrosa.

La única debilidad que Hitler se permitía era su pasión por la mermelada, que untaba generosamente en el pan, lo que le llevaba a gastar parte de su soldada en comprar las raciones de sus compañeros. También hacía lo posible por conseguir miel. Ese gusto desmedido por lo dulce le acompañaría el resto de su vida. Al no recibir nunca paquetes, no aceptaba los alimentos que sus camaradas recibían, y que insistían en que tomase, ya que consideraba que no podría devolverles el favor.

De todos modos, si se hacía con algo de comida, la compartía con sus compañeros. En una ocasión, encontró unas grandes cajas llenas de bizcochos. Compartió el botín con ellos y, tras conseguir por trueque un poco de azúcar, cocinó para ellos una versión de trinchera del *Schmarren*, un delicioso postre austríaco.

FUCHSL, FIEL COMPAÑERO

La otra pasión de Hitler sería su perrito *Fuchsl*. En enero de 1915, durante un punto muerto militar, un pequeño terrier blanco, quizás la mascota de un soldado inglés, bajó de un salto a la trinchera de Hitler y se lanzó en persecución de una rata. Hitler se apoderó del perrito, que al principio trató de escapar: «Con suma paciencia, ya que no entendía una palabra de alemán, conseguí que poco a poco se acostumbrara a mí». Lo bautizó como *Fuchsl* (zorrito), y le enseñó una cuantas gracias circenses, como saltar obstáculos o subir y bajar una escalera de mano.

El cabo Hitler, el primero por la izquierda,
posa con sus compañeros y su fiel perro *Fuchsl*.

Durante el dia, *Fuchsl* no se apartaba de su amo, y de noche dormía junto a él. Cuando Hitler comía, el can se sentaba a su lado y seguía todos sus movimientos con la vista. Si después de cinco o seis bocados no le daba nada, el perro se incorporaba y lo miraba como diciendo: «¿Y a mí?»

«Es una locura lo mucho que llegué a querer a ese animal. Nadie me podía tocar sin que de inmediato *Fuchsl* se pusiera furioso. Todos en las trincheras lo amaban. Durante las marchas corría por todos lados a nuestro alrededor, observando todo, sin perder detalle de nada. Solía compartir todo con él», recordaría veinticinco años después, una noche de invierno.

«¡Cuántas veces me quedaba observando a mi perro!», rememoró con nostalgia. Por ejemplo, Hitler explicó su fascinación por la reacción de *Fuchsl* ante una mosca que zumbaba insistentemente. El perro se estremecía como hipnotizado, arrugaba su cara como un anciano, saltaba repentinamente hacia delante y ladraba. «Yo lo estudiaba como si se tratara de un hombre: las etapas progresivas de su enfado, de la cólera que se apoderaba de él».

En agosto de 1917, la unidad de Hitler fue relevada y enviada a Alsacia a descansar. Un empleado ferroviario, cautivado por las gracias de *Fuchsl*, ofreció a Hitler doscientos marcos por él. «¡Aunque me ofrezca doscientos mil no se lo daré!», fue su indignada respuesta. Pero cuando las tropas empezaron a bajar de los vagones, no pudo encontrar a su mascota. Su columna ya se alejaba, y él debía seguirla. «Me sentía desesperado. El cerdo que me robó a mi perro no sabe lo que me hizo».

Como las desgracias nunca vienen solas, en esos días otro ladrón, posiblemente un recluta recién llegado ya que los veteranos no robaban a sus camaradas, hurgó en su mochila y se llevó un estuche de cuero que contenía bocetos, dibujos y acuarelas. Hitler acusó el golpe moral de la pérdida, ya que no volvería a pintar.

EL INGLÉS QUE LE PERDONÓ LA VIDA

El 28 de septiembre de 1918, un soldado británico, Henry Tandey, se encontraba cerca de la población francesa de Marcoign, en plena batalla con soldados alemanes. El choque resultó favorable para los británicos, y los germanos comenzaron a retirarse hacia sus propias trincheras. Tandey seguía en guardia, con su fusil en posición de tiro, cuando vio un soldado alemán que había resultado herido.

Sus miradas se cruzaron; el germano había perdido su arma, por lo que su vida estaba totalmente en manos de su enemigo. Tandey decidió no dispararle y bajó su fusil; el alemán le hizo un gesto de agradecimiento con la cabeza y se retiró. No era la primera vez que el inglés perdonaba la vida a un enemigo indefenso que estuviera en su línea de tiro.

Tandey pasaría a la historia por ser el soldado raso que consiguió más condecoraciones británicas, como la Cruz Victoria, la Medalla de Conducta Distinguida y la Medalla Militar. Con el Regimiento Green Howards, había participado en la primera batalla de Ypres, en octubre de 1914, y había resultado herido en la batalla del Somme en octubre de 1916. También lucharía en el infierno de barro de Passchendaele, recibiendo una herida de bala en noviembre de 1917. Todavía resultaría herido tres veces más durante la batalla librada en Marcoign, siendo hospitalizado el 4 de octubre de 1918.

En 1923, el Regimiento Green Howards encargó a Fortunino Matania, un pintor italiano famoso por plasmar con un gran talento las dramáticas escenas de la Gran Guerra, un cuadro en el que inmortalizase la primera batalla en la que participó. En esa escena, Henry Tandey cargaba sobre sus hombros con un compañero herido. Por entonces, Tandey, que había permanecido en el Ejército, estaba sirviendo en Gibraltar. También lo haría en Turquía y Egipto, hasta que fue licenciado en 1926. Tras concluir su vida militar, Tandey se casó con su novia Edith.

En 1938, Tandey residía en Coventry con su mujer, con la que no tendría hijos, y trabajaba en la fábrica de automóviles Triumph. Sus años heroicos parecían ya muy lejanos, pero un día recibió una inesperada llamada. El teléfono lo atendió su sobrino William de nueve años. Al otro lado de la línea estaba el primer ministro Neville Chamberlain; cuando pudo hablar con Tandey, le explicó una historia que resultaba increíble. En su reciente reunión con Hitler en el Berghof, se había fijado en que él tenía una gran fotografía del cuadro de Matania. Chamberlain, intrigado, mostró interés en ella, y Hitler le explicó: «Ese hombre estuvo tan cerca de matarme que pensé que nunca volvería a Alemania. La Providencia me salvó de un disparo tan diabólicamente preciso como eran los de esos muchachos ingleses».

Hitler le dijo que en octubre de 1918 vio en un periódico la noticia de que a Tandey le habían condecorado con la Cruz Victoria y que lo reconoció en la imagen que la acompañaba. Entonces se guardó esa foto, que le serviría para reconocerlo en una reproducción de la pintura de Matania publicada en una revista en 1937. Entonces solicitó una copia al cuartel general de los Green Howards, que le fue amablemente enviada. Durante el encuentro, el Führer pidió al *premie*r británico que trasladase su agradecimiento a Tandey por no haberle disparado y Chamberlain le prometió que así lo haría.

El propio Tandey no estaba seguro del hecho. Reconocía que había perdonado la vida a soldados heridos, pero le resultaba imposible recordar si aquello había sucedido. En agosto de 1939 declaró a un periódico local: «Según ellos, he conocido a Adolf Hitler. Tal vez tengan razón, pero no puedo recordarlo».

El cuadro de Fortunino Matania en el que Hitler reconocería al soldado inglés que supuestamente le perdonó la vida.

Cuando su propio hogar quedó destruido en el devastador bombardeo de Coventry el 14 de noviembre de 1940, un periodista le preguntó sobre lo que sentía en esos momentos. Tandey dijo: «Si tan solo hubiera sabido lo que acabaría siendo... Cuando vi a todas las personas, mujeres y niños que había matado y herido, lamenté ante Dios haberlo dejado ir».

Aunque resulta extraordinaria la idea de que un soldado raso pudo haber cambiado la historia del mundo si aquel día tan solo hubiera apretado el gatillo, la realidad es que surgen muchas dudas en torno a la veracidad de la historia. Es muy difícil que Hitler y Tandey coincidiesen en Marcoign aquel 28 de septiembre, ya que era el último día de un permiso de dieciocho días de Hitler. Además, nueve días antes la unidad de Hitler había sido trasladada a ochenta kilómetros de la unidad de Tandey.

Tampoco hay constancia de la conversación entre Hitler y Chamberlain en los papeles y diarios del primer ministro británico, ni de la supuesta llamada a Tandey. La fuente de esa conversación son unas cartas de un ayudante de Hitler, Fritz Wiedemann. En cuanto a la llamada telefónica, no aparece el número de Tandey en los registros, aunque su sobrino siempre se reafirmaría en que esa llamada existió. También se puede encontrar la versión de que fueron sus antiguos compañeros los que supieron de la conversación entre los dos mandatarios y que se la hicieron saber.

Lo más probable es que Hitler, siempre dado a otorgarle un sentido dramático a la vida y a sacar a colación la Providencia, creyese realmente que fue el protagonista de ese cuadro el que entonces tuvo su vida a su merced. Tal vez fue cierto que un inglés lo estuvo apuntando con su rifle sin dispararle, y él decidió que su misericordioso enemigo era tan distinguido soldado. Su deseo de alcanzar un acuerdo con los británicos, ya que lo consideraba un pueblo hermano, le llevaría entonces a explicar la historia a Chamberlain, dando así carta de naturaleza a esa historia.

Hubiera estado o no Hitler en el punto de mira de Tandey, la realidad es que, contra todo pronóstico, pudo sobrevivir a la contienda. El dia del armisticio, el 11 de noviembre de 1918, Hitler se encontraba ingresado en un hospital a consecuencia de un ataque británico con granadas de cloro gaseoso, que le había dejado temporalmente ciego. La noticia de la derrota y la caída de la casa imperial germana le supuso un golpe terrible: «Todo había sido, pues, en vano. ¡En vano los sacrificios y trabajos; en vano el hambre y la sed sufridos por espacio de interminables meses; en vano las horas consagradas al deber, sobrecogidos por el temor a la muerte; ¡en vano el sacrificio de la vida de dos millones de seres!», afirmaría amargamente en *Mein Kampf*.

A partir de entonces, su vida sería un ajuste de cuentas, nunca saldado del todo, contra los que él creía responsables de ese desastre que le había afectado en lo más profundo de su ser.

El camino hacia el poder

Tras el final de la guerra, Hitler, sin familia, trabajo o amigos, decidió permanecer en el Ejército. Se le encargó investigar a los grupos políticos que estaban naciendo en Múnich, entre ellos a una pequeña formación nacionalista con escaso empuje, el Partido Obrero Alemán. Hitler comenzaría a participar en las actividades de ese desangelado partido hasta que consiguió hacerse con las riendas y potenciarlo decididamente gracias a la enérgica oratoria que exhibía en los mítines, cada vez más multitudinarios.

Alentado por el rápido crecimiento de la fuerza del partido, creyó llegado el momento de tomar el poder, liderando una insurrección en Baviera que le impulsase para marchar sobre Berlín. Pero el precipitado golpe de Estado que llevó a cabo el 8 de noviembre de 1923 en Múnich fracasó y terminó en prisión. Una vez en libertad, decidió cambiar de táctica, apostando por alcanzar el poder aprovechando las debilidades del sistema democrático. Ese objetivo lo alcanzaría el 30 de enero de 1933, cuando por fin fue nombrado canciller.

EL CARNET 555

Siendo Hitler el líder indiscutible del Partido Nazi, podemos pensar que su número de militante no podía ser otro que el número uno. Pero no es así, su carnet era el 555. Para saber por qué, tenemos que remontarnos al 24 de febrero de 1920, una de las fechas más importantes de la historia de la formación nacionalsocialista.

Ese día se presentarían al público los veinticinco puntos del programa oficial del partido; Hitler, que todavía no se había hecho con los mandos de la formación, había tenido la idea de elaborarlos y, una vez concretados con la ayuda de Anton Drexler, uno de los fundadores del partido, decidió someterlos a la aprobación de militantes y simpatizantes en un mitin multitudinario, que tendría lugar en el salón principal de la cervecería Hofbräuhaus de Múnich.

La convocatoria fue un éxito. Unas dos mil personas abarrotaban la sala, aunque una parte de ellas eran alborotadores socialistas y comunistas. Pero Hitler ya contaba con esa posibilidad, por lo que tenía preparado a un grupo de expeditivos camaradas del Ejército que le apoyaban, dispuestos a entrar con cachiporras de goma y fustas para expulsar sin contemplaciones a los saboteadores del acto, lo que se vieron obligados a hacer en varias ocasiones.

Hitler fue explicando uno a uno los veinticinco puntos, haciendo una pausa para preguntar si todos estaban de acuerdo. La mayoría manifestaba su aprobación con voz estentórea. Finalmente, el programa fue aceptado en su totalidad y el mitin concluyó con un aplauso atronador. Esa jornada sería recordada también por el cambio en el nombre de la formación, de Partido Obrero Alemán a Partido Nacionalsocialista Obrero Alemán (*Nationalsozialistische Deutsche Arbeiterpartei*, NSDAP). También hubo un cambio en la presidencia; Karl Harrer dejaría su puesto al citado Anton Drexler. Además, se afilió un centenar de nuevos miembros, cuando hasta ese momento apenas eran unas decenas.

Ante ese aumento de seguidores, Hitler, que era el auténtico dinamizador del partido aunque todavía no se había hecho con el liderazgo formal, tuvo la idea de elaborar una nueva lista de militantes y confeccionar tarjetas de afiliación adecuadas. Para dar una impresión de militancia nutrida, se le ocurrió dar al primer carnet el número 501, con los miembros enumerados por orden alfabético. Así, a él mismo le correspondió el carnet 555.

LA TARTA HITLER

El 30 de octubre de 1922, Heinrich Hoffmann, el fotógrafo de Múnich que, tal como vimos en el capítulo anterior, había obtenido la imagen de Hitler entre la multitud de la Odeonsplatz, recibió un telegrama de una agencia fotográfica norteamericana: «Envíe inmediatamente fotos Adolf Hitler. Oferta, cien dólares».

Por entonces, cuando todavía faltaba un año para el Putsch de la Cervecería, Hitler era un político relativamente desconocido en Alemania, y aún más en Estados Unidos, por lo que esa petición supuso una sorpresa para Hoffmann. Todavía más sorprendente era el precio ofrecido por el inesperado encargo; por la foto de un político de primera línea se podían pagar unos cinco dólares, así que una de Hitler la valoraban veinte veces más. El fotógrafo pensó que los norteamericanos estaban locos.

Esa oferta no podía dejarse escapar, así que Hoffmann se puso en contacto con Dietrich Eckart, redactor jefe del periódico *Völkischer Beobachter*, uno de los financieros que sostenían el movimiento nazi y que era además amigo íntimo de Hitler. Él podría ponerle en relación con Hitler para que se decidiese a posar para esas fotos. Pero

Heinrich Hoffmann, fotografiado por los norteamericanos el 29 de noviembre de 1945. *NARA*.

Hoffmann se llevó una desagradable sorpresa cuando Eckart le dijo que «si una agencia desea alguna foto de Hitler, habrá de pagar, no cien, ni mil, sino treinta mil dólares».

Hoffmann encajó muy mal esa negativa. Le dijo que él había hecho fotos de emperadores, reyes y de celebridades del mundo entero, y que no le habían pedido ni un céntimo por ello. Al contrario, eran a él a quien pagaron. Incluso el gran tenor Enrico Caruso no le había mandado nunca una factura a ningún fotógrafo del mundo, y quién iba a hacerle admitir que Caruso era un personaje mínimamente comparable con Hitler...

Pero Eckart se mostraba firme ante esos argumentos. Hitler, según él, tenía sus razones para negarse a ser fotografiado; ésta era una de sus estrategias en la partida de ajedrez político que jugaba. Todo el mundo oía hablar de él, todo el mundo estaba al corriente de su ascensión política, pero apenas circulaba alguna foto suya. La gente se sentía curiosa e intrigada, y acudía a sus mítines a ver ese fenómeno del que todos hablaban. Eckart añadió que incluso ya había rechazado una oferta de veinte mil dólares.

Visto que no iba a conseguir nada por las buenas, Hoffmann decidió actuar como un auténtico *paparazzi* y «cazar» a Hitler para obtener la ansiada instantánea. Pero eso no era tan sencillo como en la actualidad, ya que entonces era la época anterior a las cámaras portátiles, así que debía cometer el «atentado» con una pesada cámara que funcionaba con placas en vez de película.

Hoffmann se dedicó entonces a vigilar la sede del *Völkischer Beobachter*, a donde Hitler acudía de vez en cuando en visita de inspección, llegando al lugar en un viejo automóvil descapotable verde. Después de una semana, vio que el coche se encontraba allí estacionado, por lo que Hitler debía estar en el local. Con el fin de comprobarlo, entró tranquilamente con la excusa de ver a Eckart y, en efecto, allí se encontraba Hitler, sentado ante una mesa en la sala de redacción. Hoffmann le preguntó si estaba allí Eckart y él le respondió que no, que lo estaba esperando también. Fueron las primeras palabras que ambos intercambiaron.

No había tiempo que perder. El fotógrafo salió rápidamente de la redacción, se dirigió a su casa a buscar la pesada cámara y regresó dispuesto a hacerle la foto cuando saliese a la calle. De vuelta con su cámara, vio cómo el caballo de un carro que estaba aparcado detrás del descapotable de Hitler estaba pegando un bocado al asiento trasero, pensando que el relleno de crin era comestible. Hoffmann avisó al chófer, que esperaba distraídamente fuera del coche, y éste, maldiciendo, espantó al hambriento equino. Fue la excusa perfecta para entrar en conversación amistosa con el chófer y permanecer cerca del auto sin despertar sospechas.

Al cabo de un rato, salió Hitler acompañado de tres personas. Había llegado el momento de entrar en acción. En cuanto tuvo a Hitler frente a él, Hoffmann apretó el disparador y el dispositivo funcionó a la perfección. ¡Ya tenía gratis la foto por la que le pedían treinta mil dólares! Pero un instante después los tres hombres de la escolta se abalanzaron sobre él. Uno de ellos lo agarró por el cuello, mientras que los otros dos trataban de arrebatarle la cámara. El fotógrafo se resistió como si le fuera la vida en ello, pero nada pudo hacer. Mientras uno le sujetaba, los otros dos se apoderaban de la placa con la imagen de Hitler y la exponían a la luz.

El fotógrafo gritó encolerizado que ese acto era un atentado injustificable contra la libertad individual, que él se hallaba en el ejercicio legal de su profesión... pero los tres hombres no se molestaron en contestarle. Se limitaron a volverse hasta el coche, que se adelantaba lentamente. Hitler ya estaba sentado dentro cuando ellos subieron. Hoffmann se quedó en la acera con la corbata torcida y la máquina averiada; lo único que obtuvo fue una sonrisa compasiva de Hitler. A pesar de ese estrepitoso fracaso, Hoffmann no estaba dispuesto a rendirse. Tenía que conseguir una foto de Hitler como fuese. Pasarían unos meses hasta que ese momento llegase.

Un día recibió una invitación de su amigo Hermann Esser, miembro del círculo de Hitler, anunciándole su casamiento. Por tanto, estaba obligado a hacerle un regalo. Así que habló con él y le dijo: «mejor que regalarte un tercer juego de cubiertos o una quinta fuente de postre, permíteme que organice tu banquete de boda. Daré una bonita fiesta en mi casa de Schnorrstrasse que el propio Lúculo se sentiría complacido».

La propuesta fue muy bien acogida por el novio, quien le anunció también que Hitler en persona había prometido ser testigo de su boda.

«¡Hitler! ¡Adolf Hitler! ¡Entonces o nunca! Iba a realizar aquella hazaña en mi propia casa, del modo más fácil del mundo» dijo para sí el fotógrafo, según dejó por escrito en sus memorias.

Eckart le había dicho que Hitler era muy aficionado a los pastelillos y a los dulces. Así que Hoffmann encargó una gigantesca tarta de boda en casa de un amigo suyo, apasionado hitleriano, que le prometió confeccionar una obra maestra. Guiñándole un ojo, aquel maestro en su profesión le anunció también una sorpresa.

Cuando Hitler llegó, le reconoció inmediatamente entre los otros invitados. «Me abochorna lo que sucedió —le dijo—. Le trataron a usted con demasiada dureza. Espero poder darle hoy explicaciones sobre ese incidente».

Por diplomacia, el fotógrafo tomó el asunto a broma y le aseguró a Hitler que en su profesión había que afrontar aquella clase de aventuras.

Ahora era él quien parecía agradecido de no guardarle rencor. «Señor Hoffmann —le dijo—, hubiera sentido mucho que ese mal recuerdo pudiera ensombrecer su buen humor, echando a perder un poco esta velada».

Sirvieron el *lunch*. Aunque Hitler no bebía nunca alcohol, sabía ponerse a tono con la alegría de la reunión y mostrarse como un conversador atractivo e ingenioso. Sin embargo, cuando Esser le pidió que hablase, se negó: «Ante una multitud, lo haría. Pero, en un círculo íntimo, es imposible. Ya sea en una boda o en un entierro, no valgo nada, y les defraudaría».

Después de la comida sirvieron el café con la tarta de boda, un monumento de cerca de un metro de altura; y en el centro de ella la famosa sorpresa: un Adolf Hitler de bizcocho recubierto de almíbar rosado. Hoffmann estaba inquieto: ¿Cuál sería la reacción de Hitler ante aquel almibarado homenaje?

Hitler, perplejo, clavó una mirada sin expresión en la figura, en la cual solo el bigotillo de caramelo ponía un rasgo parecido con el original. El fotógrafo hizo cuanto pudo para disculpar al pastelero: «Su intención había sido buena, lo cual merece siempre disculpa».

Por último, Hitler tomó el partido de echarse a reír, mientras Esser susurraba a Hoffmann al oído: «No podemos, sin embargo, desprender la figura y comérnosla ante sus propios ojos».

Hoffmann zanjó aquel dilema: «¡Sírvanse ustedes!», exclamó alegremente, con un amplio gesto hacia la tarta, al lado de la cual había un gran cuchillo de plata. Así, cada invitado tomó delicadamente un trocito de tarta, procurando con todo cuidado no tocar la figura ¿Qué acabó pasando finalmente con la «tarta Hitler»? Al día siguiente, el hijo de Hoffmann, Heini, no tuvo ningún reparo en zamparse los restos del pastel, figurilla hitleriana incluida.

Lo que Hoffmann no consiguió ese día fue la ansiada fotografía. Pero su insistencia acabaría dando sus frutos; cuando Hitler consideró que debía ser retratado, acudiría a él, convirtiéndolo en su fotógrafo oficial. Hoffmann llegaría a hacerle alrededor de medio millón de fotografías y, gracias a la exclusiva de la que disfrutaría, amasaría una fortuna.

LA APORTACIÓN DE LAS ANIMADORAS DE HARVARD

En esa primera fase del ascenso político de Hitler, un nombre a destacar sería el del citado Ernst Hanfstaengl, un hombre corpulento y desgarbado de cerca de dos metros de altura y cara alargada, que era apodado irónicamente *Putzi* (pequeño). Gracias a él, Hitler aprendería las pautas básicas para moverse en sociedad.

Ernst Hanfstaengl con Göring y Hitler en junio de 1932. *Bundesarchiv.*

Hanfstaengl, nacido en Múnich en 1887, provenía de un mundo totalmente ajeno al de Hitler. Su madre procedía de una conocida familia de Nueva Inglaterra, dos de sus antepasados habían sido generales durante la guerra de Secesión, y uno de ellos había ayudado a cargar con el ataúd de Lincoln. Su familia destacaba por su mecenazgo y poseía una editorial de arte en Múnich, con sucursal en Nueva York. Así, Hanfstaengl, que había estudiado en Harvard, creció rodeado de cuadros y música, en una casa a la que habían acudido Richard Strauss o Mark Twain. Había conocido a Theodore y Franklin Roosevelt y entre su círculo de conocidos figuraba el magnate de la prensa William Randolph Hearst o Charles Chaplin. Él mismo tocaba el piano con cierto talento y, de hecho, había compuesto varias canciones para el equipo de fútbol americano de Harvard.

Conoció a Hitler en un mítin celebrado el 22 noviembre de 1922; un militar norteamericano que se encontraba en Múnich para calibrar la fuerza del movimiento nacionalsocialista tuvo que ausentarse de la ciudad y pidió a Hanfstaengl que acudiese a ese acto en su lugar para que le transmitiera después sus impresiones. Putzi se quedó fascinado con su oratoria y las emociones que lograba arrancar del público: «Lo que Hitler fue capaz de hacer a una multitud en dos horas y media no se repetirá nunca en diez mil años», afirmó. Tras el discurso, se presentó a él y, a partir de ahí, surgió entre ambos una corriente de simpatía que acabaría convirtiéndose en amistad.

Hanfstaengl supo ganarse la confianza de Hitler, quien visitaba con frecuencia su casa. En una ocasión comenzó a tocar al piano las marchas de fútbol americano de Harvard, asegurando que las animadoras y las bandas de música lograban llevar al público al borde la histeria. Eso despertó de inmediato la atención de Hitler, interesado en provocar ese mismo efecto en su público, y Hanfstaengl demostró que los himnos alemanes podían adaptarse al animado ritmo norteamericano. Hitler empezó a desfilar de un lado para otro y dijo: «Eso es, eso es lo que necesito para el movimiento. ¡Maravilloso!»

Así, Hanfstaengl compuso varias marchas para la banda de las SA, la «sección de asalto» del partido, aunque su aportación más destacable, y sorprendente a la vez, sería la conversión de un grito acompasado de las animadoras de Harvard en una consigna que atronaría años después en las grandes concentraciones nazis: «*Sieg Heil! Sieg Heil!*».

POESÍA A LAS MADRES ANCIANAS

En 1923, Hitler, pese a ser ya el líder de una formación en ascenso, vivía en un mísero cuartucho, con una sencillez espartana. Allí debió de pensar en su madre y en su trágica muerte. Como ella falleció con solo 47 años, seguramente reflexionó con cierta envidia sobre los afortunados que podían disfrutar durante más tiempo de la irremplazable figura materna, aunque tuviera una edad avanzada, con sus consiguientes achaques. A ellos iba dirigido este poema:

Cuando tu madre sea una anciana
y tú seas mayor,
cuando lo que antes era fácil
se haya vuelto una carga,
cuando sus queridos ojos leales
no miren la vida como antes,
cuando sus piernas cansadas
se nieguen a seguir llevándola...

Dale tu brazo para que se apoye,
acompáñala con alegría y regocijo.
¡Llegará la hora en que, lloroso,
deberás acompañarla en su último viaje!

Y si ella te pregunta, respóndele,
Si vuelve a preguntar, respóndele de nuevo.
¡Y si te pregunta otra vez, respóndele,
no con malos modos sino con dulce afecto!

Y si ella no te entiende bien,
explícale todo con alegría.
¡Llegará la hora, la amarga hora
en que su boca no preguntará más!

Sorprende la sensibilidad de Hitler al escribir esas sentidas líneas. Más aún si, por esa época solía hacer proclamas del tipo: «Nuestro lema debe ser: ¡si usted no quiere ser alemán, entonces yo le aplastaré el cráneo!».

«LA NECEDAD DESENCADENADA»

Eugenio Xammar fue un brillante periodista catalán que llegó a Berlín en el invierno de 1922. Vivió de primera mano importantes momentos históricos, como la hiperinflación de la moneda alemana o la ocupación de la región del Ruhr por el Ejército francés. En Berlín coincidió con el célebre periodista y escritor, también catalán, Josep Pla.

Ambos viajaron a Baviera, en donde tuvieron la oportunidad histórica de entrevistar a Hitler tan solo unas horas antes de su intento de golpe de Estado en la noche del 8 de noviembre de 1923 y que sería frustrado a la mañana siguiente. Ese encuentro quedaría plasmado en sendas entrevistas. La firmada por Xammar aparecería en *La Veu de Catalunya* el 24 de noviembre, mientras que la de Pla se publicaría en *La Publicitat* el 28 de noviembre. Es decir, ambas serían redactadas después del fracaso del Putsch de Múnich y la consiguiente detención y encarcelación de Hitler.

Xammar no tenía un buen concepto de Hitler, y así lo dejó claro en las primeras líneas de su pieza periodística. «Herido y encarcelado, Adolf Hitler sigue siendo para nosotros el mismo que, intacto y en libertad, era: el necio más sustancioso que, desde que estamos en el mundo, hemos tenido el gusto de conocer», afirmaba de entrada el periodista. Esa introducción a la entrevista abundaba en ese mismo concepto: «Un necio cargado de empuje, de vitalidad, de energía; un necio sin medida ni freno. Un necio monumental, magnífico y destinado a hacer una carrera brillantísima. (De esto último él está aún más convencido que nosotros mismos)». De este modo, el título de la entrevista estaba justificado: «Adolf Hitler o la necedad desencadenada».

Hasta ese momento, tanto Xammar como Pla no habían visto a Hitler en persona, tan solo en una de las escasísimas fotografías que circulaban: «En cuanto a la descripción del personaje, ya hemos tenido ocasión de hacerla una vez en estas mismas columnas. Es verdad que entonces no habíamos visto de Hitler más que un retrato. Pero ahora que lo hemos tenido delante, no sabríamos añadir una sola palabra. Se ve enseguida que Hitler es uno de esos hombres que han venido al mundo expresamente para hacerse retratar».

Xammar relata el momento en el que se encuentran con él: «Nos recibe en su despacho del *Völkischer Beobachter*. Lleva puesto un impermeable con la cruz germánica bordada en la bocamanga. No se quita la gorra. Saluda militarmente entrechocando los talones. Toda la gente que entra y sale del despacho saluda del mismo modo».

Al siempre observador Josep Pla le llama poderosamente la atención la referida prenda de ropa: «La característica de Hitler es el impermeable. Es un impermeable vulgar, con cinturón y solapas grandes, pero parece el patrón del que han salido los impermeables vulgares, con solapas grandes y cinturón. En la manga, Hitler lleva una gran cruz teutónica».

Hitler sólo se dejaría fotografiar por su amigo Hoffmann.
Retrato de junio de 1923. *National Archives.*

Hitler les ofreció asiento y a continuación empezó a hablar: «¿Españoles, eh? Dos españoles. Muy bien, muy bien. Dos españoles…»

Según les explicaría Hitler, los españoles en Baviera tenían todas las puertas abiertas. Eran los únicos extranjeros que podían decirlo. En cambio, por los demás extranjeros, los bávaros profesaban muy poca simpatía. Para Hitler, «la mayor parte de los extranjeros que van por el mundo son judíos. No hay que fiarse. Italianos, ingleses, rumanos, holandeses… cada cual con su pasaporte. ¡Pero todos judíos!».

«Hace unos cuantos meses —prosiguió Hitler—, pasearse por las calles de Múnich con cara de extranjero era peligroso, se lo confieso. La juventud estaba muy excitada y los garrotazos eran frecuentes. Usted mismo, con la nariz que tiene, no se habría escapado. De todos modos, declarando que era español, después del primer trompazo, nadie le hubiera propinado el segundo…»

Xammar apostilla ese comentario inesperado con un toque de humor sutil: «Hitler se ríe, y yo también, pero no tan a gusto como él».

Una vez roto el el hielo, Hitler no demora más tiempo en dar rienda suelta a su odio contra los judíos: «La cuestión judía es un cáncer político y social. Afortunadamente, los cánceres políticos y sociales no son una enfermedad incurable. Tenemos la extirpación. Si queremos que Alemania viva, debemos eliminar a los judíos…»

«¿A garrotazos?», le preguntó con malicia Xammar, para ver hasta dónde era capaz de llegar su entrevistado. «Ojalá, si no hubiera tantos», le respondió Hitler. «El pogromo es una gran cosa, pero hoy por hoy ha perdido buena parte de su eficacia medieval. En la Edad Media no había problemas nacionales judíos. Sólo había una serie de problemas locales o municipales, y el pogromo era un método adecuado y suficiente para resolverlos».

Hitler pasa entonces a pronunciar unas palabras que, sin duda, a sus dos entrevistadores les debieron parecer necedades, pero que con la perspectiva que da la historia prefiguran claramente lo que ocurriría dos décadas más tarde. «Pero ahora las cosas han cambiado —continuó diciendo Hitler—. ¿Qué ganaríamos con apalear a la población judía de Múnich si en el resto de Alemania los judíos continuaran siendo, como ahora, los dueños del dinero y de la política? En toda Alemania hay más de un millón de judíos. ¿Qué quiere hacer? ¿Los quiere matar a todos en una noche? Sería la gran solución, evidentemente, y si eso pudiera ocurrir la salvación de Alemania estaría asegurada».

Sin embargo, Hitler lamentaba que esa solución no pudiera ser llevada a la práctica: «Pero no es posible. Lo he estudiado de todas las maneras y no es posible. El mundo se nos echaría encima, en lugar de darnos las gracias, que es lo que debería hacer. El mundo no ha comprendido la importancia de la cuestión judía por la sencillísima razón de que el mundo está dominado por los judíos. ¿Lo va viendo claro ahora? La cuestión judía es una cadena. Alemania, si no quiere morir, debe romper esa cadena. ¿Cómo? ¿De qué modo? Ya hemos visto que el pogromo no era posible. No queda sino la expulsión: la expulsión en masa».

Hitler continuó hablando sobre los judíos, señalando el error que, a su juicio, cometieron los Reyes Católicos al ordenar su expulsión de España, ya que les concedieron el derecho a permanecer en el país si se convertían al catolicismo. En cambio, Hitler abogaba por la expulsión rigurosa de todos los que fueran de raza judía, tanto los practicantes como los indiferentes y los conversos. También se quejó de que la Iglesia católica protegiese a los judíos: «El Vaticano es el centro de las intrigas internacionales judías contra la liberación de la raza germánica. A nosotros esto nos consta positivamente y, si le pudiera explicar todo lo que sé, vería visiones».

La entrevista finalizaba con este suculento párrafo: «No hace ninguna falta que Hitler nos explique nada. Basta con que hable, porque lo admiramos. Sus ideas sobre el problema judío son claras y divertidísimas. Mañana tendremos ocasión de exponer sus concepciones económicas y políticas, que, como nuestros queridos lectores —y nosotros mismos— tendrán repetidas ocasiones de constatar, no tienen desperdicio». Como vemos, el periodista prometía una segunda parte, pero esa continuación no llegaría a publicarse.

Para conocer algo de su programa económico y político hay que acudir a la entrevista publicada por Pla, aunque tampoco se especifica con claridad. Lo más significativo es que Hitler avanza igualmente la contienda que estallaría dieciséis años después: «La política que hoy se hace con nosotros tiene como finalidad el empobrecimiento moral y físico del pueblo alemán. Se nos quiere aniquilar. Al final de esta política no hay más que la guerra».

En cuanto a las soluciones concretas, Hitler proponía la creación de una cadena de comercios públicos: «Nosotros queremos abaratar el coste de la vida, creando en toda Alemania una red de grandes almacenes, regidos por el Estado, nacionalizados. En estos grandes almacenes, el obrero, el pobre, tiene que encontrar a un precio bajo todo lo que necesite para vivir él y su familia. En Alemania hay muchos grandes almacenes, pero son de particulares o de firmas generalmente judías. De estos almacenes esperamos milagros de todo orden».

Pla concluye su entrevista recurriendo a su ironía característica: «Hitler nos explica esos milagros. No los vamos a repetir, porque el lector ya los conoce. Son los comprendidos dentro del anuncio: 'género bueno y barato'. Son los milagros del 'artículo alemán'».

Como se ha apuntado, esa entrevista se realizó unas horas antes del Putsch de Múnich o Golpe de la Cervecería. La acción tendría lugar la noche del 8 de noviembre de 1923, cuando estaba previsto que se celebrase en la Bürgerbräukeller de Múnich un acto al que asistiría el ministro presidente de Baviera, Gustav Von Kahr, y otras altas autoridades. La idea de Hitler era irrumpir en el salón y convencerlos de que se adhiriesen a la sublevación que tendría lugar en ese momento, en la que se conseguiría el control de las estaciones de tren, oficinas de telégrafos y teléfonos, emisoras de radio y cuarteles de policía. Mientras, en otra cervecería se reunirían todos los hombres del partido para tomar parte también en el golpe formando columnas.

Pero el plan pecaría de improvisación. Pareció que comenzaba bien cuando Hitler y sus hombres irrumpieron en la sala, provocando un gran tumulto. Entonces él se subió a una silla y gritó: «¡Silencio!». Como el desorden continuaba, disparó al techo. De repente la sala quedó en silencio y Hitler exclamó, con el rostro empapado en sudor: «¡La revolución nacional ha estallado! ¡el local está rodeado!». A partir de ahí, todo fue un desatino. Las autoridades presentes le siguieron el juego, mientras las columnas nazis eran incapaces de tomar la central de teléfonos ni las emisoras de radio, ni tampoco los cruces de carreteras o los ferrocarriles. Al amanecer era evidente que la insurrección había fracasado. Entonces Hitler y sus hombres se dirigieron al centro de Múnich, donde se produciría un violento choque con las fuerzas policiales, en el que perderían la vida dieciséis golpistas, entre los que había un sombrerero, un cerrajero, varios empleados bancarios, un empleado de hotel y dos ingenieros. Hitler se dislocaría el hombro izquierdo en la refriega.

Aunque Hitler se ocultó y trató de huir a Austria, el 11 de noviembre fue detenido por la policía y conducido a Landsberg, un pueblecito situado a unos setenta kilómetros de Múnich. Allí fue encerrado en una prisión emplazada en una fortaleza medieval

Para todos, Hitler era ya historia. Los periódicos alemanes ridiculizaron el intento de golpe calificándolo de «minirrevolución de cervecería» e incluso de «travesura de escolares que jugaban a los pieles rojas». El corresponsal en Berlín del *New York Times* sentenciaba: «El Putsch de Múnich elimina definitivamente a Hitler y sus seguidores nacionalsocialistas». Sin duda, tanto él como Xammar o Pla no supieron calibrar hasta dónde sería capaz de llegar la «necedad desencadenada».

ARREBATOS AMOROSOS

Hitler sentía una gran admiración por la esposa de Ernst Hanfstaengl, Helena. Expresaba ese sentimiento siempre que tenía ocasión, por medio de flores, besamanos y una luz de indisimulada devoción cuando la miraba. Putzi justificaría esa admiración señalando que probablemente ella fue la primera mujer bien parecida y de buena familia que había tenido ocasión de tratar hasta entonces, pero no era posible apreciar en su caso que aquella atracción fuese física.

Un día, aprovechando que Putzi había salido un momento de casa para ir a buscar un taxi, Hitler se postró de rodillas delante de Helena, le declaró que estaba enamorado de ella, expresó su sentimiento por no haberla conocido cuando ambos estaban libres y le aseguró ser su más rendido esclavo. Helena, confundida y perpleja, consiguió hacer que se pusiese nuevamente en pie y, cuando volvió a estar a solas con su esposo, además de narrarle la incómoda escena le preguntó qué actitud debía tomar con él. A Putzi le constaba que Hitler había representado la misma escena con otras mujeres, por lo cual aconsejó a su esposa que olvidase el incidente por completo.

Hitler llevó a efecto otra tentativa con una de las hijas de un antiguo protector, Karl Wilhelm Ohnesorge. Por entonces Hitler se alojaba en la casa que ese simpatizante suyo tenía en Berlín. Un día que Ohnesorge tuvo urgencia de salir, dejó a sus hijas en casa. Hitler aprovechó la ocasión para hacer apasionadas insinuaciones a una de ellas y también, en un momento dado, se echó de rodillas en tierra. Le dijo a la muchacha que no podría casarse con ella pero así y todo la invitó a ir a vivir con él en Múnich.

Ohnesorge, como era previsible, se puso hecho una furia cuando se enteró de la licencia que se había tomado su huésped y de hecho rompió sus relaciones con Hitler a partir de aquel momento. No volverían a tratarse hasta 1931, cuando ya sus hijas estaban convenientemente casadas. Al parecer, Hitler no le guardaba rencor por haberle echado de su casa en aquella ocasión, ya que Ohnesorge ocuparía importantes cargos ministeriales.

En cierta ocasión, en 1926, se aprovechó igualmente de la ausencia de un miembro de la vieja guardia del partido de gran parecido físico con él, incluido el bigotito, Hermann Esser, para declararse con

El matrimonio Hanfstaengl, Ernst y Helena, con sus dos hijos: Egon y Hertha. Egon acabaría alistándose en el Ejército de Estados Unidos, mientras que Hertha fallecería a la edad de cinco años.

palabras apasionadas a su atractiva primera esposa. Todo se redujo a un alarde retórico, que tuvo por desenlace una tempestuosa escena con su marido cuando se enteró de lo que había ocurrido. Curiosamente, Hitler le había forzado a contraer matrimonio con ella en 1923 después de haberla dejado embarazada, con el fin de salvar el honor de la joven y evitar un escándalo público. Fuera o no a consecuencia del desagradable incidente, Esser fue apartado de la primera línea del partido, hasta que en 1933 Hitler lo nombró ministro de Economía de Baviera y al año siguiente líder del partido en Múnich.

ATACADO POR UN SALTEADOR DE CAMINOS

En una ocasión, Hitler estaba viajando en automóvil por la noche desde Berlín a Múnich bajo una intensa tormenta. De repente, los faros iluminaron a un hombre en mitad de la calzada que pedía ayuda haciendo señales con una linterna. El chófer frenó, situándose a su lado, y Hitler, que viajaba en el asiento del copiloto, como solía hacer siempre, entreabrió la puerta para saber qué le ocurría. El individuo pidió que le indicasen por dónde se iba a un determinado pueblo porque se había perdido.

En lugar de responder a su pregunta, Hitler cerró de golpe y dio la orden de arrancar a toda prisa, ante la estupefacción de su chófer. A los pocos segundos se oyeron tres disparos que procedían del lugar donde se encontraba el hombre, pero el coche de Hitler ya había conseguido alejarse lo suficiente como para estar a salvo del inesperado agresor.

Por la mañana, una vez en Múnich, el chófer decidió examinar atentamente el coche y descubrió que las tres balas habían rebotado en la carrocería, muy cerca de la ventanilla trasera, lo que dejó impresionado a Hitler, ya que cualquiera de esas balas podía haberle acertado en la cabeza.

Al día siguiente, los diarios explicaban que en la comarca se habían producido varios atracos siguiendo ese mismo procedimiento. A las pocas horas la policía detuvo al salteador de caminos, que resultó ser un demente que acababa de escaparse del manicomio. Al parecer, en su último intento de asalto había sido atropellado por un vehículo que quizás no lo vio cuando hizo señales para que parase. La policía lo encontró herido al lado de la carretera.

Nunca se sabrá lo que hubiera sucedido si Hitler no hubiera reaccionado tan rápidamente ante aquella amenaza que en ese momento no lo parecía. Tal vez su proverbial intuición para detectar un peligro le salvó la vida en aquella ocasión.

AUTÓGRAFO PARA UN JUDÍO

Un día del año 1925, Hitler y el fotógrafo Heinrich Hoffmann estaban solos en el café Heck de Múnich cuando entró un matrimonio seguido de sus hijos. Hoffmann conocía al marido, pero no lograba situarle. Se cruzaron sus miradas y el hombre acudió a saludar a Hoffmann amistosamente. Fue entonces cuando el fotógrafo le reconoció; era un amigo de la infancia llamado Isi, de Regensburg. Hoffmann no podía evitar presentarle a Hitler, quien, al escuchar el nombre, le acogió con una sonrisa burlona, ya que Isi, el diminutivo de Isidor, era un nombre judío. Para impedir que su viejo amigo se sentase a la misma mesa, Hoffmann murmuró una disculpa a Hitler y se trasladó a la mesa de la familia de Isi.

Los amigos reencontrados se dedicaron a evocar los recuerdos de la infancia en Regensburg. Luego, Hoffmann se despidió con palabras amistosas y se reunió de nuevo con Hitler, quien le preguntó por su compañero. Hoffmann le explicó que en Regensburg había una tradición, que tenía su origen en la guerra de los Treinta Años, por la que los niños protestantes y los católicos estaban enfrentados, organizándose peleas que podían llegar a ser muy violentas. Aquel odio sin sentido había ido pasando de generación en generación.

Pero había entre ellos un pequeño judío, su amigo Isi, que era asiduamente cortejado tanto por protestantes como por católicos. Como Hoffmann era el más feroz de los protestantes, los padres de Isi le rogaron a los de Hoffmann que lo pusiera bajo su protección. Así pues, aceptó cuidar de él, y el pequeño Isi era devuelto cada día a casa sano y salvo. En agradecimiento a sus leales servicios, el padre de Isi autorizó a Hoffmann a escoger en el arsenal familiar sables, armaduras o corazas que habían pertenecido a sus antepasados, y que ahora ponía a su disposición para pertrechar a sus compañeros protestantes.

Hoffmann estaba explicando la historia en detalle, ya que sabía que Hitler disfrutaba con las narraciones de aventuras infantiles, cuando fueron interrumpidos de nuevo por su amigo Isi. Con una foto de Hitler en la mano se dirigió a este diciendo en voz baja: «Un autógrafo, por favor». Hitler firmó.

Cuando la familia de Isi se hubo marchado, Hitler lanzó una mirada sarcástica a Hoffmann y le dijo: «Con otros compinches de este género, corremos el riesgo de que nos inviten a tomar una taza de café en la sinagoga».

MARIA REITER, LA «NINFA DEL BOSQUE»

Quien más quien menos ha disfrutado del típico amor de verano, cuando el sol, el calor, las noches cortas y el aire libre hace que estallen las pasiones, para diluirse en el recuerdo cuando, con el final de las vacaciones, llega la rutina de septiembre y la inevitable separación. Pues Hitler gozó también de su amor de verano, en el estío de 1926, aunque el suyo no sería tan efímero como estos acostumbran a ser.

Buscando la paz y tranquilidad que tan difícil era encontrar en el trajín contínuo de Múnich, Hitler se alojó en una posada situada en el pueblo de Berchtesgaden, la Deutsches Haus. Hasta entonces acostumbraba a alojarse en la pensión Moritz, situada en la montaña, pero un cambio de dueños no agradó a Hitler y decidió alojarse en el pueblo. Solía pasear por las calles del pueblo alpino vistiendo el típico traje bávaro, con pantalón corto de cuero y un sombrero, además de un pequeño látigo para perros, atrayendo las miradas de los que lo reconocían.

Enfrente de la posada había una modesta tienda de ropa atendida por dos simpáticas hermanas, Anna y Maria Reiter, hijas de un sastre que era un dirigente nazi local, aunque todos las conocían como *Anni* y *Mitzi*. Esta última llamó la atención de Adolf cuando él paseaba el pastor alemán que tenía en ese momento, *Prinz*, por un parque cercano, a donde ella acudía también con *Marko*, el perro del novio de su hermana. Mitzi era rubia, solía llevar trenzas y era de ojos azules, por lo que tal vez Hitler vio en ella el ideal de la muchacha aria. También sabía tocar el piano y estudiaba francés.

Los jugueteos entre los dos canes dieron pie a Adolf para conversar de manera casual con ella. Mitzi sintió curiosidad por él ya que, después del juicio por el golpe de 1923, era un personaje que disfrutaba de cierta popularidad. Pero al principio ella no se dejó impresionar por Hitler. Según explicaría años más tarde su sobrino Richard, ella le dijo a su madre: «No soporto a ese hombre con esa mosca estúpida bajo la nariz y, además, tiene veinte años más que yo».

Hitler invitó a Mitzi a un concierto, pero a su hermana no le hizo ninguna gracia, ya que, en efecto, Mitzi tenía solo dieciséis años y Adolf treinta y siete. Pero ambas aceptaron la invitación para acudir a un acto del Partido Nazi en un hotel en el que él pronunciaría un discurso; al verla entrar, él besó su mano y todos los presentes quedaron muy sorprendidos por el gesto galante, comenzando por ella misma. De su discurso, Mitzi comprendió poca cosa, pero él dejó que se sentase después a su lado, lo que consideró un gran honor.

Ambos comenzaron a pasar bastante tiempo juntos. Daban largos paseos o hacían excursiones por las bellas montañas que rodean Berchtesgaden. Desde el comienzo, Hitler le pidió que le llamase por su apodo, *Wolf* (lobo), su animal fetiche. Él la llamaba *Mimi*. También daban paseos en el Mercedes de Hitler, conducido siempre por su fiel y discreto Emile Maurice, acostumbrado a esas aventuras de su jefe[8]. En una de esas excursiones en automóvil, ambos descendieron y dieron un paseo por un bosque. Estando los dos a solas, él decidió dar un paso al frente; le dijo que sus ojos le recordaban a los de su madre y le pidió un beso. Ella, que todavía no había besado a nadie, le dijo que no, y Adolf no se tomó muy bien el rechazo; contrariado, le dijo que no debían volver a verse más y regresaron.

---

8 Entre esas aventuras destaca la que Hitler mantuvo en el verano de 1925 con una muchacha de Múnich de dieciocho años, Ada Klein. Ella era secretaria del citado dirigente nazi Hermann Esser, quien intentó seducirla, pero Ada descubrió que estaba casado y puso fin a ese acercamiento. Hitler se fijó entonces en ella y, tras obtener la aquiescencia de Esser, la invitó a salir y ella aceptó. Por discreción, para sus encuentros amorosos, que tenían lugar un par de veces por semana, no utilizaba su apartamento, sino el de su chófer Maurice. Ada era de alta estatura, tenía el cabello largo y era una ferviente nazi. Vivía con sus padres, y tenía la habitación llena de esvásticas. Al parecer, Ada no se tomó nunca demasiado en serio su romance con Hitler, no le importaba que se viese con otras mujeres, tal como confesaría a Esser, y tampoco tenía intención de pedirle que se casase con ella. En 1927, Ada pasó a ser la secretaria de Max Amman, el jefe de las publicaciones del partido. En 1936 se casó con un médico.

Pero la historia no podía terminar ahí, así que los encuentros continuarían. Otro día fueron a pasear junto a un lago y en un lugar apartado él volvió a la carga pero con mayor confianza; le puso las manos sobre sus hombros, y súbitamente la besó. Le dijo algo tan poco romántico como «quiero estrujarte», aunque después lo mejoró diciéndole que era «su ninfa del bosque». Según Mitzi, Adolf «estaba lleno de una pasión ardiente». Ella reconocería años después que «estaba tan feliz que deseaba morir». Comenzaba así la aventura amorosa veraniega.

A partir de ahí, Mitzi correspondió plenamente al amor expresado por Adolf, quien la llevaría discretamente a su apartamento de Múnich. Mientras ella soñaba con el matrimonio, él le aseguraba que también deseaba que fuese su esposa, para fundar con ella una familia y tener hijos rubios como ella, pero que por el momento no tenía tiempo de pensar en esas cosas, ya que su misión era salvar a Alemania. Como mucho, estaba dispuesto a alquilarle un apartamento en Múnich para que fuera a vivir allí y así tenerla cerca; es decir, que de momento sólo podía aspirar a ser su amante secreta, lo que no coincidía con las expectativas de la decente muchacha.

Tras el verano, la relación se enfrió, quizás porque Adolf pensó que, si seguía adelante, le podía perjudicar políticamente que trascendiese su relación con una menor de edad. Mitzi se sintió entonces abandonada. Además, el 11 de septiembre su madre fallecería a consecuencia de un cáncer, ahondando así en su tristeza. Pero Adolf no quería cortar todos sus lazos con ella, por lo que de vez en cuando le mandaba una carta o una postal, firmándola como «Tu Lobo».

Con ocasión del cumpleaños de ella, el 23 de diciembre de 1926, Adolf acudió a visitarla en compañía de su chófer y le regaló un brazalete de oro, además de una edición de lujo de su *Mein Kampf*. Ese detalle alimentó las esperanzas de Mitzi de que él aceptase algún día su propuesta de matrimonio, pero poco después se enteró de que había visitado de nuevo Berchtesgaden sin decirle nada, por lo que supuso que había otra mujer. En realidad, Hitler había recibido una carta anónima en la que alguien decía saber de sus tratos con una menor. Además, Berchtesgaden era un pueblo pequeño, en el que los rumores debían circular con rapidez, por lo que pensó que lo más prudente era mantenerse alejado físicamente de ella. Mitzi, desesperada, intentaría ahorcarse con la cuerda de un tendedero, pero su cuñado la encontró a tiempo y la pudo salvar. Por su parte, Hitler mantenía el hilo conductor entre ambos; para su décimonoveno cumpleaños le envió un juego de té en plata.

En 1930, tras la muerte de su padre, Mitzi se casó con un hostelero de Innsbruck, pero el matrimonio no duraría mucho. La sombra de Hitler, quien le envió un regalo de bodas, planeaba en todo momento sobre la pareja. Por ejemplo, ella quiso que el restaurante que abrieron llevase el nombre de *Berghof*, la casa alpina de Hitler. Además, su marido no encajaba muy bien que hubiera tenido una aventura con él, y sospechaba que seguían viéndose, lo que era cierto. Mitzi, estando todavía casada, acudió al apartamento de Hitler en Múnich y pasó una noche entera allí. Hitler volvió a proponerle que fuera su amante, ya que seguía sin plantearse la idea de un matrimonio con hijos. Ella, decepcionada de nuevo, regresó con su marido, pero el matrimonio ya estaba herido de muerte; el divorcio se firmaría el 2 de octubre de 1933 y los gastos del trámite serían abonados precisamente por Hitler.

En el verano de 1926, Hitler se enamoró de Maria Reiter.
La posterior amistad entre ambos se prolongaría muchos años.

En 1934, el lugarteniente de Hitler, Rudolf Hess, acudió a verla: «Hitler me ha enviado, quiere saber si eres feliz». Mitzi creyó que, esta vez sí, aquel amor de verano iba a transformarse por fin en algo serio. Así que acudió a Múnich y hubo una reconciliación conmovedora en el sofá de su apartamento. «Le dejé hacer lo que quisiera, nunca fui tan feliz», diría Mitzi. Aparentemente volvió a encenderse la llama del amor entre ambos, ya que él le pidió de nuevo que fuera su amante. «Mimi, ahora soy rico. Puedo ofrecerte todo. Quédate conmigo... Nunca he amado a ninguna mujer como te amo a ti», le rogó.

Pero Mitzi insistió en que no se conformaba con ese papel de amante y que quería casarse con él y tener hijos. Hitler gruñó: «Lo único que las mujeres piensan es en tener bebés». Él, que no tenía planes de matrimonio ni de fundar una familia hasta que no hubiera salvado a Alemania, no quería además verse involucrado oficialmente con una divorciada, por lo que debió considerar que esa relación ya no tenía ningún recorrido. Además, para entonces Hitler ya había estabilizado su relación con Eva Braun, quien sí parecía conformarse con el papel de amante en la sombra, así que la relación con Maria Reiter debía darse por finiquitada.

No obstante, Hitler, muy aficionado a arreglar matrimonios, pensó que Mitzi debía rehacer su vida, así que haría lo posible para que ella pusiera sus ojos en un apuesto oficial de las SS de 26 años, el *Hauptsturmführer* Georg Kubisch, que era ayudante personal del ministro de Propaganda, Joseph Goebbels, y su familia. Así pues, el ministro de Propaganda destinó a Kubisch a Múnich con el encargo de enamorarla. El ambicioso oficial no dudaría en cumplir con su misión. Ella, rendida a la evidencia de que nunca llevaría a Hitler al altar, acabaría casándose con Kubisch, no sabemos si enamorada o no, en febrero de 1936. El propio Hitler dijo al novio que era un joven muy afortunado, le pidió que cuidase de ella, y les regaló una fotografía suya dedicada.

Al contrario que su primer marido, Kubisch estaba muy orgulloso de que Mitzi hubiera tenido una relación con «su Führer». Pero, al igual que durante su primer matrimonio, ella seguía teniendo a Hitler en su corazón, quizás con la secreta esperanza de que algún día el destino, por alguno de sus caprichosos giros, les volviese a unir; a través de su hermana Paula, a la que conocía de Berchtesgaden, continuaría manteniendo el contacto con él.

El último encuentro de Mitzi con Adolf fue en el apartamento de Múnich en 1938. «¿Eres feliz, *Wolf*?» le preguntó ella. «No, si te refieres a si soy feliz con Eva», le respondió. «Le digo todos los días que debería buscarse a algún joven, soy demasiado mayor para ella». Él tenía entonces 49 años y Eva 26. Ella aprovechó el encuentro para preguntar a su antiguo amante lo que todos se preguntaban por entonces: «¿Habrá guerra?» Hitler, a quien no le gustaba mezclar el amor y la política, se encogió de hombros y se dio la vuelta.

Cuando su segundo marido murió en acción en Dunkerque el 8 de junio de 1940, Hitler le envió un centenar de rosas rojas en señal de duelo. Ese gesto demuestra que ella supo tocar de algún modo su corazón y lograr que no se olvidase de lo que había sentido aquel ya lejano verano por ella. La recién enviudada Maria no supo dar un rumbo claro a su vida hasta que encontró trabajo como cocinera precisamente en un restaurante en el Obersalzberg, a pocos kilómetros del Berghof de Hitler; la figura del hombre que había amado seguía ejerciendo sobre ella la irresistible atracción de un imán.

A mediados de 1943, con 33 años, Mitzi se enamoró de Walter Ziehran, un joven de 22 años de las SS que había luchado en Polonia y que, a consecuencia de una herida en la cabeza sufrida en la campaña de Noruega, había sido licenciado del Ejército. Ziehran, que llevaba una placa de plata en el cráneo, padecía daños cerebrales y tenía la mitad del cuerpo paralizado. Ella deseaba casarse con él, pero tanto la familia de Ziehran como la organización de las SS pusieron objeciones al matrimonio, debido al estado que él presentaba y el hecho de que ella tuviera once años más que él, por lo que sospechaban que pudiera albergar algún interés espurio. Así que siguieron adelante con su relación a la espera de que las circunstancias les permitiesen unirse en matrimonio.

Finalizada la contienda, las SS y sus objeciones habían dejado de existir, y la familia de él había comprobado que el amor de Mitzi por Walter era sólido y sincero. Se casaron en Berchtesgaden el 10 de noviembre de 1945 y después fueron a vivir a Múnich. El tercer matrimonio de Maria Reiter tampoco tendría descendencia, lo que parecería abonar la afirmación de su sobrino de que Hitler la obligó a esterilizarse para no correr el riesgo de tener descendencia con ella, aunque ese extremo se hace difícil de creer.

La historia de amor entre *Wolf* y *Mimi* podía haber permanecido oculta si no hubiera sido por Paula Hitler. En marzo de 1959, Paula explicó casualmente a un periodista alemán que la había visitado recientemente a «quizás la única mujer que mi hermano amó». Eso despertó el instinto periodístico del reportero, que consiguió tirarle de la lengua y poner nombre y apellido a esa figura misteriosa. Una vez localizada por él, Maria se mostró reacia a contarle su secreto largamente guardado, pero finalmente se lo explicó, enseñándole las cartas y postales que le había enviado Hitler para demostrar la veracidad de su relato.

El sorprendente testimonio sería publicado por el semanario germano *Stern*. Después aparecería en la edición dominical del diario británico *Daily Mirror*, así como en la revista norteamericana *Time*, con el título de *Amor desigual*. Los detalles que aquí se han ido refiriendo son los que ella explicó a aquel periodista; teniendo en cuenta el tiempo transcurrido, así como la intensidad de las emociones que vivió, es posible que su testimonio no siempre reflejase con exactitud lo que ocurrió entre ambos. Por ejemplo, pueden existir dudas sobre la momentánea reconciliación de 1934, por mediación de Hess, en una época en la que Hitler y Eva Braun mantenían ya una relación sólida. También aparecieron dos cartas que ella dirigió a Hitler en abril de 1945, en términos muy afectuosos, pero no sabemos si él ni siquiera llegó a leerlas.

La irrupción del periodista indagando en su pasado confirmaba que la sombra de Hitler iba a perseguirle de por vida, lo que seguramente provocó que nunca pudiera ser feliz; buscó refugio en el alcohol y acabó yendo a vivir a un asilo. Falleció el 28 de julio de 1992 en soledad y deprimida, y dejó la documentación de su romance al último médico que la trató. Fue enterrada en una tumba anónima de un cementerio de Múnich.

Nunca sabremos hasta dónde llegó en realidad esa historia de amor que nació en el verano de 1926 y cuyos ecos irían resonando entre ambos durante casi dos décadas y, en el caso de ella, seguramente hasta el mismo día de su muerte. Paula Hitler afirmó que Maria Reiter fue la única mujer que podía haber frenado los impulsos destructivos de su hermano; tal vez, si él hubiera dado el paso de casarse con su «ninfa del bosque» tal como ella tanto deseaba, la historia hubiera sido muy diferente.

APLAUDIDO AL SALIR DEL RETRETE

En sus visitas a la bella ciudad de Weimar, en Turingia, Hitler se alojaba siempre en el histórico hotel Elephant. Su origen se remontaba a 1696, cuando se fundó la posada con ese mismo nombre, y ya aparece en una guía de viajes de 1711. Con el tiempo, el establecimiento adquiriría renombre en toda la región, atrayendo a numerosos poetas y músicos, como Herder, Goethe, Liszt o Wagner. A partir de 1919 se reunirían allí los artistas de la escuela de diseño de la Bauhaus; su fundador, el arquitecto Walter Gropius, llegaría a vivir allí junto a su esposa.

El 3 de julio de 1926, con motivo de un mitin del Partido Nazi, Hitler pasó su primera noche en el Elephant; en el libro de registro se identificó como «escritor». En sus sucesivas visitas a Weimar, él y sus acompañantes tendrían siempre las mismas habitaciones reservadas. El paso del tiempo había hecho que el hotel quedase anticuado, ya que las habitaciones contaban con un lavamanos, pero carecían de inodoro.

En el caso de Hitler, para acudir al escusado debía recorrer un largo pasillo, ya que se encontraba tras la última puerta de la planta. Esa circunstancia le acarrearía un singular problema. Debido a su popularidad entre sus seguidores, cada vez que abandonaba su habitación la noticia se extendía por todo el hotel, así que acudían al pasillo y aguardaban pacientemente a que su líder terminase de hacer aguas mayores o menores, dependiendo de la necesidad del momento. La situación adquiría tintes cómicos cuando al salir del retrete la gente le ovacionaba. Hitler se veía obligado entonces a volver a su habitación saludando con el brazo en alto y mostrando una sonrisa forzada.

Quizás debido a esos incómodos recuerdos, cuando Hitler alcanzó el poder impulsó la remodelación y ampliación del histórico establecimiento, para lo que un hotel adyacente tuvo que ceder parte de su propiedad y se derribaron dos casas vecinas. Un ala del nuevo edificio se reservó para el Partido Nazi de Turingia; Hitler se alojaría cuarenta veces en ella, en una habitación que contaba, esta vez sí, con cuarto de baño completo.

JESUCRISTO NO ERA JUDÍO

En 1926, Hitler aprovechó una celebración navideña con sus seguidores en la cervecería Hofbräuhaus de Múnich para olvidarse de los buenos deseos propios de esas entrañables fiestas y lanzar un virulento ataque contra los judíos. Según aseguró en su discurso, «Cristo fue el más grande luchador en la batalla contra el enemigo mundial, los judíos».

Para Hitler, Jesús no había sido el apóstol de la paz, tal como lo teníamos entendido. El propósito de la vida del Hijo de Dios y la principal enseñanza que de ella se extraía era la batalla contra el poder del capitalismo, y por eso lo había crucificado su acérrima enemiga, la raza judía. Pero Hitler estaba dispuesto a asumir la enorme responsabilidad de tomarle el relevo en su inacabada misión: «La obra que Jesús comenzó pero no pudo terminar, yo, Adolf Hitler, la completaré», declaró sin despeinarse.

Esas rotundas afirmaciones parecían pasar por alto el pequeño detalle de que el propio Jesús era judío. Pero para Hitler y los nazis, técnicamente no se le podía considerar judío. Hay que admitir que el razonamiento que les hacía llegar a esa conclusión era inatacable. Según la lógica nazi, alguien era judío si tenía tres abuelos que formasen parte de una congregación judía. Si tenemos en cuenta que Jesucristo tan sólo tenía dos abuelos judíos, los correspondientes a la rama de la Virgen María, ya que san José no intervino en su concepción sino el Espíritu Santo, estaba claro que no cumplía esa regla.

Según las Leyes de Núremberg, que se promulgarían diez años después, en principio Jesús sería un *Mischling*, traducible como «mestizo». Alguien con dos abuelos judíos, como era su caso, solo sería declarado judío si concurría otra condición, que fuera miembro de una congregación judia o se casase con una judía, lo que no era el caso. Los *Mischlinge* podían ser «liberados» de su condición en pago a los servicios prestados al régimen nazi; por tanto, considerando que, según Hitler, había sido el más grande luchador contra los judíos, merecía más que nadie quedar liberado de sus raíces hebreas y ser considerado un ario, digamos, honorífico.

No obstante, con la llegada de los nazis al poder, la tesis de que Jesús era un *Mischlinge* no resultaba demasiado digerible, por lo que surgió una iniciativa para «desjudaizarlo» por completo. Esa idea surgió del movimiento Cristianos Alemanes, que constaba de Iglesias evangélicas y teólogos que apoyaban a los nazis sin reservas; de hecho llamaban a Hitler «Jesús Führer» y «representante de Dios para nuestros días». Llegó a contar con seiscientos mil miembros.

El centro de investigaciones de este movimiento era el Instituto para el Estudio y la Erradicación de la Influencia Judía en la Vida Eclesiástica Alemana, y su fundador fue el teólogo Walter Grundman, miembro del Partido Nazi desde 1930. Grundman impulsó la publicación de una versión desjudaizada del Nuevo Testamento, que sería conocida como la «Biblia nazi». El texto asoció a Jesús con Galilea; esta región había sido supuestamente poblada por los gentiles arios del siglo VIII a.d.C., siguiendo la conquista de Israel por los asirios, por lo que era factible que Jesús, en efecto, fuera ario. En otro libro de Grundman, este insistía en que María no era judía, pero además defendía que Jesús era hijo ilegítimo de un legionario romano llamado Tiberio Julio Abdes Pantera, basándose en la afirmación del antiguo filósofo griego Celso en su libro *Discurso verdadero*. Esa tesis dejaba al Espíritu Santo sin un papel claro en todo el asunto, pero eso no parecía preocupar al animoso teólogo.

Grundman reescribió también los Diez Mandamientos para un nuevo catecismo, ampliándolos a doce, entre los que destacaban la obligación de «honrar a tu Führer», «mantener la sangre pura y el honor sagrado», «mantener y multiplicar la herencia de tus ancestros» y «servir alegremente a la gente con trabajo y sacrificio». Entre esos Doce Mandamientos que todo buen nazi debía observar sorprendía, o no tanto, la ausencia de los referidos a las prohibiciones divinas del homicidio, el robo y la avaricia.

Habría que imaginar que los nuevos textos sagrados serían del agrado de Hitler y los nazis, pero la realidad es que no despertaron en ellos demasiado entusiasmo, ya que sospechaban de todo lo que tuviera que ver con el cristianismo. Aunque Hitler firmó personalmente el nombramiento de Grundmann como profesor del Nuevo Testamento en la Universidad de Jena en 1938, quizás en retribución por sus desinteresados servicios a la causa, no hay evidencia de que él hubiera ordenado o apoyado de algún modo el proyecto de la Biblia Nazi, tal como luego se ha afirmado[9].

Las actividades del Instituto de Grundmann fueron toleradas por el régimen, pero a veces eran ridiculizadas, al tiempo que eran mantenidas bajo vigilancia. En marzo de 1943, los nazis confirmaron sus escasas simpatías hacia Grundmann al reclutarlo para el servicio militar y enviarlo además al frente ruso. Del Nuevo Testamento nazi se publicaron más de doscientas mil copias pero, después de la guerra, casi todas fueron destruidas; tan sólo se conservan tres. En cuanto a Grundmann, continuó con su labor pastoral en la Alemania Oriental, alcanzando prestigio como teólogo, pero actuó como confidente para la Stasi entre 1956 y 1968.

SI BEBES, NO CONDUZCAS

Durante una comida en el Berghof, Hitler entretuvo a los comensales describiendo un viaje que hizo con Hoffmann en los años veinte. El fotógrafo de Hitler se había comprado un coche nuevo, un Ford, y le pidió que probara el coche con él. Pero Hitler rechazó la invitación: «No, Hoffmann, con usted no voy en coche». Hoffmann solía ir siempre con una copa de más, y ya sabemos que eso no es lo más prudente al volante.

Pero Hoffmann insistió y, al final, Hitler cedió y subió al coche con él. Ya era de noche, había llovido, y, según relataría Hitler, su amigo «tomaba las curvas como un loco, estuvo a punto de chocar con una casa y no prestaba atención a los cruces».

Hitler le dijo: «¡Hoffmann, tenga cuidado, va usted como un loco! ¡Esto es peligroso!». Él contestó: «No, no, *mein* Führer, a usted le parece peligroso porque no ha bebido. Si usted se hubiera tomado un vino tinto, como yo, no se daría cuenta de nada».

Entonces, Hitler se bajó del flamante Ford y no volvió a ir nunca más en coche con él.

9 El 11 de agosto de 2006, el diario sensacionalista alemán *Bild-Zeitung* publicó un reportaje sobre el Nuevo Testamento elaborado por el Instituto de Grundmann, bajo el título «Hitler quiso reescribir la Biblia», y refiriéndose al texto como la «Biblia de Hitler».

GELI RAUBAL, UNA TRÁGICA OBSESIÓN

En el verano de 1928, Hitler se llevó una alegría. En la falda del Obersalzberg, la zona montañosa que se levanta junto a Berchtesgaden, había una casa de campo sencilla, al estilo de las montañas bávaras, llamada Haus Wachenfeld. Había sido construida para un industrial en 1916. Ahora, su viuda, que era una ferviente nazi, le ofrecía a Hitler la posibilidad de alquilarla por una módica cantidad mensual; éste aceptó de inmediato, ya que así no tendría que alojarse más en pensiones y posadas cuando quisiera pasar unos días de descanso en esa bucólica comarca alpina.

De inmediato llamó a su hermana Angela, que vivía en Viena, para que se trasladase a la nueva casa y asumiese las funciones de ama de llaves. Como vimos en el primer capítulo, Angela era hija de la anterior esposa de su padre, por lo que eran medio hermanos. Aunque de pequeños habían estado muy unidos, luego estuvieron una década sin verse, retomando su relación en 1919. Curiosamente, durante la guerra, Angela era la gerente de una residencia de estudiantes judíos, a los que una vez defendió de unos antisemitas. En 1903 se había casado con un inspector fiscal, Leo Raubal, con quien tuvo tres hijos: Leo, Angela Maria y Elfriede. Ante la llamada de su hermano, Angela acudiría a la Haus Wachenfeld llevando consigo a sus dos hijas, a las que llamaban *Geli* y *Friedl*. Sin saberlo, con esa decisión acababa de marcar dramáticamente la vida de la primera de ellas.

Geli era una joven vivaz y simpática de veinte años, de cabello castaño claro, a quien le gustaba coquetear con todo el mundo. Según recordaba la esposa de Rudolf Hess, Ilse Pröhl, «no es que fuera muy bonita, sino que tenía el famoso encanto vienés». Más crítico era Hanfstaengl, quien decía de ella que era «una perrita cabeza hueca, con la tosca lozanía de una sirvienta, sin cerebro ni carácter». En cambio, su mujer, Helene, opinaba que era «una chica buena, bastante seria». Por su parte, el fotógrafo Hoffmann la describió como «una joven encantadora que con sus modales espontáneos y francos cautivaba a todo el mundo». En cambio, su hija Henriette la consideraba «ordinaria, provocativa y un poco pendenciera», aunque también admitió que «era irresistiblemente encantadora». Lo que está claro que es que Geli no dejaba indiferente a nadie.

Hitler comenzó a mostrar una ambigua predilección por Geli, quien lo llamaba «tío Alf», que acabaría convirtiéndose en una obsesión. Según explicaría Henriette, «si Geli quería ir a nadar, esto era más importante para Hitler que la conferencia más trascendental. Se preparaban cestas de picnic, y todos partíamos hacia el lago». Hitler solía mostrarse celoso con ella, como en una ocasión recordada por la mujer de Hess, cuando Geli dibujó el disfraz que quería usar en el próximo carnaval y se lo mostró a él. «Ya puesta a ir con esto, podrías ir completamente desnuda», le dijo indignado, y dibujó su propia versión de un disfraz adecuado. «Entonces ella se enfadó mucho más que él, tomó su dibujo y salió dando un portazo. A la media hora, Hitler, mostrándose arrepentido, ya la estaba buscando para hacer las paces», en lo que parecía la típica pelea de enamorados. Es significativo que la diferencia de edad, de diecinueve años, era casi la misma que entre Hitler y Maria Reiter.

Hitler y su sobrina Geli Raubal mantuvieron una relación tan ambigua como tormentosa.

En septiembre de 1929 Hitler se mudó del modesto apartamento en que vivía en Múnich, en la *Thierschstrasse*, a un piso de 317 metros cuadrados, que ocupaba toda la primera planta del número 16 de la *Prinzregentenplatz*. Era un lujoso apartamento de nueve habitaciones, con dos cocinas y dos baños; el pago había sido efectuado por su editor y Hitler le devolvería la totalidad del préstamo diez años después, aunque finalmente el edificio entero pasaría a pertenecer al Partido Nazi. Además de contar con una cocinera, Frau Winter, se llevó consigo a su casera del apartamento anterior, Frau Reichert, junto con su madre. Su hermana Angela permaneció al cargo de la casa del Obersalzberg, pero permitió que Geli se instalara en una habitación del inmenso piso de su tío, para que estudiase medicina en Múnich, aunque luego se limitaría a estudiar canto. De nuevo, sin ser consciente de ello, estaba marcando a su hija un camino que acabaría en tragedia.

Así, sin la presencia de la madre, Hitler tendría en Múnich el campo libre para subir unos grados la temperatura de la ambigua relación tío sobrina que mantenían, exponiéndola como un trofeo ante sus compañeros de partido, quienes sospechaban que eran amantes. Acudían siempre juntos al teatro o un espectáculo circense, los restaurantes o al café Heck, en donde le solían rodear sus seguidores, y daba la sensación de que él trataba en todo momento de cortejarla.

Esa actitud no pasó desapercibida para Hanfstaengl. Según él, Hitler estaba tan embelesado que «revoloteaba en torno a ella con ojos de ternero degollado, en una imitación bastante creíble de un adolescente enamorado». Incluso accedía a acompañar a Geli cuando iba de compras; Hitler confesó a Hoffmann lo mal que lo pasaba cuando Geli se probaba sombreros o zapatos, o revisaba pieza tras pieza de tela y entablaba con la vendedora una conversación de media hora o más, para luego salir de la tienda sin haber comprado nada. Aunque Hitler sabía que eso pasaba cada vez que la acompañaba en sus compras, nunca se negaba y la seguía como un fiel corderito.

Hitler le daba todo lo que quería, pero restringía mucho su vida social; cuando no iba con él, siempre debía acompañarla alguien de su confianza, incluso cuando iba a tomar sus poco provechosas lecciones de canto. Pese a su esfuerzo a aprender a cantar, Geli no mostraba ningún talento para la música. Uno de sus profesores definió su voz como inexpresiva y sus dotes teatrales de inexistentes. Aun así, Hitler decía confiar en sus dotes musicales; la veía como una heroína wagneriana que un día encandilaría a las masas.

Cuando ella insistió para que la dejara asistir a un baile de carnaval, él cedió, pero debía ir en compañía de dos amigos de él, con instrucciones de traerla de vuelta antes de las once de la noche. Para alguien tan alegre y vital como ella, esa situación la hacía sentirse desdichada, pero Hitler se mantenía inflexible. Cuando Hoffmann le advirtió que esas normas tan estrictas eran contraproducentes, él replicó que se sentía obligado a cuidar de su sobrina. «Amo a Geli y podría casarme con ella», le dijo. Hay que recordar que ese tipo de enlace no era extraño para Hitler; como vimos, el abuelo materno de su madre era hermano de su abuelo paterno. «Lo que ella considera una esclavitud no es sino prudencia. Estoy resuelto a asegurarme de que no caiga en manos de algún aventurero indigno o de algún tramposo», insistió.

La naturaleza de esa relación tío sobrina ha dado lugar a muchas especulaciones. Los enemigos políticos de Hitler, como el dirigente nazi Otto Strasser, purgado por su «izquierdismo», llegarían a extender rumores sensacionalistas acerca de sus supuestas relaciones sexuales perversas. Strasser, quien se vio obligado a exiliarse, afirmaría que Geli le desveló llorando que Hitler le obligaba a hacer contra su voluntad «prácticas sumamente desagradables». Esas revelaciones serían amplificadas por el periodista alemán de origen judío Konrad Heiden, que publicaría desde su exilio suizo una biografía con detalles escabrosos de esa relación. El que Geli explicase en confidencia a una amiga que «mi tío es un monstruo, nadie puede imaginar lo que me llega a exigir», parece apuntar a este extremo, aunque también podía referirse a la vigilancia extrema a la que la sometía.

Poco antes de su muerte en 1974, Strasser habló con el historiador Wulf Scharzwäller, a quien le confirmó las revelaciones efectuadas en su día. Según Strasser, «Hitler le exigía que hiciera cosas que eran simplemente repulsivas. Ella nunca se podía haber imaginado que hubiera personas que quisieran hacer eso. Cuando le pedí que me las explicase, ella me dijo cosas que yo solo conocía de mis lecturas del libro *Psychopatia Sexualis* en mis tiempos de estudiante». Cuando Scharzwäller pidió a Strasser detalles de esas prácticas, él prefirió no darlos, «no solo por consideración por Hitler, sino por la memoria de Geli». Todo lo que pudo decirle es que «era un sádico y un masoquista, ambos en una sola persona».

La existencia de unos dibujos de Hitler en los que una modelo, supuestamente Geli, aparece desnuda, llevan a pensar también que la relación no fue la que se espera que mantengan un tío con su sobrina, aunque tampoco prueban nada. No obstante, al estar basadas las diferentes versiones en la conjetura y el rumor, es imposible conocer hasta dónde llegó esa relación. El propio Hanfstaengl, que conocía muy bien a Hitler, se mostraría cauto a la hora de afirmar que ambos tuvieron relaciones sexuales: «Tanto si pensó que una joven que ya había perdido la virginidad podía ser sometida fácilmente a sus peculiares gustos, como si en realidad fue la única mujer en su vida que le curó en parte su impotencia haciendo de él un hombre, son cosas que no llegaremos a saber con seguridad», afirmó.

Foto de estudio de Geli. Aunque no destacaba por su belleza, todos coincidían en que «era encantadora». *National Archives.*

Lo que está claro es que la conducta de Hitler con su sobrina tenía todos los rasgos de una dependencia sexual fuerte, ya fuera física o latente, lo que se manifestaría con esas muestras extremas de celos y una posesividad dominante. El día que Hitler descubrió un escarceo amoroso de Geli con Emil Maurice, su leal chófer y guardaespaldas, sacó su arma y apuntó a la cabeza de Maurice, totalmente fuera de sí. Cuando se tranquilizó, le anunció que estaba despedido. Igualmente, cuando Hitler se enteró de que ella tenía un enredo con un joven artista austríaco que se había enamorado de ella a primera vista, la obligo a romper con él.

A finales del verano de 1931, la situación ya resultaba insostenible y estaba claro que acabaría reventando por algún lado, aunque nadie imaginaba cómo acabaría haciéndolo. Geli, harta del control al que le sometía su tío, decidió marcharse a Viena. Viajó a Berchtesgaden para reunirse con su madre y explicarle su decisión, pero Hitler la llamó desde Múnich y le ordenó que regresase de inmediato. Ella obedeció pero, nada más volver a Múnich, Hitler le dijo que debía emprender viaje a Hamburgo, haciendo noche en Núremberg, para asistir a una reunión. Geli no quería quedarse sola y le dijo que quería viajar a Viena durante su ausencia, pero Hitler se lo prohibió.

Durante el almuerzo del 18 de septiembre, en el que ambos comieron espagueti, la rabia acumulada por Geli estalló. La cocinera, Frau Winter, escuchó cómo se levantaban la voz en una disputa hasta que Geli salió precipitadamente del comedor con el rostro encendido y se encerró en su habitación. Al cabo de un rato, vinieron a buscar a Hitler para emprender el viaje y Geli salió para despedirle. Hitler se detuvo ante la puerta de la calle, le dio unas palmaditas cariñosas en la mejilla y le susurró algo, aunque ella permanecía rígida y enfadada. «Realmente, no tengo nada en común con mi tío», le dijo a Frau Winter poco después.

Mientras tanto, «tío Alf» viajaba en el Mercedes que conducía su nuevo chófer, Julius Schreck, pero su intuición le decía que algo podía suceder. Hitler le dijo a Hoffmann, que le acompañaba en el viaje, «no sé por qué, pero tengo una sensación de lo más incómoda». Su fotógrafo trató de tranquilizarle diciéndole que sería a causa del *Föhn*, un viento del sur propio de los Alpes que produce una extraña depresión. Hitler, sin ocultar su preocupación, no le respondió y prosiguieron su viaje hacia Núremberg.

En el apartamento, Geli seguía estando furiosa. Frau Reichert oyó algo que caía, y le comentó a su madre: «Geli debe de haber cogido un frasco de perfume de su tocador y seguramente se le ha roto». Tal vez Geli arrojó con rabia ese frasco contra el suelo. Unas horas después, Frau Winter vio cómo Geli salía de su habitación y rompía en cuatro pedazos una carta escrita en papel azul, que debió encontrar hurgando en los bolsillos de la chaqueta de Hitler. Más tarde, Frau Winter no pudo reprimir su curiosidad, juntó los trozos y pudo leer lo siguiente:

Estimado Herr Hitler:

Le doy de nuevo las gracias por la maravillosa invitación al teatro. Fue una noche memorable. Le estoy muy agradecida por su amabilidad. Cuento las horas que faltan para la alegría del siguiente encuentro.

Atentamente,
EVA

La carta era de Eva Braun, con quien unos meses atrás Hitler había retomado el contacto, aunque todo apunta a que por entonces no se había llegado a establecer aún una relación. Naturalmente, Geli no sabía que su tío se veía con ella, por lo que estalló en cólera. Se encerró en su cuarto con llave y dio instrucciones de que no la molestaran. Al caer la noche, Frau Winter, como de costumbre, se marchó del apartamento, mientras que Frau Reichert y su madre se quedaron a dormir allí. Durante la noche, ambas se sobresaltaron al escuchar un ruido sordo procedente de la habitación de Geli, pero como no se volvió a oír nada más, siguieron durmiendo.

A la mañana siguiente, Frau Reichert se preocupó cuando comprobó que la habitación de Geli seguía cerrada con llave y que ésta no respondía a sus llamadas. Fueron a buscar un cerrajero y al abrir vieron que Geli estaba tirada en el suelo cerca de un sofá, con una pistola junto a ella. Se había pegado un tiro en el corazón.

Mientras eso ocurría en Múnich, Hitler y su séquito salían del hotel Deutscher Hof de Núremberg para proseguir su viaje a Hamburgo. Cuando el Mercedes estaba saliendo de la ciudad, se percataron de que un coche les seguía. Hitler temió que pudiera tratarse de un atentado, pero vio que era un taxi; un botones del Deutscher Hof sentado junto al conductor les hacía señas para que parasen. El muchacho dijo a Hitler que Rudolf Hess había llamado por teléfono desde Múnich por un asunto muy urgente y que todavía estaba al aparato. Hitler, con el peor de los presentimientos, regresó a toda prisa al hotel y entró rápidamente en la cabina telefónica. Como dejó la puerta abierta, Hoffmann pudo escuchar la conversación. «Aquí Hitler, ¿ha sucedido algo?». Después de una corta pausa, su voz se elevó casi como un alarido: «¡Oh, Dios mío, qué horror!». Preguntó a Hess si Geli aún vivía, pero la comunicación se cortó, o Hess prefirió colgar.

Pisando el acelerador a fondo, el Mercedes emprendió el camino a Múnich. Hitler, con los labios apretados, no pronunció palabra. Al llegar al apartamento, el cadáver de Geli ya había sido retirado. Hitler se sintió muy deprimido, Decidió pasar la noche en la casa de campo de un amigo. Como se temía que se pudiera quitar la vida, su chófer decidió esconderle el revólver que solía llevar consigo. Esa noche Hitler no pudo conciliar el sueño y la pasó caminando de un lado a otro de la habitación. Durante dos días, no probó bocado.

Los periódicos se hicieron eco de la noticia insinuando que Hitler en persona había matado a su sobrina, lo que era imposible, ya que estaba en Núremberg. También se afirmaba que el cuerpo de Geli presentaba el tabique nasal fracturado y otras señales de malos tratos. Sus allegados sostenían que la muerte había sido accidental; tal vez estaba jugando con el arma y ésta se había disparado. Sin embargo, la conclusión más lógica es que se había quitado la vida. La mujer del hermanastro de Hitler, Alois, contó años después a Hanfstaengl que toda la familia sabía que la causa del suicidio era que estaba embarazada de un maestro de pintura judío de Linz, aunque eso no parece muy creíble. Lo más probable es que Geli no pudiese soportar la intensa presión psicológica a la que la había sometido su posesivo tío y en un momento de enajenación mental tomó la peor decisión posible.

El entierro se celebró en Viena. Hitler no asistió porque tenía prohibido regresar a su país natal y temía ser detenido. No obstante, decidió arriesgarse y un día después viajó de incógnito hasta el cementerio para poner flores en su tumba. Ese gesto pareció cerrar para siempre el capítulo de su sobrina e iniciar uno nuevo en su vida. Durante el viaje de regreso, predijo con voz firme y confiada que llegaría al poder en Alemania, a más tardar en 1933. «Ahora, que empiece la lucha. La lucha que debe verse, y se verá, coronada por el éxito», aseguró.

De ese duro golpe personal, Hitler resurgiría con ánimos renovados. No obstante, el trauma por la muerte de su sobrina le acompañaría el resto de su vida, como lo demuestra el que ordenase que su habitación permaneciese intacta como si de un santuario se tratase, y que la llenase de flores en las fechas de su cumpleaños y de su muerte. También colgaría un retrato de Geli en la Cancillería[10].

CUANDO ADOLF ENCONTRÓ A EVA

A principios de octubre de 1929, Hitler conoció a Eva Braun, una joven de diecisiete años que trabajaba de asistente en el estudio fotográfico de Heinrich Hoffmann. Ella era la segunda de tres hermanas; la mayor se llamaba Ilse y la pequeña, Gretl. Eva acababa de salir de un internado católico, cuando respondió en septiembre de ese año a una oferta de trabajo para ser contratada en esa tienda.

Eva se había quedado en el estudio para poner al día el archivo y se había subido a una escalera para alcanzar una caja de fichas situada encima de un armario. Según contó después a su hermana Gretl, «en ese momento entró el jefe en compañía de un hombre con un bigotito gracioso, un abrigo de color claro de estilo inglés y un gran sombrero de fieltro en la mano». Ella intuyó que le miraba las piernas. Cuando bajó de la escalera, Hoffmann le presentó al desconocido como «Herr Wolf», quien alabó su belleza.

Minutos después, todos estaban sentados a una mesa en la que no faltaban salchichas y cerveza. Aunque Hitler se ofreció después a llevarla a casa en su Mercedes, Eva prefirió ir caminando. En los días

10 En contraste con el cuidado con el que se conservó la habitación de Geli, resulta sorprendente que ni siquiera se llegase a colocar nunca una lápida en su tumba. Tal vez Hitler consideraba que esa era su ubicación provisional, y que cuando se construyese la tumba destinada a él, Geli fuera trasladada a otra situada en un lugar de honor junto a la suya.

siguientes, Hitler se presentaría a menudo en el estudio de Hoffmann con flores y bombones para ella, y llegaron a salir en alguna ocasión juntos a tomar un café o al cine. Según revelaría la hija de Hoffmann, Henriette, cuando Eva esperaba una visita de Hitler, solía rellenarse el sostén con pañuelos, para dar a su pecho la redondez que le faltaba y que parecía complacerle.

Eva era hija de una modista y de un maestro. No había mostrado interés en los estudios, y los profesores la definieron como «traviesa, tozuda y un tanto perezosa». Le gustaba practicar deporte, leer revistas y novelas de amor, y el cine romántico. Aunque parece ser que, por entonces, esa especie de coqueteo era un simple pasatiempo para Hitler, más pendiente de su sobrina, Eva comenzó a jactarse ante sus compañeros de trabajo de que ella era su novia y futura esposa, lo que llevó a Hoffmann a recriminárselo, amenazándola incluso con

Eva Braun tenía diecisiete años cuando conoció a Hitler en el estudio de Hoffmann.

despedirla. La situación debió incomodar a Hitler, ya que dejó de frecuentar el estudio de Hoffmann.

Aun así, no perdieron el contacto, y, durante un par de años, de vez en cuando Hitler la invitaría a salir, como consta en la carta que descubrió Geli. En alguna ocasión acudían juntos a la Ópera. También iban a cenar a la Osteria Bavaria, aunque acompañados por un par de ayudantes para mantener las formas; en algunos momentos, de manera disimulada, Hitler tomaba entre las suyas las pequeñas manos de Eva, que acariciaba tiernamente.

A Eva le encantaba disfrazarse. En una ocasión, durante una fiestecilla a la que habían sido invitadas su madre y su hermana menor, un cantante negro se puso a imitar la voz y los ademanes de Al Johnson, que triunfaba entonces en la primera película sonora, *El cantor de jazz*. Al acabar el número, el cantante se dirigió a la madre de Eva para darle un beso; para su sorpresa, era la propia Eva. No cabe duda de que el hecho fue comentado, ya que más tarde Hitler pidió una fotografía de ella disfrazada de negro y —aunque resulte increíble— de judío. Él no encontró chocante hacerle tan insólita petición, sino que pareció divertirse grandemente. Eva no perdería su pasión por los disfraces; unos años después, tras ver *Lo que el viento se llevó*, se vestiría de dama sudista y representaría alguna de las escenas de la película.

La muerte de la sobrina de Hitler cambiaría la naturaleza de esa relación platónica, posiblemente a mediados de 1932. Quizás Hitler, transido de dolor por la tragedia, necesitaba un hombro en el que llorar y una cosa llevó a la otra. A falta de documentos o testimonios directos, en los ábumes fotográficos de Eva de ese año vemos un cambio brusco, pasando de las escenas familiares a un gran número de fotografías de Hitler. En una de ellas, tomada en el estudio de Hoffmann, se ve a Eva cogiendo la mano de él y una leyenda poco equívoca: «Si la gente supiera lo bien que me conoce...» La gobernanta del apartamento de Hitler, Frau Winter, confirmaría esa apreciación, ya que explicaría en 1945 a la secretaria Christa Schröder, que «medio año después de la muerte de Geli», es decir en marzo de 1932, Eva comenzó a llegar cada sábado al apartamento con una pequeña maleta.

Comenzaba así, contra todo pronóstico, una sólida historia de amor que se prolongaría hasta el último día de la vida de ambos, pero que no discurriría sin grandes sobresaltos. El 1 de noviembre de 1932 sucedería uno de ellos. Por entonces, Hitler estaba muy ocupado con la conquista del poder, ya que era la etapa decisiva. Desde hacía semanas, Eva no tenía más noticias de él que las que aparecían en los periódicos.

«Eva no tenía una comunicación directa con Hitler —explicaría su hermana mayor, Ilse, a los autores de *Hitler y las mujeres*— Todo le llegaba a través del ayudante de campo Schaub, o bien por Hoffmann, que le entregaba las cartas. Y sucedía a menudo que alguna de esas cartas se quedaban en el bolsillo del uno o del otro. Una carta sin respuesta puede traer graves consecuencias».

«Era el día de Todos los Santos. Mis padres habían ido al cementerio donde estaba enterrada su familia y yo tenía turno de noche en la clínica del médico con quien trabajaba. Eva se disparó un tiro en el cuello, cerca de la arteria, con el revólver que mi padre había dejado en la mesita de noche. Luego fue, por su propio pie, al piso de arriba, para llamar por teléfono a un médico, el doctor Plate, cuñado de Hoffmann. El médico acudió e hizo que la llevasen al hospital», relata Ilse.

«Hitler le envió flores al hospital, pero no fue a verla ni una sola vez. Mandaba a sus ayudantes de campo y tenía de ella las noticias que estos le transmitían», apunta la hermana.

Al parecer, la intención de Eva era dispararse en el corazón, al igual que Geli, pero al apretar el gatillo debió mover el cañón hacia arriba. Sobre los motivos que tuvo Eva para intentar suicidarse, la hija de Hoffmann, Henriette, explica a los autores de ese libro: «Tal vez quisiera atraer la atención hacia ella. Pero después, nada. Nunca más se habló de ello. Sin embargo, quizás fue aquello lo que incitó a Hitler a continuar las relaciones con Eva. No quería que ninguna otra mujer se matase por él. Eso le molestaba, le torturaba…»

La elección por Eva del médico cuñado de Hoffmann, con el cual todo llegaba enseguida a Hitler, podría apoyar la idea de la simulación. De todas maneras, si Eva solo había querido atraer la atención hacia ella, lo cierto es que lo hizo corriendo un riesgo enorme. Pero la suerte estuvo de su parte y la herida ni siquiera llegó a dejar ninguna cicatriz en el cuello. A partir de ese suceso, el único objetivo de la vida de Eva sería, según todos los documentos y testimonios, conquistar y mantener el amor de Adolf.

BUSCANDO NOVIA A HITLER

A principios de 1932, con Hitler tratando todavía de asumir la trágica pérdida de su sobrina, el matrimonio Goebbels se decidió a proporcionar a Hitler compañía femenina. Para ello contarían con la ayuda de Hanfstaengl, quien coincidía con ellos en que era buena idea encontrarle la mujer adecuada para hacerle más humano y asequible. Según él, uno no podía escapar a la sensación de que algo andaba mal; estaba «ante un hombre con una reserva volcánica de energía nerviosa y sin otro medio de expansión aparente que representaciones casi mediúmnicas desde la tribuna del orador».

Por entonces, la relación con Eva aún no había pasado del galanteo inocente. Por otra parte, la mayoría de sus amistades femeninas se ajustaban al tipo maternal; una que acostumbraba a visitar era una mujer sesentona, Carola Hoffmann, maestra de escuela retirada, que le cuidaba maternalmente alimentándole con pastelillos.

Durante un tiempo, se creyó que Jenny Haug, hermana del guardaespaldas y chófer de Hitler, Ernst Johann Haug, era su amante. Jenny tenía una bonita figura, unos grandes ojos y —según Hanfstaengl— todo el aspecto de lo que realmente era: dependienta de una tienda de juguetes. Pero ese aspecto sencillo podía llamar a engaño, ya que Jenny pretendía ser una especie de guardaespaldas suplementario de Hitler, para lo que iba pertrechada de una pequeña pistola que llevaba disimulada bajo el brazo. Cuando Hitler salía a cenar a casa de alguien, Jenny vigilaba en el exterior y aguardaba la llegada del coche. Con frecuencia se sentaba en el asiento posterior, esperándole. Se marchaban juntos pero, según supo luego Hanfstaengl, no iban más que a un café en donde Hitler se pasaba todo el rato hablando. La adoración juvenil que la muchacha profesaba por Hitler no era en absoluto correspondida, aunque circulen otras versiones que apuntan todo lo contrario, y que se verán más adelante.

Por entonces, Hitler se alojaba en el hotel Kaiserhof de Berlín, y acudía con frecuencia, acompañado de Hanfstaengl, al hogar de los Goebbels, un gran piso situado al oeste de la ciudad, cenaba allí algún plato vegetariano que le preparaba Magda, la mujer de Goebbels, y pasaba luego allí el resto de la velada. Goebbels había hecho grabar los discursos de Hitler que más éxito habían tenido y los ponía en el tocadiscos. Hitler se arrellanaba en un cómodo sillón y disfrutaba del sonido de su propia voz arengando a las masas que acudían a sus mítines. Años después, durante la guerra, Goebbels usaría ese recurso para animarle en los días difíciles. La noche proseguía con la audición de algún disco de su adorado Wagner.

Sin duda, la irrupción de una mujer en la vida de Hitler podía servirle para ampliar esa reducida perspectiva de la vida, circunscrita a los integrantes de su círculo político. La primera candidata sería una rubia vivaracha, Gretl Slezak, cuyo padre, Leo, era un famoso cantante de ópera. Al parecer, el hecho de que el padre de Leo Slezak fuera un judío eslovaco no fue obstáculo para que los Goebbels se la presentasen a Hitler con intención de que surgiera la chispa del amor entre ambos, aunque tal vez desconocían esa circunstancia. La madre y el hermano de Gretl eran actores, pero ella había heredado el talento musical de su padre, y actuaba desde hacía dos años como soprano en la Ópera de Berlín.

La cantante Gretl Slezak le fue presentada a Hitler para ver si surgía algo entre ellos.

Por tanto, cuando Hitler acudió una noche más a casa de los Goebbels, acompañado de su amigo Putzi, se encontró con aquella joven, que entonces contaba con 27 años, que le fue presentada con la mejor de las expectativas. También habían invitado a otro matrimonio, para que la encerrona no fuera tan evidente. Gretl, que era una chica inteligente, pareció intuir con acierto el tipo de mujer que despertaba cierta atracción en Hitler, ya que se mostró como una verdadera ingenua, formulándole las preguntas más simples acerca del movimiento nazi, aparentando ser una completa ignorante. Hitler parecía disfrutar ilustrando a aquella muchacha inocente sobre sus ambiciosos proyectos. Ella incluso le preguntó si realmente pensaba ser implacable con los judíos, una cuestión sorprendente teniendo en cuenta su origen, pero ahí Hitler desvió la cuestión diciéndole que no diese importancia a esos asuntos y la animó a que pasase la velada en la forma más agradable posible.

Una vez acabada la cena, los Goebbels invitaron a Putzi a que tocase el piano, con la esperanza de que, una vez todos levantados de la mesa, fuera más fácil que Gretl atrajese a Hitler a una conversación privada. Así fue, y poco después de la medianoche ambos acabaron en la oscuridad de un saloncito adyacente. Tres cuartos de hora más tarde, Putzi decidió marcharse al hotel en el que se alojaba con Hitler para tomar una copa, acompañado del otro matrimonio invitado, dejando así a su amigo vía libre para disponer a su gusto de la prometedora noche. Al escuchar el ritual de las despedidas en el recibidor, Hitler emergió del saloncito en penumbra para decir: «Luego acompañaré a esta dama hasta su casa».

Todo apuntaba a que la cita preparada había sido un éxito. Los Goebbels y Hanfstaengl debieron intercambiarse algún guiño cómplice junto a la puerta. Putzi se fue al hotel y, mientras paladeaba el último trago de la noche, pensó que habían dado en el clavo presentándole la atractiva rubia a su amigo y que si ella conseguía centrarle en alguna especie de normalidad les haría un gran servicio a todos. Después de apurar la velada en el bar del hotel, decidió subir a su habitación. Como era costumbre entonces, los huéspedes dejaban los zapatos en el pasillo. Así que, al no ver junto a la puerta de la habitación de Hitler las botas de montar que calzaba, imaginó que su amigo habría subido a tomar un café en casa de Gretl y allí seguiría. Así, mecido por el aparente éxito del plan, concilió el sueño satisfecho.

Sin embargo, a la mañana siguiente, cuando se reunió para desayunar con Hitler, nada en su actitud dejaba traslucir el resultado de la noche anterior. Putzi no tenía la confianza necesaria para preguntarle directamente por lo ocurrido, así que discurrió el día sin que nada más ayudase a deducir alguna conclusión. Para su sorpresa, Gretl Slezak siguió moviéndose en las proximidades del círculo de Hitler, aunque tampoco ningún detalle permitía extraer conclusiones. Tal vez habían iniciado una relación pero preferían mantenerla en secreto para no interferir en la carrera política de él.

Intrigado, Hanfstaengl entabló cierta amistad con ella hasta que un día, en el que creyó verla con buena disposición para las confidencias, le preguntó directamente que cómo marchaban las cosas entre ella y Hitler. Gretl se limitó a elevar la mirada al techo y a encogerse de hombros. No fue menester que le dijera nada más. La prometedora cita no había cuajado[11].

11 Pese al fracaso de la cita, surgió una buena amistad entre ambos, basada en la admiración que Hitler sentía por sus dotes musicales. Cuando Hitler llegó al poder, Slezak seguiría encadenando contratos con la Ópera de Berlín, pese a tener un abuelo judío, por lo que seguramente contó con su protección personal. Pero Gretl no se conformaba solo con su amistad, aunque su padre le decía que Hitler «era el diablo en persona». En marzo de 1938, Hitler la invitó a una recepción en la Cancillería. Durante el acto, Slezak propuso a Hitler que acudiese después a tomar un té a su apartamento, en donde había preparado un ambiente romántico, pero él acudiría con su secretaria Christa Schroeder. En un momento en que esta se ausentó del salón, Slezak, que estaba sentada junto a Hitler en un sofá, intentó cogerle la mano, pero él la rechazó con delicadeza diciendo: «¡Gretl, tú sabes que no puedo permitir esto!» Podía referirse a que Slezak era una divorciada con una hija o a su ascendencia judía. En diciembre de 1938, Slezak pidió a Christa Schroeder que entregase a Hitler una carta, sin que la secretaria llegase a saber nunca del contenido o del efecto que pudo causar. En 1940, se rumorearía en las oficinas de la productora Tobiass-Filmkunst que Slezak había intentado suicidarse porque Hitler desdeñaba su amor, pero que fue salvada en el último momento. Después de la guerra se casó con el actor y cantante Peter Winter, y actuó en varias películas. Comenzó a escribir sus memorias, pero no las llegó a ver publicadas porque falleció prematuramente en 1953, a los 52 años.

La célebre cineasta Leni Riefenstahl fue otra de las candidatas seleccionadas por los Goebbels con la esperanza de que conquistase el gélido corazón de Hitler. Así pues, organizaron otra cena en el piso, a la que acudió también Hanfstaengl. Leni era una mujer con gran energía vital, creatividad y mucha personalidad, quizás alejada de los cánones de belleza de la época, pero irradiaba un innegable magnetismo. Había debutado como actriz en 1925, participando desde entonces en varias películas, pero le interesaban más los aspectos técnicos y de dirección. En este caso, parecía que los Goebbels no habían acertado en el *casting*, ya que Hitler prefería mujeres ingenuas y un tanto indefensas, necesitadas de protección, un tipo bastante alejado del que definía a la talentosa y autosuficiente Leni. Aun así, no se descartaba que la cineasta, que compartía con Hitler el

Leni Riefenstahl, en una imagen de *La luz azul*, película que protagonizó en 1932. Leni desplegaría sus armas de seducción para atraer a Hitler.

interés por las formas artísticas, lograse tocarle alguna fibra que despertase su interés.

De nuevo pusieron en práctica la estrategia llevada a cabo en la intentona protagonizada por Gretl Slezak. Tras la cena, todos se reunieron alrededor del piano para escuchar las piezas interpretadas por Putzi. Los Goebbels se acercaron entonces al instrumento, apoyándose en él, dejando a Hitler y Leni juntos en la otra parte del salón, concediéndoles el campo libre para que conversasen libremente.

Sin embargo, al contrario que en el caso de Gretl, Hitler pareció entrar en pánico al verse solo junto a Leni. Hitler optó por ponerse en pie y curiosear distraídamente los títulos de los libros que había en una estantería, mientras Leni revoloteaba a su alrededor, moviéndose al compás de la música. Como Hanfstaengl podía comprobar por el rabillo del ojo, ella estaba poniendo en práctica todas sus artes de seducción, mientras que Hitler seguía disimulando como si eso no fuera con él.

Aunque esta nueva cita no estaba discurriendo por los mejores derroteros, los Goebbels y Hanfstaengl decidieron marcharse y dejar sola a la pareja, esperando que esa intimidad relajase de una vez a Hitler y que Leni lograse romper el hielo. Sin embargo, una vez más, todo acabó en un desengaño. Unos días más tarde, Putzi viajó en el mismo avión que Leni y se decidió a preguntarle por esa noche. Curiosamente, la cineasta respondió de un modo casi idéntico al de Gretl Slezak: con un encogimiento de hombros.

Pese a que no surgió la chispa del amor entre Riefenstahl y Hitler, este supo captar el enorme talento que atesoraba la cineasta. Cuando Hitler le rogó que realizase una película sobre el congreso del Partido Nazi en Núremberg, Leni aceptó con dos condiciones: que fueran puestos a su disposición todos los medios necesarios y una absoluta libertad de creación. Ambas le fueron concedidas.

Consciente de las reservas con que su ascenso era acogido entre los jerarcas nazis, en especial Goebbels, que desconfiaban de que una mujer fuera capaz de llevar a cabo ese ambicioso proyecto, Leni tuvo el atrevimiento necesario para preguntar a Hitler: «¿Por qué no ha elegido a un hombre?»

La rotunda respuesta del dictador sonaría tremendamente actual: «El talento no tiene sexo», afirmó.

LA CENA QUE PUDO CAMBIAR LA HISTORIA

Si en el capítulo anterior vimos como, por un capricho de la historia, Hitler y Stalin coincidieron en Viena durante un mes, estando sus domicilios separados por un paseo de media hora a pie, resulta incluso más sorprendente saber que Hitler y el que sería su otro gran acérrimo enemigo, Winston Churchill, estuvieron apenas a unos metros el uno del otro.

En el primer tomo de su obra *La Segunda Guerra Mundial*, Churchill explica que en el verano de 1932 viajó junto con su familia por los Países Bajos y Alemania, documentándose para la biografía

Churchill estuvo a punto de reunirse con Hitler
en Múnich en 1932, pero este eludió el encuentro.

sobre el duque de Marlborough que estaba escribiendo, al ser antepasado suyo. Entonces era diputado conservador, pero no se le había ofrecido ningún cargo ministerial. Cuando llegó a Múnich, Hanfstaengl contactó con su hijo Randolph, al que ya conocía de antes, y organizaron una cena en el hotel Continental a la que asistieron todos. La velada discurrió animadamente, y Churchill mostró interés en verse con Hitler al día siguiente, ya que Hanfstaengl le dijo que también se encontraba en la ciudad. Sin embargo, por la mañana Hitler tuvo que emprender un viaje y esa reunión que hubiera hecho las delicias de los historiadores ya no fue posible.

Esa es la versión apuntada por Churchill, que resultaría incompleta, ya que desconocía lo que en realidad había sucedido. En cuanto Hanfstaengl organizó la cena, acudió a Hitler para rogarle que asistiera, ya que Churchill era uno de los hombres más influyentes de Inglaterra. Pero, desde el primer momento, Hitler comenzó a poner todo tipo de excusas, lo que solía hacer cuando tenía miedo a entrevistarse con alguien. Hanfstaengl, desesperado, le dijo que podrían hablar de arte, de política, de arquitectura... pero Hitler no daría su brazo a torcer. Seguramente intuía que el británico le superaba en astucia y habilidad política, y no podría utilizar con él sus trucos habituales.

Hanfstaengl asistió a la cena con la esperanza de que, al menos, Hitler se presentase a la hora de los cafés. Durante la cena hubo sintonía con Churchill, incluso a pesar de que formuló algunas preguntas incómodas sobre las ideas antisemitas de Hitler. Pero la sorpresa estalló cuando, de repente, el británico le preguntó: «Dígame, ¿qué piensa su jefe de una eventual alianza de su país con Francia e Inglaterra?»

Hanfstaengl se quedó de una pieza y poco faltó para que se cayese de espaldas. Se le ofrecía a Hitler la oportunidad incomparable de ver como aumentaba su prestigio internacional y de poner las bases de su soñada alianza con Inglaterra, pero él no estaba en ese momento allí para discutir el asunto...

Entonces Hanfstaengl pretextó torpemente que había olvidado telefonear a su esposa, se levantó de la mesa y corrió hasta una cabina del vestíbulo para tratar de ponerse en contacto con Hitler y suplicarle que viniera. Llamó a la sede del partido pero ya se había ido, y después a su apartamento, pero aún no había llegado. Al salir de la cabina no pudo creer lo que veía: ¡Hitler estaba en la escalera del vestíbulo!

En efecto, Hitler había acudido a reunirse allí con un financiero holandés y se estaba despidiendo ya de él. Hanfstaengl corrió hacia Hitler, le explicó atropelladamente la situación y le imploró que entrase en el restaurante, a apenas unos pasos. «No, estoy sin afeitar», fue su excusa. Hanfstaengl insistió, pero Hitler le dijo que tenía muchas cosas que hacer y abandonó el hotel. Hanfstaengl regresó con los Churchill y después de la cena estuvo tocando el piano, con la débil esperanza de que Hitler se lo pensase mejor y decidiese regresar. Pero no fue así.

Por la mañana, Hitler emprendió un viaje rutinario a Núremberg, al que también se unió Hanfstaengl, quien le explicó en detalle su conversación con Churchill. Hitler se resistía a creer que el británico hubiera planteado esa alianza que él tanto deseaba; su orgullo le impedía reconocer que debía haber acudido a esa cena que hubiera podido cambiar la historia. Churchill y su familia se quedarían en Múnich tres días más, pero Hitler se mantuvo alejado hasta que se hubieron marchado.

LA MUJER QUE LLAMABA «LOBITO» A HITLER

Una figura casi desconocida pero que sería importante en el ascenso político de Hitler sería Helene Bechstein, quien se consideraría casi como una madre adoptiva para él. Helene, de soltera Capito, tenía trece años más que Hitler, y era esposa de Edwin Bechstein, el hijo de un importante fabricante de pianos, y que luego sería el accionista mayoritario de la empresa.

Ella conoció a Hitler en 1921, a través de un amigo común, en la villa que poseía con su marido en Berchtesgaden. A Helene le entró por el ojo derecho y, sea por contagio o no, se declararía públicamente como antisemita. En sus visitas a Berlín, Hitler se alojaría en el domicilio de los Bechstein. Cuando Hitler fue encarcelado tras el Golpe de la Cervecería, lo visitaba regularmente en prisión; una vez que un guardia le puso un impedimento para entrar, afirmó con descaro que era su madre adoptiva.

Tras su liberación, Helene se encargó no solo de presentarlo en sociedad, sino de comprarle ropa adecuada, enseñarle cómo comportarse a la mesa y, en definitiva, a instruirle en los modos y costumbres de las clases altas, de quien debía recabar apoyos si quería que su movimiento se expandiese más allá del etílico y testosterónico ambiente de las cervecerías muniquesas. Para esa tarea contaría también con la ayuda de otras dos damas: Elsa Bruckmann, princesa de una antigua dinastía rumana, y Winifred Wagner, nuera del célebre compositor, que le sería presentada a Hitler por los Bechstein.

Helene acostumbraba a hacerle obsequios que sabía que eran de su agrado, como un perro o un látigo para canes, y Hitler le correspondió regalándole un manuscrito original de *Mein Kampf*. Además, su marido accedió a presentarse como avalista en el préstamo que permitió a Hitler adquirir un automóvil Mercedes de 26.000 marcos. La confianza de Helene con él llegó a punto de llamarle cariñosamente *Wölfchen* o «Lobito». No sabemos si ese apelativo molestaba a Hitler, pero si así era se cuidó de manifestarlo, ya que los Bechstein se rascaron el bolsillo con generosidad, aportando los fondos para continuar publicando el periódico del partido. Esa identificación con el nazismo y el antisemitismo fue perjudicial para la imagen de la empresa, pero los Bechstein nunca tuvieron dudas de seguir apoyando a Hitler. Ella llegaría incluso a confesarle que le hubiera gustado tenerlo como hijo.

El 29 de enero de 1933, la noche antes de ser nombrado canciller, Hitler se alojó en la casa berlinesa de los Bechstein. Una vez en el poder, Hitler quiso agradecer a Helene su apoyo incondicional otorgándole la Placa Dorada del Partido, una insignia reservada a los primeros cien mil miembros de la formación y a los que él considerase dignos de lucirla, aunque, curiosamente, ella no se había afiliado nunca al Partido Nazi, una formalidad que llevaría a cabo en 1944.

Ya que no podía ser su madre adoptiva, Helene albergó la ilusión de convertirse en su madre política, intentando que se casase con su hija, pero no hubo suerte. En 1934, tras la muerte de su marido, a cuyo funeral acudió Hitler y la plana mayor del Partido, Helene se convirtió en la accionista mayoritaria de la empresa de pianos.

Tras la derrota germana, los aliados confiscaron la empresa Bechstein en la zona de ocupación estadounidense y las acciones fueron confiscadas. No fue hasta 1951 que a la empresa se le permitió volver a fabricar pianos. La propia Helene Bechstein fue condenada a sesenta días de trabajos forzados y se le confiscó el treinta por ciento de sus bienes, al ser clasificada como «activista nazi». Falleció en 1951.

EL LIBRO SECRETO DE HITLER

Durante su estancia en la prisión de Landsberg tras el fracasado golpe de Estado de 1923, Hitler se dedicó a escribir un libro que iba a llevar el pomposo y kilométrico título de *Cuatro años y medio de lucha contra las mentiras, la estupidez y la cobardía*, y en el que pensaba dejar constancia de sus teorías políticas. Al principio contó para ello con la ayuda de su chófer, Emil Maurice, que escribía a mano lo que Hitler le dictaba, y luego lo mecanografiaba laboriosamente con dos dedos en una máquina de escribir.

Por fortuna para Hitler, también llegó a la prisión Rudolf Hess, que era universitario, había leído mucho y redactaba con cierta soltura. Él le ayudaría a plasmar sus ideas en un libro que luego, por acertada sugerencia de Max Amman, quien había sido sargento de Hitler durante la guerra, se titularía simplemente *Mein Kampf* (Mi lucha).

A la vista de lo escrito por Hitler, es difícil comprender el éxito del libro, que le llevaría a vender más de diez millones de ejemplares en Alemania y a traducirse a dieciséis idiomas. En él se puede encontrar su programa para la toma del poder a toda costa, su absoluta falta de escrúpulos o su justificación de la brutalidad, aunque todo ello quede hábilmente enmascarado tras una aparente historia de superación personal. Hasta 1958 se consideraba que ese era el único libro que había escrito.

Ese año, el historiador Gerhard Weinberg descubrió en un archivo de documentos del Tercer Reich de Alexandria, Virginia, un documento impresionante. Se trataba ni más ni menos que el segundo libro escrito por Hitler, después de *Mein Kampf*, una obra de la que, hasta entonces, no se tenía conocimiento. Weinberg, nacido en Hannover en 1928, había huido de Alemania junto a su familia en 1938, estableciéndose en Estados Unidos y doctorándose en Historia.

Ese libro fue dictado por Hitler a Max Amann en la primavera y el verano de 1928. Amann era entonces jefe de la editorial ligada al Partido Nazi, Franz Eher Verlag. Al parecer, después de la decepción provocada por los malos resultado en las elecciones al Reichstag de ese año, con la consecución de unos ridículos doce escaños, Hitler consideró que la razón de ese fracaso era que el electorado no había comprendido adecuadamente sus ideas. Por tanto, en esa obra él trataría de desarrollarlas, centrándose sobre todo en la política internacional.

Así pues, se redactó un manuscrito de unas doscientas páginas, pero la editorial hizo saber a Hitler que el ritmo de ventas de *Mein Kampf* era lento y que la aparición de un segundo libro en ese momento podía acabar de hundirlo comercialmente. Tras las elecciones al Reichstag de 1930, en las que el Partido Nazi obtuvo un espectacular resultado, con 107 diputados, las ventas de *Mein Kampf* se aceleraron, por lo que parecía que había llegado el momento adecuado para editar por fin la secuela, pero Hitler no dio luz verde al lanzamiento. La verdad es que el texto resultaba demasiado denso, árido y de difícil digestión, y tal vez Hitler consideró que poner a sus seguidores en el compromiso moral de leerlo podía resultar contraproducente. El proyecto continuó en la nevera hasta que en 1935 fue definitivamente archivado; el manuscrito quedó guardado en una caja fuerte de la editorial, emplazada en el refugio antiaéreo del edificio, mientras que una copia sería conservada en el Berghof.

En mayo de 1945, un empleado de la Franz Eher Verlag regaló el manuscrito del segundo libro de Hitler a un oficial estadounidense, explicándole que se trataba de un texto escrito por Hitler «quince años atrás». Sin embargo, el oficial entendió que se trataba simplemente de un borrador de *Mein Kampf*, por lo que no se le concedió la relevancia que tenía. El valioso manuscrito sería enviado a Estados Unidos, quedando sepultado bajo montañas de documentación del período nazi.

En los años siguientes, fueron aflorando pistas que apuntaban a la existencia de ese misterioso libro, pero nadie podía imaginarse que los norteamericanos lo tenían en su poder, sin ser conscientes de ello. Las sospechas de los investigadores se dirigían al archivo de Alexandria, pero allí no constaba que estuviera. Tal como se ha apuntado, Weinberg fue quien se acabaría apuntando el tanto del hallazgo. Las autoridades norteamericanas estaban microfilmando los documentos nazis más valiosos antes de devolverlos a la Alemania Federal y dejaron aparte el manuscrito, creyendo todavía que era solo un borrador de *Mein Kampf*. Pero Weinberg lo revisó por curiosidad y comprendió que había dado por fin con el escurridizo libro. En cuanto a la copia guardada en el Berghof, quizás quedó destruida durante los bombardeos que sufrió el edificio, o fue quemada por orden de Hitler como otros documentos que se conservaban en la caja fuerte.

Weinberg intentó sin éxito que alguna editorial publicase el libro en Estados Unidos, hasta que en 1961 fue editado por el Instituto de Historia Contemporánea de Múnich. Dos años después apareció traducido al francés y al inglés.

Curiosamente, Hitler nunca mencionó cómo se debía titular el libro, por lo que fue editado con el título de *Segundo libro de Hitler* (*Hitlers Zweites Buch*), aunque también es conocido de manera informal como *El libro secreto de Hitler.* En cambio, en los países de habla hispana se publicaría con el título de *Raza y destino.*

En cuanto al contenido, no dejaba de ser un batiburrillo de los conceptos ya planteados en *Mein Kampf*, como el valor de la raza, el espacio vital y el odio a los judíos, aunque desprovisto del componente autobiográfico que dotaba de cierto interés a su primer libro. Sin embargo, en este segundo existe una intención de estructurar ese pensamiento para formar un sólido edificio ideológico, aunque el resultado queda por debajo de las expectativas.

Puestos a destacar alguna tesis de las expuestas en su obra, Hitler entrelaza en ella sus dos convicciones más profundas: el peligro que representaban los judíos y la necesidad de Alemania de un espacio vital. Por tanto, ambas acciones, conquistar nuevos territorios y eliminar a los judíos, se convertían en la doble tarea a realizar si se deseaba la supervivencia de Alemania. También habría que remarcar su idea de que en el futuro habría una lucha inevitable con Estados Unidos, al que consideraba el enemigo más peligroso a largo plazo; en este caso, el futuro le daría la razón.

Dentro del tono plúmbeo de un farragoso texto que podría ser recetado como somnífero, llama la atención algún pasaje con rasgos psicoanalíticos, como su referencia al aborrecido Matthias Erzberger, que firmó el armisticio de 1918, al que llama «bastardo hijo de una sirvienta y de un patrón judío», una descripción que él temía precisamente que pudiera ser la de su propio padre.

Dueño de Alemania

En cuanto fue nombrado canciller el 30 de enero de 1933, pese a que el Partido Nazi no había obtenido la mayoría de escaños, Hitler puso en marcha su estrategia para adquirir el poder absoluto lo más rápido posible. El incendio del Reichstag por un comunista holandés le sirvió de excusa para suspender los derechos constitucionales y perseguir a la oposición.

Tras unas nuevas elecciones en las que tampoco alcanzó la mayoría, y la detención de los diputados comunistas, Hitler consiguió el 23 de marzo que se aprobase una ley que, en la práctica, le convertía en dictador. Esas serían las últimas elecciones libres.Todos los partidos políticos, con excepción del Partido Nazi, quedaron prohibidos y los sindicatos fueron disueltos.

A partir de entonces, Alemania se convertiría en un estado totalitario y Hitler en el único dueño de su destino.

MARTHA DODD, PELIGRO A LA VISTA

Como vimos en el capítulo anterior, Ernst Hanfstaengl había tratado en varias ocasiones de buscarle una novia a Hitler. En el otoño de 1933, el infatigable Putzi volvería a la carga, en este caso para tratar de que su amigo se sintiese atraído por Martha Dodd, la atractiva hija del embajador estadounidense en Berlín, William E. Dodd. De cabello rubio claro, era una joven inquieta y dinámica, que había trabajado como redactora en un periódico de Chicago. Martha se había casado el año anterior con un banquero, pero su marido se había quedado en Nueva York y estaban en trámites de divorcio.

Por entonces, Martha sentía simpatía por el movimiento nazi, admirando «el brillo y la fe inspiradora en Hitler, y el bien que hacía a los parados», según relataría en un libro publicado en 1939 sobre los años pasados en Alemania. En esos momentos, ella era «temporalmente una defensora ardiente de todo lo que estaba pasando», admitiría.

Hanfstaengl, considerando que una joven instruida y cosmopolita como ella podía aportar a Hitler una visión más abierta y comprensiva del mundo, la llamó por teléfono y le dijo: «Hitler debería tener una esposa norteamericana. Una mujer adorable podría modificar todo el destino de Europa. ¡Martha, usted es esa mujer!»

Martha se sintió «bastante emocionada por la oportunidad que se le presentaba» y accedió a encontrarse con el Führer para intentar «cambiar la historia de Europa». Así pues, Hanfstaengl se puso manos a la obra y organizó una cena para dos en el salón de té del

Martha Dodd, hija del embajador norteamericano en Berlín, tuvo una cita con Hitler. Acabaría espiando para los soviéticos.

hotel Kaiserhof[12] de Berlín para que se conocieran, con la esperanza de que saltara la chispa del amor entre ambos.

Cuando Hanfstaengl les presentó, Hitler le besó la mano y murmuró con torpeza unas palabras. Durante la cena, a ella le costó imaginarse que se hallaba frente a uno de los hombres más poderosos de Europa. «Parecía modesto, de clase media, más bien insulso y tímido, aunque con una extraña ternura y una vulnerabilidad atrayente». Cuando ella describió después a su padre sus impresiones del encuentro, él, que no tenía un alto concepto de Hitler, se mostró «sumamente divertido ante mi impresionabilidad» y le aconsejó con ironía que no se lavara la mano que le había besado «el gran hombre».

A pesar de la receptividad de Martha, Hitler no mostraría ningún interés por ella y no dio pie a una segunda cita. En este caso, quizás le funcionó una vez más su intuición para detectar el peligro, ya que la pizpireta norteamericana podía haberle acarreado más de un problema de haber cuajado la relación. De entrada Martha era una muchacha, podríamos decir, generosa a la hora de ofrecer sus encantos. Durante su estancia en Berlín, mantendría idilios, entre muchos otros, con un alto oficial de la Luftwaffe, un novelista americano, un diplomático francés, el primer Jefe de la Gestapo, Rudolf Diels, e incluso, demostrando su gran desempeño en todos los terrenos, un bioquímico futuro ganador del premio Nobel de Medicina. Esos amoríos, que estaban en boca de todos, llevaron a varios diplomáticos norteamericanos de la embajada en Berlín a pedir a Washington que retirara al embajador Dodd, ya que el comportamiento desaforado de su hija estaba dañando la imagen de Estados Unidos en Alemania. Además, a Berlín llegó el soplo, fuera cierto o no, de que Martha tenía una ficha policial en Chicago por un feo asunto de alcohol y drogas.

Pero la relación romántica más determinante de Martha, y que marcaría su vida, sería la que inició en 1934 con Boris Vinográdov, un oficial de inteligencia soviético que utilizaba su puesto de encargado de prensa de su embajada en Berlín como tapadera. Martha se

12 Hitler dejó de acudir a ese hotel cuando se enteró de que los camareros estaban pagados por unas damas para que las avisasen cuando él llegaba allí, y las sentasen en las mesas próximas. Igualmente, los camareros les vendían luego bajo mano como recuerdo los platos, vasos y cubiertos que Hitler había utilizado.

desengañó del régimen nazi al contemplar la brutal represión que se había desatado en la Noche de los cuchillos largos, la sangrienta purga que Hitler lanzó contra los jefes de las SA, aprovechando la jugada para atacar o eliminar también a los críticos de su régimen. Además, debido a la gente que acudía a su padre buscando ayuda y protección, su familia comenzó a ser vigilada; les pincharon los teléfonos y los sirvientes fueron catalogados de espías. La decepción le hizo dar un giro radical en sus convicciones, decidiéndose a abrazar el comunismo y aceptar la propuesta de su amante de convertirse en agente soviética, siguiendo la orden que había recibido de Moscú.

Así, Martha comenzó a informar a Boris sobre los asuntos secretos en la embajada y los informes que su padre remitía a Washington. Como parte de su cobertura, al tiempo que era amante en secreto de Vinográdov, con quien planeaba casarse, lo era públicamente de un nieto del káiser. Vinográdov tuvo que regresar a la Unión Soviética, siendo ejecutado durante las purgas de 1938, pero Martha, ignorante del destino de su amante, le esperaría mientras seguía informando a otros agentes.

En diciembre de 1937, debido al retiro del puesto de su padre en Berlín, los Dodd regresaron a Estados Unidos, pero Martha seguiría espiando para los soviéticos en suelo americano. En 1938, después de una relación con un productor cinematográfico, se casó con un millonario, Alfred Stern, al que en 1942 lograría convertir también en agente de Moscú. Curiosamente, los soviéticos no parecían valorarla demasiado, ya que en una evaluación suya se podía leer: «En realidad es una representante típica de la bohemia estadounidense, una mujer sexualmente decadente dispuesta a acostarse con cualquier hombre guapo».

El FBI comenzaría a sospechar de la pareja en 1948, lo que llevó a los soviéticos a cortar los contactos con ellos al año siguiente. En 1956, citados para testificar en varios casos de espionaje, huyeron a la Unión Soviética. La abultada carpeta del FBI correspondiente a las actividades de Martha Dodd, que fallecería en Praga en 1990, llegaría a acumular 10.400 páginas.

Si imaginamos el estropicio que Martha hubiera podido causar de haberse convertido en la señora Hitler y primera dama del Reich, tal como Hanfstaengl pretendía, no hay duda de que Hitler acertó esa noche al descartar una segunda cita.

LA «HIJA» JUDÍA DEL FÜHRER

Antes de que todo el complejo del Obersalzberg se convirtiese en una especie de inmenso cuartel, rodeado por una alambrada de espino que se extendía varios kilómetros, la montaña en la que se levantaba la residencia de Hitler estaba abierta a todos. Oleadas de peregrinos, curiosos y visitantes acudían a Berchtesgaden en cuanto se corría la noticia de la llegada de Hitler.

Cientos de personas, en su mayoría venidas de la vecina Austria, acababan desfilando ante Hitler de forma más o menos ordenada, haciendo el saludo nazi. Esas improvisadas manifestaciones llegaban a durar más de dos horas. Como el sitio en que se colocaba Hitler para recibir aquellas aclamaciones de entusiasmo estaba expuesto al sol, plantaron un árbol para que al menos estuviera a la sombra.

Cuando Hitler estaba de buen humor, hacía salir a los niños de la multitud y encargaba que les obsequiasen con té y pasteles en la terraza. Una de las niñas que estaba en la primera fila llamó especialmente su atención en una recepción que tuvo lugar en 1933, con ocasión de su cumpleaños; le debió caer en gracia cuando le dijeron que compartían fecha de aniversario. La niña era rubia y tenía el aspecto que se supone que debía tener una pequeña alemana aria. Su nombre era Rosa Bernhardine Nienau, aunque la llamaban *Bernile* o *Berni*. Había nacido en 1926, por lo que acababa de cumplir siete años cuando acudió al Obersalzberg esa primera vez.

Hitler indicó que la hicieran entrar en el Berghof. Una vez allí, pasearon de la mano por la amplia terraza y la invitó a tomar fresas con nata, mientras la singular pareja era retratada por Hoffmann, consciente de su efecto propagandístico. Al despedirse de ella, invitó a la familia a visitarle siempre que quisieran. La encantadora Bernile se convertiría a partir de entonces en su preferida, por lo que algunos comenzarían a llamarla «la hija del Führer» o incluso «la pequeña novia del Führer».

La nueva amiga del dictador era hija de una enfermera llamada Karolin. Su padre, Bernhard, era médico y había sido un oficial condecorado con la Cruz de Hierro de Primera Clase al igual que Hitler, aunque había fallecido dos meses antes de que la niña naciera. Bernile seguiría acudiendo cada primavera al Berghof, en donde pasaba un rato paseando y charlando con el que ella llamaba «tío Hitler». Durante el año, Hitler le mandaba de vez en cuando una foto de ambos autografiada, con flores de edelweis pegadas; una de estas fotografías dedicadas alcanzaría 11.520 dólares en una subasta celebrada en Estados Unidos en 2018. A su vez, ella le escribía tiernas cartas, sin duda dictadas por su madre, y le enviaba también gruesos calcetines para el invierno supuestamente tejidos por ella misma.

Pero a principios de 1938, un miembro del partido que conocía a aquella familia le fue a contar al secretario privado de Hitler, Martin Bormann, que la «hija del Führer» no era de raza aria pura, ya que su abuela paterna, aunque era católica, tenía ascendencia judía. Bormann no tardó en hacer lo que estaba en su mano para poner fin a aquella amistad imposible; la madre y la hija no debían aparecer más ante Hitler, aunque no le confesó que había tomado esa decisión. Luego, cuando Hitler preguntó qué había sido de su amiguita, Bormann supo mostrarse evasivo.

La niña Bernile Nienau, fotografiada junto a Hitler el 3 de agosto de 1933. Era una asidua visitante del Berghof, hasta que se supo que tenía una abuela judía. *National Archives.*

Hoffmann había tomado numerosas fotos de aquellas recepciones infantiles, que serían publicadas en el libro *Hitler entre los niños*. Entre esas fotos figuraban algunas de Hitler con la pequeña Bernile, así que Bormann le exigió que las páginas en la que aparecía la imagen fueran arrancadas de los ejemplares que todavía no estuvieran en circulación. Cuando el fotógrafo le explicó que hacer eso no era posible sin destrozar los libros, Bormann decretó que todos los ejemplares fueran retirados. Entonces, Hoffmann acudió directamente a Hitler, le explicó lo que había sucedido, revelando así todo el asunto, y le pidió que adoptase una resolución.

Hitler detestaba el resolver problemas desagradables, prefiriendo dejar que se solucionasen por sí mismos, pero en aquella ocasión su desprecio se dirigió contra los que habían denunciado a la niña. Según le dijo, «si hubiesen retenido su lengua, nadie habría salido perjudicado». Pero ahora ya era demasiado tarde, así que Hitler comprendió que, en buena lógica, debía negarse a ver de nuevo a la pequeña Bernile: «Hay gente que tiene el talento de privarme de mis pequeños placeres», dijo suspirando. Aun así, no permitió que el libro fuera retirado, tal como Bormann pretendía.

El asunto amenazaba con convertirse en un escándalo cuando se corrió la voz dentro del partido de que Hitler sabía de la sangre impura de la niña por un informante ya desde 1933, pero que prefirió ignorar esa advertencia. La justificación a su amistad con una persona catalogada como *Vierteljude* por tener un cuarto de sangre judía sería que el Führer aparentemente se sintió obligado a mantenerla por «una actitud puramente humana hacia la niña». Para acabar de complicar las cosas, la madre estaba intentando aprovechar sus buenas relaciones con el Führer para, a través del partido, obtener de la asociación médica una pensión de viudedad más alta. Eso hizo que en mayo de 1938 se le pidiese oficialmente que dejara de ponerse en contacto con las oficinas del Partido Nazi.

La última de las diecisiete cartas remitidas por la niña a «tío Hitler» sería del 12 de noviembre de 1939, pero se cree que ya en 1938 Hitler había cortado todo contacto con ella, ya fuera por propia iniciativa o por recomendación de su círculo. Bernile comenzó a estudiar para ser delineante, pero falleció el 5 de octubre de 1943 en un hospital de Múnich a los 17 años, a consecuencia de una poliomelitis.

LARGO VIAJE SIN PARADAS

A Hitler le gustaban los viajes por carretera, desde los inicios de su carrera política. Normalmente iba acompañado de su gente de confianza, e iban parando regularmente al borde del camino, ya fuera para hacer las necesidades en alguna arboleda, o para extender un mantel en la hierba e improvisar un almuerzo campestre.

Pero esos placenteros viajes serían cada vez más difíciles después de alcanzar el poder. Según relató en una ocasión durante una velada en el Berghof, una vez tuvo que realizar un viaje largo en automóvil, siendo acompañado por un par de vehículos de escolta. Debía llegar a Magdeburgo, en donde tenía previsto inaugurar un tramo de autopista. Pero, al ser reconocido, muchos coches comenzaron a sumarse a la columna, formando una larga comitiva. Aunque llevaba varias horas de viaje, resultaba difícil en esas circunstancias hacer una pausa junto a la carretera para aliviar la vejiga junto a un árbol.

Esa parada tan deseada resultaría ya del todo imposible cuando comenzaron a surgir formaciones a ambos lados de la carretera; primero las Juventudes Hitlerianas y después la Unión de Muchachas Alemanas, la SA o las SS. Según explicaría Hitler, «yo no sabía que mi partido tuviera tantas formaciones, y en aquella ocasión pensé que eran demasiadas». Además, tuvo que ir parando para saludar a toda aquella gente que había sido convocada a toda prisa, al correrse la voz de que Hitler estaba circulando por aquella carretera.

La situación ya estaba siendo excesivamente incómoda cuando uno de los ayudantes de Hitler acudió a su rescate; le dijo que su tren especial estaba preparado en una estación cercana para cualquier circunstancia. Ante esa posibilidad, Hitler no dudó en ordenar dirigirse a toda velocidad a la estación para poder subir al tren, visitar el lavabo y tener un viaje más tranquilo.

EL ÁGUILA DE HITLER

Al levantarse por la mañana en el Berghof, Hitler bajaba directamente a la terraza del piso bajo. Allí, en aquel preciso momento, contemplaba un espectáculo único: dos águilas enormes trazaban, en su vuelo, círculos en el cielo. A Hitler le gustaba observarlas con sus gemelos. Pero, un día, consternado, no vio más que un águila sola. ¿Qué había sido de la otra? Ninguna respuesta pudo calmar su ansiedad.

Durante varios días, se discutió sobre aquello, a su alrededor. Todos sabían que le tenía muy preocupado la desaparición de aquel águila. Algún tiempo después, estando en Múnich, decidió volver al Berghof, a pasar su cumpleaños. La comitiva en la que iba el vehículo de Hitler salió de la capital bávara. A cincuenta kilómetros de la llegada, una camioneta de reparto pasó en sentido contrario a gran velocidad. Aun así, Hitler pudo advertir que en la parte de atrás llevaba una gran ave disecada, con las alas abiertas.

Hitler ordenó que se detuviese de inmediato la comitiva: «¡Creo que es mi águila!», gritó. El comandante de escolta tuvo que dar la vuelta con su vehículo y acelerar para alcanzar aquella camioneta que ya se alejaba rauda en el horizonte.

«Si estoy en lo cierto —dijo Hitler—, les prometo que los miserables que han cazado el águila van a sufrir un castigo ejemplar. Lo mismo que el destinatario del trofeo». La cólera que se traslucía en su rostro no presagiaba nada bueno.

Una hora después, el auto del comandante estaba de regreso a la comitiva. «Tenía razón, *mein* Führer. Era el águila de las montañas».

«¿Y a quién tienen pensado entregarla?», interrogó Hitler con voz amenazadora.

El comandante vacilaba para dar su respuesta. Al fin se atrevió a decir: «El águila ha sido remitida a vuestra residencia de Múnich, *Prinzregentenplatz*, 16. Está montada sobre un zócalo de mármol que lleva esta inscripción: 'A nuestro bienamado Führer. Recuerdo de sus montañas. 20 de abril. Del grupo local del Partido Nazi. Berchtesgaden'».

LAS PRESUNTAS PREFERENCIAS DE HITLER

Con Hitler en la cima de su poder, todos los que estaban alrededor suyo, o que tenían la oportunidad de compartir unos momentos con él, trataban de satisfacerle y agradarle. De ahí surgía la necesidad de conocer sus preferencias para ganar su simpatía.

En 1934, una delegación de las asociaciones de mujeres berlinesas estaba planeando recibir a Hitler en la estación Anhalter entregándole ramos de flores. Para que fueran del agrado del dictador, llamaron por teléfono a Karl Hanke, secretario de Estado del ministerio de Propaganda para preguntarle cuál era su flor favorita. Hanke lo desconocía, así que se puso en contacto con los ayudantes personales de Hitler para saberlo.

Aunque Hitler gustaba de dar paseos por la naturaleza cuando se encontraba en el Berghof, no sentía preferencia por ninguna flor en particular, y eso es lo que respondieron los ayudantes a un decepcionado Hanke.

Pero no podía ser que el Führer no tuviera una flor favorita, así que preguntó al arquitecto de Hitler, Albert Speer: «¿Qué piensa? Deberíamos decir que es el edelweis? Creo que el edelweis suena bien. Es una flor singular, que no abunda, y crece en las montañas bávaras. Es perfecta para convertirse en 'La flor del Führer'.» A Speer le pareció buena idea y, a partir de entonces, el edelweis sería oficialmente la flor preferida por Hitler.

Algo parecido sucedía en el ámbito musical. Cuando Hitler disfrutaba de una tranquila velada en el Berghof y alguien sugería poner el tocadiscos, solía pedir el mismo repertorio. Aunque tenía varios centenares de discos, que figuraban anotados en un grueso libro para facilitar la elección, casi siempre se limitaba a escoger operetas de Lehár, canciones de Richard Strauss, Hugo Wolf y Richard Wagner. Su única concesión a la música más popular era un *hit* de aquella época, *Donkey Serenade*, interpretada por el actor y cantante norteamericano Allan Jones. Normalmente, Hitler escogía esta alegre y pedadiza canción para finalizar la audición.

Sin embargo, todo el mundo pensaba que su pieza favorita era la *Marcha de Badenweiler*, una marcha militar bávara compuesta por Georg Fürst en 1914. Su nombre original era *Badonviller-Marsch*, ya que hacía referencia a los combates del 12 de agosto de 1914 cerca de Badonviller, en Lorena, donde el Regimiento de la Guardia Real de la Infantería de Baviera logró una primera victoria contra los franceses al comienzo de la Primera Guerra Mundial.

Debido a un comentario favorable que alguna vez había hecho Hitler hacia esta vigorosa composición, se interpretó que le entusiasmaba, por lo que a partir de 1934 se utilizaría como su marcha oficial, interpretándose siempre en los actos públicos a su llegada. Los nazis germanizaron entonces el título, convirtiendo Badonviller en

Badenweiler. Por si pudiera haber alguna duda, en el documental *El triunfo de la voluntad*, dirigido por Leni Riefenstahl, la pieza se subtituló como «La marcha favorita del Führer» durante el desfile por las calles de Núremberg. Igualmente, en los noticiarios cinematográficos sonaría esa música cada vez que aparecía Hitler en la pantalla.

Esa identificación de la marcha con el dictador haría que la reputación de la obra musical de Fürst, que falleció en 1936, se viese perjudicada. De hecho, las orquestas del ejército alemán tienen prohibido desde 1956 interpretar la *Badenweiler* por su asociación con la figura del dictador.

Hitler lamentó esa confusión en una conversación con su secretaria Traudl Junge, en la que también se quejó de que solo le invitaban a asistir a representaciones de *Los maestros cantores* y otras óperas de Wagner: «Tengo la mala suerte de que, si digo que una música o una ópera me gusta, tengo que escucharla o verla exclusivamente. Una vez dije que *Los maestros cantores* es una de las mejoras óperas de Richard Wagner, y desde entonces se supone que es mi ópera preferida y no me hacen ver otra cosa».

SESIÓN SADOMASOQUISTA EN LA CANCILLERÍA

Durante la Segunda Guerra Mundial, la Oficina de Servicios Estratégicos (*Office of Strategic Services,* OSS), el servicio de inteligencia de Estados Unidos, interrogó a varias personas que habían tenido alguna relación con Hitler, ya que esos testimonios podían servir para confeccionar su perfil psicológico. Así pues, los agentes de la OSS se entrevistaron en junio de 1943 con el productor y director de cine Alfred Zeisler, que había trabajado para la UFA, la compañia cinematográfica más importante de Alemania, en sus estudios de Babelsberg, en Berlín.

Zeisler había nacido en Chicago, aunque había desarrollado toda su carrera en Alemania. A principios de los años treinta era considerado uno de los mejores cineastas germanos. Aunque tenía ascendencia judía, continuó trabajando bajo el régimen nazi. En cuanto a su relación con Hitler, aseguró que el dictador mostraba un gran interés por las actrices y que con cierta frecuencia acudía a los estudios para conocerlas en persona, almorzando en el mismo comedor al que acudían los artistas y empleados. En algunos casos, las invitaba a la Cancillería a través de Zeisler para mantener un encuentro distendido.

Según explicaría Zeisler a sus interrogadores, en una ocasión, en 1934, Hitler le pidió que esa noche enviase a la Cancillería a dos jóvenes coristas con las que había conversado en una visita a los estudios, y así lo hizo, imaginándose la pícara motivación. Al día siguiente, para su sorpresa, cuando preguntó a las chicas cómo había ido la velada, ellas dijeron que no había sucedido nada; él se había limitado a fanfarronear, asegurándoles que se apoderaría de Austria —lo que haría cuatro años después— y que llegaría a tener el Ejército más poderoso del mundo.

La bella actriz Renate Müller fue invitada por Hitler a la Cancillería para una cita romántica. El encuentro discurriría por unos derroteros inesperados para ella.

Los agentes de la OSS preguntaron a Zeisler si Hitler tenía alguna actriz favorita para esos encuentros discretos en la Cancillería. Ahí surgió el nombre de Renate Müller, que en 1933 había protagonizado la exitosa película *Viktor und Viktoria*, dirigida por él, por lo que ambos tenían una relación de amistad. En 1934, Renate era una actriz muy popular y querida en Alemania. Su belleza un tanto inocente, alejada de la imagen de la seductora mujer fatal tan en boga en la época, era del agrado de Hitler, quien debió ver en ella también el prototipo de muchacha aria.

En su primer encuentro, en el descanso de un rodaje, Hitler se quedó aparentemente prendado de ella. Según le explicó la actriz a Zeisler, «fue divertido, él simplemente se quedó allí sentado, sin moverse, observándome todo el tiempo, y luego tomó mi mano y siguió mirándome». «Estuvo hablando todo el rato, aunque eran simplemente tonterías», le dijo. Poco después, Hitler invitó a Renate a una fiesta en la Cancillería. Él la ignoró durante toda la recepción, pero luego la llevó a recorrer el edificio en una visita privada, mostrándole todo, incluso sus calcetines de seda negros en un cajón.

Renate fue invitada de nuevo a la Cancillería, en esta ocasión para un encuentro personal. Ella acudió creyendo que se trataba de una cita romántica, a la que estaba bien dispuesta, pero Hitler se limitó a hablar todo el tiempo. Lo que más sorprendió a Renate fueron sus detalladas descripciones de las técnicas de tortura medievales. Una nueva sorpresa llegó cuando, estando ambos sentados, Hitler se puso en pie de un salto y levantó el brazo haciendo el saludo nazi. «Puedo seguir así durante varias horas seguidas», le dijo. «Siempre me río de Göring porque a él le cuesta mucho hacerlo», añadió[13].

---

13 Durante los interminables desfiles que presidía, Hitler mantenía el brazo extendido durante horas sin desfallecer ni temblar siquiera. Pero había una explicación, que Albert Speer descubrió al visitarle en su piso de la *Prinzregentenplatz* de Múnich. Hitler solía hacer ejercicios gimnásticos por la mañana ante la ventana abierta del dormitorio. Según refirió a Speer, cierta vez se había impuesto, hacía mucho tiempo, la obligación de ejercitarse cada día con unos tensores elásticos. Y, ante su desconcierto, le mostró incluso un anuncio de la revista *Jugend* donde se evidenciaba que, mediante ese aparato, cualquiera podía desarrollar un musculoso bíceps. Pero Hitler agregó presuroso que él no perseguía esa finalidad; los tensores sólo le eran útiles para hacer el saludo nazi durante todo el tiempo que se prolongaban los desfiles a los que debía acudir, sin que ningún otro de los jerarcas del Reich pudiera imitarlo.

Según relataría Zeisler, una mañana Renate llegó al estudio de cine visiblemente alterada y dijo que no quería volver a estar con Hitler nunca más. La noche anterior ella había aceptado gustosa su invitación para acudir a su apartamento privado en la Cancillería, con la impresión de que, esta vez sí, él deseaba un encuentro íntimo. La cita comenzó por los cauces normales en una cita de ese tipo. Ambos comenzaron a quitarse la ropa mientras la temperatura iba subiendo. Pero las sorpresas anteriores no eran nada comparado con lo que Renate estaba a punto de contemplar.

Una vez desnudo, Hitler se arrojó inesperadamente al suelo y le rogó que lo golpeara y lo pisoteara. Horrorizada, ella se negó. Él siguió insistiendo, implorándole que le hiciera ese favor. Se humilló ante la actriz diciendo que era su esclavo y que no merecía estar en la misma habitación que ella, mientras aumentaba visiblemente su excitación. Él gritaba que no era nada, que sólo merecía una patada, se retorcía en el suelo y luego rodaba hacia ella, suplicando un castigo.

Renate, perpleja por la insólita escena que estaba contemplando y sin poder articular palabra, se limitó a emplear sus manos y dedos en un lenguaje de señas explícito para decirle que estaba allí para un encuentro sexual más convencional. Pero no sirvió de nada, así que ella acabó por darle una tímida patada al hombre más poderoso de Alemania, y luego otras más hasta que le dio tan fuerte como pudo, lo azotó con la propia fusta de Hitler y le colmó de insultos obscenos, tal como él reclamaba desesperadamente desde el suelo.

Hitler, según relató la actriz, se excitó cada vez más, hasta que llegó al clímax con un aullido como de zorro herido. Poco después, como si no hubiera pasado nada, él sugirió con voz tranquila vestirse nuevamente. Después de eso, bebieron una copa de vino y no hablaron de nada digno de mención. Hitler finalmente se levantó, le besó la mano, le agradeció la agradable velada y llamó al sirviente para que la acompañara fuera.

Zeisler estaba convencido de que Renate había sido completamente honesta con él y que no había inventado esa historia. Aunque ella había dicho que no quería ver de nuevo a Hitler, debió acudir en alguna ocasión más a esos encuentros íntimos con Hitler, ya que él le regalaría un brazalete de diamantes, un caballo de montar y un sinfín de ramos de flores.

En 1935, Zeisler se vio obligado a huir de Alemania con su esposa al temer ser arrestado por su ascendencia judía. Renate también sintió la presión del régimen al verse forzada a participar en películas de propaganda, a lo que ella se resistía. Ella viajó entonces a Londres, donde se encontró con un antiguo amante, el hijo de un banquero judío que había escapado de Alemania. Ambos se vieron también en París. Lo que Renate no sabía era que estaba siendo vigilada por agentes de la Gestapo; esa información supondría su final como actriz, al ser incluida en la lista negra de la industria cinematográfica alemana.

Renate estaba en el punto de mira de la Gestapo.
Su trágico final nunca ha sido aclarado.

La mejor opción para Renate hubiera sido proseguir su carrera cinematográfica en el extranjero, como había hecho por ejemplo Marlene Dietrich, pero ella decidió permanecer en Alemania pese al peligro que corría. En su desesperación al ver truncada su prometedora carrera, comenzó a abusar del alcohol y se volvió adicta a la morfina. Intentó ver de nuevo a Hitler para obtener protección, pero él cortó cualquier comunicación con ella.

En septiembre de 1937, Renate se hallaba bajo los efectos del alcohol en su villa de Berlín cuando se precipitó desde una ventana del primer piso, rompiéndose la rodilla. Fue internada en un sanatorio, en donde moriría el 7 de octubre en circunstancias confusas nunca aclaradas. Cuando se dio la noticia de su fallecimiento, la versión oficial afirmaba que había sido por un derrame cerebral a consecuencia de un ataque epiléptico. Sin embargo, rápidamente se extendió el rumor de que, en realidad, había caído desde una ventana. Debido a la popularidad de la actriz, Goebbels se vio obligado a cambiar la versión inicial, revelando que se había suicidado, admitiendo su adicción al alcohol y las drogas. El hecho de que el momento de su muerte coincidiese con la llegada al sanatorio de un vehículo con cuatro hombres de las SS dejaría en el aire si se suicidó para no ser arrestada o si fue directamente arrojada al vacío por ellos.

El régimen no tuvo compasión con ella, incluso después de muerta. A sus compañeros actores se les prohibió asistir al funeral, que fue filmado por la Gestapo. Todas las posesiones de la actriz fueron confiscadas y vendidas en subasta pública, a pesar de que sus padres y su hermana aún estaban vivos. También se prohibió a partir de ese momento cualquier referencia a su nombre en la prensa, y las películas que protagonizó desaparecieron de las carteleras.

En cuanto a la veracidad del impactante relato de la actriz, revelado por boca de Zeisler, de la sesión sadomasoquista en la Cancillería, resulta difícil establecerla. De hecho, la mayoría de historiadores han preferido ignorar el episodio, ya que podría tratarse de una invención. No obstante, esas prácticas sexuales podrían coincidir con lo que supuestamente Hitler exigía de su sobrina Geli, y que ésta explicó a Strasser. Igualmente, ya vimos en el anterior capítulo como Hitler se postró de rodillas delante de Helena, la esposa de Hanfstaengl, asegurando ser su más rendido esclavo, una actitud no muy alejada de la que supuestamente exhibiría ante Renate Müller[14].

Por tanto, pese a las dudas que ofrece el testimonio de la actriz, no resulta descabellado pensar que aquel turbador episodio pudo haber tenido lugar.

LOS ASTRÓLOGOS DE HITLER

No es extraño encontrar referencias a una posible relación entre Hitler y la astrología. Teniendo en cuenta la querencia del Tercer Reich hacia todo lo referente a los mitos, la magia, los enigmas, lo sobrenatural o el destino, tiene sentido pensar que Hitler pudo actuar en algunos momentos según el camino marcado por las estrellas. La realidad es que el líder nazi mostraba interés por la astrología, como así lo atestigua la presencia de libros de esta temática en su biblioteca personal, pero ese interés estaría lejos de la fascinación u obsesión que llegó a despertar en otros jerarcas nazis, como Rudolf Hess. Todo indica que ese interés estuvo además motivado por simple curiosidad, pero aun así se construiría un mito que aún perdura, el de que Hitler actuaba siguiendo los consejos de sus astrólogos.

---

14 El historiador y psicólogo canadiense David Lewis va más allá y asegura en su sensacionalista obra *The secret life of Adolf Hitler* que esas prácticas comenzaron en Múnich en 1921, cuando inició una relación con Jenny Haug, la hermana de su chófer y guardaespaldas Ernst Johann Haug, citada en el capítulo anterior. Lewis afirma, basándose en un supuesto expediente secreto recopilado por Himmler, que Hitler solía persuadir a Jenny para que se tumbase desnuda boca abajo, con el fin de azotarla con el látigo para perros que siempre llevaba consigo. Después, se intercambiaban los papeles hasta que él se tiraba de la cama y se arrastraba por el suelo, pidiéndole a ella que le pegase e insultase. Una vez excitado de ese modo, sí podía mantener relaciones sexuales con ella al modo convencional. No obstante, tal como se explicó anteriormente, Hanfstaengl descartaba que hubiera habido una relación romántica entre Hitler y Jenny Haug.

Lewis también asegura, basándose en la misma misteriosa fuente, que en 1922 tuvo una relación con una enfermera de 37 años afiliada al Partido Nazi, Eleonore Baur, que se hacía llamar «Hermana Pía» pese a no ser monja y haber tenido dos hijos ilegítimos. Siempre según Lewis, sus prácticas con ella serían similares, aunque en este caso el autor añade el morboso detalle, seguramente de su propia cosecha y creyendo que se trataba de una monja, de que Hitler encontraba más excitante que no se quitase sus hábitos durante esos tórridos encuentros.

También según Lewis, Hitler había iniciado en 1919 una relación con una chica judía de 18 años, Rosa Edelstein, que se prolongaría hasta el verano de 1920.

La suposición de que Hitler creía en la astrología y recurría a los astrólogos antes de tomar decisiones comenzó a extenderse por Alemania a partir de su ascenso al poder en 1933. Para muchos, eso ayudaba a explicar sus éxitos políticos, ya que Hitler parecía siempre escoger el mejor momento para llevar a cabo sus golpes. Tanto en la política interior como en la internacional, Hitler sabía aprovechar los momentos de debilidad de sus adversarios para emprender acciones arriesgadas, que siempre se saldaban con éxito. Así, aquellos que se sentían atraídos por las artes adivinatorias creían ver en estas prácticas la brújula que orientaba sus actos.

Las historias sobre el supuesto asesoramiento astrológico de Hitler comenzarían a circular fuera de Alemania a partir de 1938. Al parecer, tuvieron su origen en un informe del embajador rumano en Berlín, Raoul Bossy, en el que se aseguraba que Hitler contaba con un astrólogo personal, dando por ciertos los rumores que circulaban al respecto, a pesar de que no tenían ninguna base. Ese informe circuló de forma confidencial por las cancillerías europeas; tras aparecer en la prensa británica en enero de 1939, el rumor tomaría ya carta de naturaleza. En informaciones posteriores se detallaría que Hitler contaba con un equipo de cinco astrólogos.

Curiosamente, los rumores de que Hitler no actuaba sin conocer la posición de los astros también circularían en las altas esferas del Reich. Incluso el jefe del contraespionaje nazi, el *Brigadeführer* de las SS Walter Schellenberg, estaba convencido de que Hitler creía en la astrología.

Louis de Wohl, un astrólogo berlinés de origen húngaro que se pondría al servicio de los Aliados, acabaría de consolidar la idea de que Hitler tenía en cuenta la influencia de los astros en su toma de decisiones. El astuto Wohl logró convencer a los británicos de que Hitler seguía los consejos de su astrólogo personal, Karl Ernst Krafft[15],

---

15 Karl Ernst Krafft fue un astrólogo suizo, nacido en Basilea en 1900. Intentó acercarse a la astrología empleando sus amplios conocimientos en matemáticas y estadística. En los años treinta alcanzó prestigio entre los círculos ocultistas de Alemania. El 2 de noviembre de 1939 alertó por carta a un amigo de Himmler de que la vida de Hitler estaría en peligro entre los días 7 y 10 de ese mes. Su predicción fue correcta; el 8 de noviembre Hitler sufrió un atentado, del que salió ileso. Krafft fue detenido e interrogado por la Gestapo, logrando convencer a sus captores de que no tenía nada que ver con los hechos. Una vez liberado, Goebbels quiso aprovechar sus presuntas dotes predictivas y le ofreció trabajar para él, analizando

y él se ofreció para tratar de averiguar sus predicciones astrológicas y adelantarse así a las decisiones de Hitler. La propuesta del astrólogo fue aceptada y Wohl comenzó a trabajar en el departamento de guerra psicológica. Aunque la información proporcionada por Wohl no sería de ninguna utilidad para los Aliados, su particular duelo contra el astrólogo de Hitler —un duelo que tan sólo existiría en su calenturienta imaginación— serviría para fijar definitivamente ese mito en el imaginario de la Segunda Guerra Mundial.

La realidad es que el dictador germano no creía en la astrología. Así, su secretaria Christa Schröder aseguraría en sus memorias: «Había un rumor muy extendido de que Hitler se dejaba guiar por los astrólogos antes de tomar una decisión importante. Pero debo confesar que nunca se mencionó nada sobre este asunto en ninguna conversación. Hitler rechazaba de forma tajante la idea de que personas nacidas el mismo día, en el mismo lugar y a la misma hora pudieran compartir el mismo destino. Desde ese punto de vista, él consideraba que los gemelos eran la mejor evidencia. El siempre rechazó vigorosamente esa idea de que el destino de los individuos dependiera de las estrellas y las constelaciones».

No obstante, tras dejar claro en sus memorias que Hitler descartaba por completo cualquier influencia de los astros sobre las personas, Christa Schröder haría referencia a un episodio que, según ella, «dejó a Hitler fuertemente impresionado». En 1922 se publicó el anuario de Elsbeth Ebertin, una famosa astróloga alemana cuyas predicciones gozaban de gran popularidad desde hacía dos décadas. La predicción decía: «Un hombre de acción nacido el 20 de abril de 1889 puede exponerse a riesgos personales por actos excesivamente imprudentes, y con toda probabilidad desencadenar una crisis». Según la astróloga, las estrellas indicaban que a ese hombre «había

la obra de Nostradamus. En 1940 confeccionó un horóscopo de Hitler, pero nunca llegaría a mantener un encuentro personal con él. Su estrella decayó a partir del viaje de Rudolf Hess a Inglaterra en mayo de 1941, ya que Hitler echó la culpa a los astrólogos y ocultistas que lo rodeaban, y lanzó una purga contra todos ellos. Krafft fue encarcelado durante un año. Después se le hizo trabajar en los horóscopos de los generales aliados. Aunque había vaticinado que Alemania ganaría la guerra en 1943, sus predicciones serían cada vez más pesimistas. Después de acertar que el Ministerio de Propaganda sería destruido en un bombardeo, fue encarcelado por traición, falleciendo por tifus el 8 de enero de 1945.

que tomárselo muy en serio; está destinado a asumir el liderazgo en futuras batallas». Frau Ebertin concluía asegurando que la persona a la que hacía referencia su predicción había nacido para «sacrificarse por la nación alemana».

Aunque la astróloga no mencionaba el nombre, aparentemente se refería a Hitler, y si bien no especificaba la fecha en la que cometería esos «actos imprudentes», aseguraba que por actuar precipitadamente pondría su vida en peligro en un futuro cercano. A pesar de que ese vaticinio le concernía de manera tan directa, el comentario de Hitler sobre la predicción no pudo ser más despectivo: «¿Qué demonios tienen que ver conmigo las mujeres y las estrellas?».

En sus memorias, la secretaria de Hitler aseguraría que, a pesar de haber quedado impresionado por esa certera predicción, «sólo hablaba irónicamente sobre esa coincidencia y consideraba todo el asunto como una anécdota». Sin embargo, según lo expresado por el fotógrafo Hoffmann en sus memorias, el desconcertante episodio supuso para él algo más que una simple anécdota: «En 1922 hizo el hallazgo en un calendario astrológico de una predicción que anunciaba el Putsch de noviembre de 1923. Después, durante años enteros, recordó aquella coincidencia que produjo sobre él, sin que quisiera admitirlo, una profunda impresión».

Igualmente, el fotógrafo explica en sus memorias que «Hitler tenía una biblioteca de astrología y de ciencias ocultas», pero también asegura que «no toleró nunca la presencia de un astrólogo a su lado». Hoffmann descarta por completo esa posibilidad: «He oído contar, después de 1945, con los detalles más precisos la historia de su astrólogo personal y no puedo por menos de felicitar a ese 'testigo' por su exuberante imaginación».

LOS *FALLSCHIRMJÄGER* NACIERON EN UN CAFÉ

Los paracaidistas alemanes, los míticos *Fallschirmjäger*, protagonizarían varias operaciones célebres que asombrarían al mundo, como la captura del fuerte belga Eben-Emael, su lanzamiento sobre Rotterdam, su participación en la invasión de Dinamarca y Noruega, la captura del puente de Corinto o la toma de la isla de Creta. También supieron luchar en tierra, manteniendo combates con tintes épicos como en la batalla de Montecassino o en la defensa de Carentan, en Normandía.

Lo que es menos conocido es que la idea fundacional de ese Cuerpo de paracaidistas nació en un café de Múnich, y que fue por iniciativa del propio Hitler. La escena la relataría su secretaria Christa Schroeder en sus memorias. Según explica, se encontraba ella y otras personas sentadas alrededor de Hitler en un café muniqués, cuando un vendedor de diarios les ofreció unas revistas.

En la primera página de una de aquellas publicaciones aparecían doscientos paracaidistas rusos cayendo del cielo en un salto colectivo. Todos se pusieron a reír, creyendo que se trataba de una broma, ya que aquellos hombres constituían una diana magnífica para el tiro al plato. Entre las risas generalizadas, el único que permaneció serio fue Hitler, sumido en sus cavilaciones. Entonces pidió que le trajeran unas tijeras, recortó la fotografía y se la metió en el bolsillo sin hacer ningún comentario.

Después, la secretaria se enteró que, dos días más tarde, llamó al jefe de la Luftwaffe, Hermann Göring, y le entregó el esbozo de un reglamento para la formación del primer regimiento de paracaidistas alemanes. Habían nacido los Fallschirmjäger[16].

LA MAYOR FAN DE HITLER

El culto a la personalidad de Hitler hizo que, para muchos alemanes, su figura adquiriese dimensiones míticas o incluso podríamos decir que religiosas. Por ejemplo, durante la guerra, había quienes colgaban retratos del Führer en las paredes como estrategia de protección del hogar, en la creencia de que así su casa se mantendría incólume durante los bombardeos. Igualmente, cuando Hitler inauguraba la construcción de una autopista, solía pedir una pala y entonces se ponía a trabajar durante unos minutos, el tiempo suficiente para que le tomasen unas fotografías; en cuanto daba por

16 Aunque Christa Schroeder sitúa esa escena en 1936, es seguro que la fecha fue anterior, quizás a principios de 1935, ya que los primeros pasos para formar esa unidad de paracaidistas se dieron en abril de ese año. El 29 de enero de 1936 sería la fecha oficial de la formación de la tropa paracaidista germana.

finalizada la escena, la gente se abalanzaba sobre la tierra paleada por Hitler para llevársela a casa y guardarla en saquitos, como una auténtica reliquia.

El fanatismo por su figura llegaría a algunos extremos obsesivos, como el caso protagonizado por una mujer llamada Lina. Su marido, Gustave, era un oficial que siempre vestía el uniforme del Ejército, incluso en casa. En la fachada de su casa habían instalado un mástil en el que ondeaba siempre la bandera con la esvástica. Cada mañana, ambos hacían el saludo a la enseña.

Lina no podía conformarse con algún retrato del Führer, por lo que ideó un plan para hacerse con algo de mucho más valor. Así que viajó desde el pueblo en el que residían, Frankenthal, hasta Bad Godesberg, una tranquila localidad turística junto al Rin en donde Hitler se retiraba en ocasiones a descansar junto a otros jerarcas nazis.

Una vez allí, se dirigió al hotel en el que Hitler se solía alojar y prometió una generosa propina a un camarero para que le consiguiese agua de la bañera en la que Hitler se hubiera lavado. Para ello le entregó una pequeña botella, que anhelaba ver llena de ese agua que para ella sería poco menos que sagrada.

No pasó mucho tiempo hasta que el dictador germano llegó para alojarse allí unos días. El camarero cumplió con su labor y llenó la botellita con el agua en la que Hitler se había bañado. Al menos, eso es lo que el asistente aseguró a la ferviente admiradora. Fuese auténtica *eau de Adolf* o no lo que le entregó, el empleado del hotel obtuvo el dinero prometido por cumplir el encargo y Lina volvió a su casa exultante por llevar consigo agua que había lavado el cuerpo de su idolatrado Führer. Una vez en casa con su preciado botín, le buscó un lugar de honor en la vitrina del salón e invitó a amigos y familiares a contemplar aquel frasco con agua jabonosa.

Lina se mantendría fiel a su devoción hasta el final. Cuando las tropas norteamericanas ya avanzaban por el interior de Alemania, la mayoría de ciudadanos se ocultaban en sus casas y extendían una sábana blanca para evitar ser atacados. Sin embargo, Lina se atrevió a salir a la calle agitando su llamativa bandera nazi, insultando a gritos a los soldados aliados. Un disparo acabó con ella, cayendo al suelo mientras sujetaba la bandera. En cuanto a su preciada reliquia, se desconoce su destino.

UNA SOLUCIÓN AL PROBLEMA JUDÍO

Uno de los integrantes de la camarilla de Hitler era el barón Reichel, un dibujante de talento, conversador ameno y hombre de mundo. Él era el mediador entre Hitler y la Casa Real de Baviera. Así, en 1934 el barón presentó Hitler al príncipe, según relata el fotógrafo Hoffmann en sus memorias.

Durante la conversación, el príncipe se decidió a proponer a Hitler una *solución* original al problema judío: «Los chinos son excelentes hombres de negocios. Si consiguen ustedes introducir treinta mil en Alemania, les librarían muy pronto de los judíos. Comparado con el chino astuto, el judío es un recién nacido; cuando éste vea su trabajo desbaratado saldrá de Alemania lo antes posible y de buen grado. De esta manera, sin asumir responsabilidades ni las preocupaciones de unas medidas represivas, se desembarazarán ustedes de toda esa horda».

Hitler acogió la ingeniosa propuesta con aparente entusiasmo: «¡Brillante idea, Alteza!» Pero, acto seguido, planteó sus objeciones al plan: «¿Tendría la bondad de explicarme de qué modo podré introducir esos treinta mil chinos en Alemania y de qué otra manera podré desembarazarme de ellos una vez terminada su labor?»

CÓMO (NO) CAMBIAR UNA RELACIÓN TÓXICA

En el anterior capítulo vimos cómo Eva Braun trató de suicidarse el 1 de noviembre de 1932, disparándose en el corazón, aunque al final la bala le impactó en el cuello. Al parecer, lo hizo al sentirse abandonada por Hitler, aunque no conocemos los detalles que la llevaron a tomar esa drástica resolución. El 28 de mayo de 1935, Eva intentaría suicidarse de nuevo. En este caso, las motivaciones están bien documentadas, ya que las páginas de su diario personal que abarcan del 6 de febrero a esa jornada fueron arrancadas por su hermana Ilse la misma noche del suceso. Esas serían las únicas páginas del diario que sobrevivirían.

Eva vivía entonces con su hermana menor, Gretl, en un pequeño apartamento de Múnich, y pasaba allí los días a a la espera de su amado, cuando no estaba en el estudio de Hoffmann, donde continuaba siendo empleada. Ella deseaba mucho tener un perro para sentirse menos sola pero Adolf no lo veía bien y, aparentemente, la autorización de él era indispensable.

Las páginas en cuestión comenzaban el día de su 23º cumpleaños, el 6 de febrero. Fue un día triste para ella, ya que Adolf se limitó a mandarle un telegrama y unas flores por medio de la mujer de un asistente. Ella sintió una gran decepción, ya que esperaba que él apareciese, pero no lo haría hasta seis días más tarde. Él le prometió que en breve la llevaría durante dos días a Berlín, una promesa con la que Eva no quiso hacerse ilusiones; su escepticismo se vería confirmado y esa escapada romántica a la capital del Reich no se produciría. Hitler volvió el 17 de febrero y, según dejó escrito ella en su diario, pasaron una «noche deliciosa». En esos momentos de intimidad, Adolf la llamaba «conejita» o «tontita».

Durante las siguientes semanas continuaría esa dinámica lindando la toxicidad, que resultaba frustrante y desesperanzadora para ella. Por ejemplo, después de pasar una noche juntos, él se marchaba sin ninguna explicación. También, en una ocasión, pasó por Múnich de camino a Berchtesgaden, y luego de regreso de allí, sin mostrar ninguna intención de verla; cuando Eva se enteró de que iba a tomar un tren en Múnich, acudió corriendo a la estación, solo para ver como el tren en el que iba Adolf ya se alejaba. Una semana después comenzó a tomar somníferos durante el día. Aunque Eva se esforzaba por ser obediente y agradable, llegaba a pensar que esa actitud displicente de su amado era por culpa de ella, al no estar a la altura de lo que él esperaba.

El 1 de abril de 1935, Hitler invitó a Eva y a su hermana Gretl a cenar en un restaurante. Increíblemente, él le puso como condición que no cruzasen palabra, para que nadie pudiera sospechar que existía una relación entre ambos; Eva aceptaría cenar silenciosamente a su lado. Aunque ella quería que fuesen a cenar más veces a casa de los Hoffmann, en donde disfrutaba de libertad para mostrar sus sentimientos, Hitler tampoco mostró interés en organizar otra de esas agradables veladas. Eva dejó escrito en su diario el 29 de abril que hacía una semana que lloraba todas las noches.

Para colmo, la esposa de Hoffmann reveló a Eva que Hitler había compartido almuerzo varias veces en un restaurante de Múnich con su joven admiradora inglesa Unity Valkyrie Mitford, una fascinante mujer de la que se hablará en profundidad en el próximo capítulo. Ya fuera por compasión o por crueldad, la entrometida mujer del fotógrafo no tuvo reparo en espetarle que no había duda de que eran amantes. Eva, que conocía a la «Valkiria», como ella la llamaba, no consideró probable que la inglesa fuera el tipo de mujer por el que su amado podía sustituirla. Lo conocía lo bastante como para saber que no se sentiría atraído por una mujer de belleza lánguida, perteneciente a la alta sociedad, comprometida políticamente y vehemente en la defensa de sus ideas. Eva sabía que él prefería las muchachas vitales, ingenuas y poco sofisticadas, sin inquietudes intelectuales o políticas, como era su caso, pero entre las mujeres que revoloteaban en torno a él no faltaban las jovencitas que aparentaban ser tan cándidas e inocentes como ella.

Por ejemplo, Hitler sentía una especial predilección por Sigrid von Laffert, a quien había conocido durante una campaña electoral en 1932 cuando ella tenía solo dieciséis años, quedando prendado de su llamativa belleza, en la que destacaba su abundante cabellera rubia. Sigrid era hija de un barón arruinado al que Hitler había ayudado financieramente, por lo que él la solía llamar «baronesa». Desde entonces, la muchacha se convirtió en un miembro informal de su séquito. Aunque el chófer de Hitler, Erich Kempka, aseguraría que nunca llegaron a verse a solas, ya que siempre había con ellos al menos un asistente, Hitler no dudaba en tomarla de la mano en presencia de su personal. También le envió veinticuatro rosas rojas al hospital donde ella estuvo internada unos días[17].

Eva hizo llegar a su amado hasta tres cartas desesperadas en las que le expresaba todas esas dudas y temores, pero obtuvo la peor respuesta que puede obtener una mujer en estos casos: ninguna. Ella lamentaba que ni siquiera se dignase a llamarla por teléfono. Entonces tomó la decisión de quitarse la vida o, más bien, conseguir que Hitler lo creyese así.

---

17 Sigrid von Laffert se mudaría a París, en donde se casaría con el hijo del embajador alemán. Tras la caída del régimen nazi, Sigrid declaró a un escritor estadounidense que «nunca me habría casado con aquel déspota», refiriéndose a Hitler. Sin embargo, un asistente de Hitler, Fritz Wiedemann, fue testigo de una conversación reveladora entre el dictador y la muchacha, a la que Hitler había invitado a tomar el té. «Dígame, baronesa, ¿por qué todavía no se ha casado usted?», preguntó Hitler. «¡Bien lo sabe usted, *mein* Führer! Usted sabe bien por qué...» respondió Sigrid, cuya candorosa mirada permitía adivinar que la causa de su soltería era el amor que sentía por el dictador.

La noche de aquel 28 de mayo, todo pareció fríamente planeado. Eva tomó solo una veintena de comprimidos de un somnífero, Phanadorm, que no era de los más potentes, dejando otros quince en el frasco. Aunque en ese momento se encontraba sola, Gretl podía llegar en cualquier momento, y también estaba previsto que Ilse acudiese para devolverle un vestido. Además, dejó su diario abierto, a la vista de todos, junto a la chimenea. Ilse llegó poco después de la medianoche; siendo secretaria médica con nociones de primeros auxilios, actuó de manera eficaz y discreta para «salvarle» la vida, una vida que seguramente no estuvo en riesgo en ningún momento.

Pese a que es poco probable que Eva quisiera de verdad irse al otro mundo, Hitler se tomaría muy en serio ese segundo intento de suicidio de su amada puesto que, tal como hemos visto, ya llovía sobre mojado. Tras ese suceso, ella consiguió mejorar apreciablemente su estatus. Un solícito Hitler le ofreció una villa, en donde podría tener el perro que deseaba. Además, le propuso contratarla como «secretaria», lo que le permitiría abandonar el trabajo en el estudio y, lo más importante, pasar a formar parte de su séquito sin levantar sospechas.

En cuanto a la casa, fue rápidamente construida en el número 14 de la elegante *Wasserbürgerstrasse*, una zona en la que tenía su casa Hoffmann y otros personajes bien considerados por el régimen, como el fabricante de aviones Messerschmitt. Eva y Gretl comenzaron a vivir en ella el 30 de junio de 1936. El contrato de compraventa estaba a nombre de Hoffmann, quien supuestamente había pagado por ella 3000 marcos, una cantidad muy baja para el valor real de la casa. En 1938 la propiedad sería puesta a nombre de Eva.

La villa, de estilo *art-déco*, tenía dos plantas, aunque no era muy amplia. Disponía de solo dos habitaciones, en el piso superior. Una pequeña buhardilla servía de cuarto de invitados y de escondite para fumar. Hitler adornó las paredes con acuarelas y dibujos propios, además de retratos suyos al óleo, uno de ellos a tamaño natural. La totalidad de la finca, incluido el jardín, era de casi ochocientos metros cuadrados. La casa estaba separada de la calle por una alta tapia para garantizar la discreción. El conjunto era modesto pero de buen gusto, además de muy moderno para aquella época.

En el verano de 1938, el sótano se ampliaría para convertirlo en un refugio antiaéreo, dotado de puerta acorazada, un generador de electricidad, bomba de aire y un filtro antigás. El hecho de que Hitler ordenase equipar la casa con esas sofisticadas medidas de protección indica que ya tenía en mente la posibilidad cierta de que Alemania se viera envuelta en una nueva guerra.

Como regalo de bienvenida, Eva recibió de Hitler dos perros fox terrier, a los que bautizó con los nombres de *Stasi* y *Negus*[18]. Este

Eva Braun, en la terraza del Berghof con sus fox terrier *Negus y Stasi. National Archives.*

---

18 *Negus* moriría en Berlin al estallar una granada soviética. *Stasi*, que se encontraba en el Berghof cuando la caída del Reich, escapó aprovechando la confusión y, sin que se supiera cómo, recorrió el centenar de kilómetros que separaban Berchtesgaden de la casa de Eva Braun en Múnich. Es probable que *Stasi* solo encontrara allí soldados americanos o saqueadores; lo cierto es que el perro fue rechazado a pedradas por los intrusos. Un vecino compasivo le dio agua y un hueso. Luego *Stasi* desapareció en la oscuridad de la noche.

último nombre debió haber sido inspirado por la guerra de Etiopía que estaba teniendo lugar. También le regaló un televisor, uno de los primeros de Alemania, aunque por entonces solo había emisiones en prueba. Igualmente, pudo disponer de un potente Daimler Mercedes Benz 540k descapotable con chófer, que podía alcanzar una velocidad de 321 km/h. El modelo estaba dotado de una silla plegable junto a la rueda de repuesto para un guardaespaldas, además de un discreto soporte para una ametralladora. La carrocería de acero, de una sola pieza, se había fabricado a mano en Suiza, y tenía accesorios de oro. El llamativo coche estaba siempre a su disposición, incluido un conductor de las SS, en el garaje oficial de la marca. El director de la Mercedes en Múnich se cuidaba personalmente del mantenimiento del automóvil. Ese no sería su único vehículo; el 6 de febrero de 1939 recibiría como regalo de cumpleaños un prototipo del Volkswagen que un año antes le habían obsequiado a Hitler.

Al principio, los vecinos no tenían idea sobre quiénes eran aquellas dos chicas que ahora residían en esa casa. Pero pronto comprendieron que algo ocurría allí. La casa contaba con una guardia de las

Con su segundo intento de suicidio, Eva consiguió formalizar en lo posible su relación con Hitler. Aquí, la pareja en las escaleras del Berghof. *National Archives.*

SS, en una casita del jardín que luego, durante la guerra, se convertiría en un pequeño búnker. El barrio permanecía siempre vigilado. Cuando algún vecino quería contratar una nueva cocinera o mujer de la limpieza, antes tenía que comunicar el nombre a la policía; solo después de una investigación se le autorizaba a contratarla.

La razón de todas esas precauciones se revelaban un par de veces por semana, cuando dos Mercedes negros se detenían delante de la casa de las hermanas Braun y Hitler descendía del primero de ellos y entraba rápidamente. Los dos vehículos permanecían allí durante el tiempo que él permanecía en el interior, hasta que este salía, subía de nuevo al coche y emprendían la marcha. Los vecinos podían imaginarse el motivo de las recurrentes visitas del Führer a aquella casa, pero sabían que lo más prudente era no hacer preguntas. De todos modos, tampoco tenían oportunidad de cruzar alguna palabra con las hermanas Braun, ya que estas evitaban cualquier contacto con ellos.

El intento de suicidio de Eva, o al menos su escenificación, consiguió que los rasgos tóxicos que mostraba la relación fueran en buena parte dejados atrás. La estratagema le dio resultado aunque, sin duda, ese recurso extremo no es el más aconsejable en este tipo de situaciones. Con esa dramática llamada de atención, Hitler valoró la pérdida que había estado a punto de sufrir. A pesar de que insistió en que la relación debía continuar en secreto, comprendió que ella soportaba mejor su ausencia que la ignorancia en que se encontraba en cuanto a las cosas que hacía y sus intenciones de visita. A partir de entonces, él pasó a enviarle cartas con frecuencia y a telefonearle al terminar el día. Incluso durante la guerra, la llamada telefónica diaria alrededor de las diez de la noche seguiría inalterable por muy ocupado que Hitler estuviese con sus quehaceres bélicos.

SÚPLICA IGNORADA

El 8 de noviembre de 1935, Hitler se desplazó desde Berlín a Múnich para la habitual conmemoración anual del Golpe de la Cervecería, junto a los veteranos de aquella frustrada intentona. Como de costumbre cuando regresaba a Múnich, se instalaría en su residencia de la *Prinzregentenplatz*. Allí había vivido desde 1929 hasta que fue nombrado canciller. Hitler utilizaría el apartamento para encuentros diplomáticos discretos, como el que mantendría con Mussolini en septiembre de 1937 o un año después con el primer ministro británico Neville Chamberlain.

Con el automóvil detenido delante de la casa, Hitler descendió de él vestido de civil y con un sombrero de terciopelo que le cubría buena parte de la cara. Acababa de sacar de la guantera la fusta para perros que por aquellos años siempre llevaba consigo y que, según Renate Müller, también utilizaba para sus jueguecitos sexuales. Pero, si el Führer quería pasar desapercibido, no lo había conseguido, ya que se había corrido la voz de que se presentaría allí, por lo que delante de la casa ya se había reunido una pequeña multitud de personas.

Cuando Hitler puso un pie en la acera, una mujer vestida con sencillez, probablemente una obrera, se precipitó desde la primera fila y quiso acercarse a él. En ese momento, los atentos guardias personales de las SS, que habían descendido también de los coches de escolta, la empujaron violentamente hacia atrás. Pero la mujer logró exclamar: «¡*Mein* Führer, tenga piedad! ¡Mi marido ya lleva dos años encerrado en un campo de concentración sin haber hecho nada malo!»

Hitler, que había podido escuchar los desesperados gritos de la mujer, aceleró el paso y desapareció en la entrada del edificio. Mientras subía la escalera, blandió su fusta y espetó a sus guardias: «No quiero que me vuelva a suceder algo así. ¡De lo contrario, serán ustedes los que acabarán en un campo de concentración!»

¿SALUDÓ HITLER A JESSE OWENS?

Los Juegos Olímpicos de Berlín de 1936 serían considerados los mejores de la historia hasta ese momento. El impacto que causaron fue extraordinario, ya que el régimen nazi supo dotarles de una espectacularidad que nunca se había visto, y que se tardaría en volver a ver. Se produjeron innovaciones que marcarían el camino de las ediciones posteriores, como el rito de encender la antorcha en Olimpia y llevarla en relevos hasta el estadio, la construcción de una villa olímpica para los atletas o la introducción de técnicas electrónicas avanzadas de medición. Además, fue el primer evento deportivo retransmitido por televisión, y se emitió en directo por radio a 41 países.

Como guinda del pastel, la plasmación de los Juegos en el documental *Olympia*, dirigido por Leni Riefenstahl, empleando técnicas cinematográficas revolucionarias, inmortalizaría su legado estético.

El sábado 1 de agosto todo estaba dispuesto en el monumental Estadio Olímpico para acoger la ceremonia de inauguración de los Juegos. A las cuatro de la tarde, desde lo alto de la gran torre oeste del estadio, que se encontraba abarrotado por ciento diez mil espectadores, un solo de trompeta saludó la llegada de Hitler y el resto de personalidades. Los atletas participantes desfilaron dando la vuelta completa a la pista, mientras la orquesta tocaba el himno de cada nación que iba apareciendo en el recinto. Cuando el desfile terminó, Hitler pronunció la frase: *Ich Erklare die Spiele in Berlin zur feier der XI Olympiade neuer Zeitrechnung als Eroffnet* («Declaro inaugurados los juegos de Berlín que celebran la XI Olimpiada de la era moderna»). Así daban comienzo unos Juegos que parecían entroncar con la esencia olímpica de la antigua Grecia.

El momento de mayor intensidad llegó cuando la llama sagrada encendida en Olimpia y llevada hasta Berlín por más de tres mil relevistas hizo su entrada en el estadio. El portador de la antorcha

Hitler, en el palco del Estadio Olímpico durante la inauguración de los Juegos de 1936. *Archivo Digital Nacional de Polonia.*

en el último relevo sería el atleta germano Erik Schilgen. La emocionante ceremonia alcanzó su clímax cuando Schilgen encendió con su antorcha el gran fuego que iba a presidir los Juegos durante quince días.

La reacción favorable de la prensa mundial ante la ceremonia de inauguración de los Juegos fue casi unánime. Muy pocos medios pudieron mantenerse inmunes al efecto espectacular de ese gran acontecimiento, un efecto que se prolongaría durante las dos semanas que duraría el evento. Pero lo que quedaría para la historia sería un episodio que permanece enraizado más en el lado del mito que de la realidad; el supuesto desplante de Hitler a la estrella de los Juegos, Jesse Owens, el lunes 3 de agosto.

Para intentar comprender lo sucedido ese día, es necesario relatar cómo discurrió la anterior jornada de competición, la del domingo 2 de agosto. Hitler asistió al estadio para contemplar las pruebas de atletismo y animar a sus compatriotas. La competición no pudo comenzar mejor para Alemania; la fortuna, o un calendario bien calculado, quiso que el primer campeón olímpico fuera precisamente un alemán. Hans Woellke, un fornido policía berlinés de 25 años, consiguió la medalla de oro en la prueba de lanzamiento de peso. La victoria de Woellke hizo que los gritos de *Heil!, Heil!, Heil!* atronaran el abarrotado estadio.

Tras la ceremonia de la entrega de medallas, el Führer felicitó personalmente a Woellke, recibiéndolo en el palco; esa misma noche, el atleta germano sería ascendido a teniente «por sus servicios a la patria». Hitler dio también la enhorabuena ese mismo día a los tres finlandeses vencedores en la prueba de los 10.000 metros.

Pero las alegrías de esa primera jornada de competición no habían acabado. En el lanzamiento de jabalina femenino venció una atleta alemana, Ottilie *Tilly* Fleischer, y la medalla de plata fue también a parar a una atleta germana. Las dos lanzadoras alemanas y la polaca ganadora del bronce subieron al palco para recibir la felicitación personal del Führer, pero sería la campeona Tilly Fleischer, de 24 años, la que atrajo las atenciones de Hitler. El dictador invitaría a la atleta a cenar, lo que daría pie al rumor de que tuvieron una aventura amorosa; de hecho, una hija que Fleischer tendría con el dentista nazi con el que se casó aseguraría años después en un libro que en realidad era hija de Hitler, aunque sin aportar pruebas convincentes.

A última hora de ese primer día de competición tan intenso en emociones, cuando ya una parte del público había abandonado el estadio, pues comenzaba a oscurecer y amenazaba lluvia, Hitler hizo lo propio tras la eliminación de los últimos participantes alemanes en la competición de salto de altura. Deliberadamente o no, su marcha evitó que tuviese que felicitar personalmente a los norteamericanos Cornelius Johnson y Davis Albritton, ambos afroamericanos, que conquistaron las medallas de oro y plata respectivamente.

Al día siguiente, la prensa internacional atribuyó a Hitler haber discriminado a estos dos triunfadores por motivos racistas. Esto impulsó al presidente del Comité Olímpico Internacional a informar al Führer de que, como jefe del Estado anfitrión, en adelante debería felicitar a todos los vencedores o no felicitar a ninguno. Ante la imposibilidad material de saludar a todos y cada uno de los ganadores, Hitler optó por lo segundo y a partir de ese día no felicitaría públicamente a ningún atleta, excepto a los alemanes, aunque en este caso lo hizo siempre a pie de tribuna y no en el palco, o bien en una improvisada recepción privada en la zona interior del estadio.

En el segundo día de competición, el protagonista indiscutible sería Owens, quien se impuso en los 100 metros lisos, por delante de su compatriota Ralph Metcalfe, también afroamericano. Según un mito tan extendido que muchos aceptan como una verdad histórica, Hitler, contrariado por la victoria de un atleta de raza negra, abandonó el estadio para no felicitar a Owens. Para demostrar que no fue eso lo que sucedió, basta con comprobar las declaraciones del propio atleta cuando llegó a Nueva York a bordo del transatlántico *Queen Mary* el 24 de agosto de 1936.

En la página 26 del diario *The Pittsburgh Press*, por ejemplo, se puede leer su relato de los hechos, todavía fresco por el poco tiempo transcurrido: «Hitler tenía controlado su tiempo tanto para llegar al estadio como para marcharse. Sucedió que debía marcharse antes de la ceremonia de entrega de medallas de los 100 metros. Pero antes de que se fuera yo me dirigí a aparecer en una transmisión televisiva y pasé cerca de su palco. Él me saludó con la mano y yo le correspondí. Creo que es de mal gusto criticar al 'hombre del momento' en otro país».

Esa última frase debía hacer referencia a las críticas de la prensa hacia Hitler, al asegurar que en la primera jornada de competición se había ausentado del estadio para no saludar a los citados Johnson y Albritton.

Además del testimonio del protagonista, existe una valiosa prueba de ese saludo entre Hitler y Owens. Se trata de la crónica del 4 de agosto del también afroamericano Robert L. Vann, el editor de un veterano diario dirigido precisamente a esa comunidad, el *Pittsburgh Courier*, y titulada inequívocamente «Hitler saluda a Jesse Owens». En ella, Vann relata con indisimulada admiración: «Y entonces... maravilla de maravillas... Vi a Herr Hitler saludar a este chico. Miré con un corazón que latía con orgullo mientras el muchacho que fue coronado rey de la prueba de 100 metros recibía una ovación como nunca antes había escuchado. Vi a Jesse Owens saludado por el Gran Canciller de este país mientras un sol brillante se asomaba entre las nubes».

La admiración de Vann se extendía al público germano: «Vi una gran multitud de unas 85.000 o 90.000 personas ponerse de pie y animarlo hasta el eco. ¡Y eran en su mayoría alemanes! No se equivoque al respecto. Estos alemanes son muy educados. Tienen un espíritu deportivo y de juego limpio que supera la barrera del color (...). Y descubrí que en el mundo del deporte, donde la perfección personal es la vara de medir de los logros, el color no cuenta.»

Jesse Owens, el héroe de los Juegos de Berlín, se impone en el esprint de los 200 metros lisos. *Archivo Nacional de Austria.*

En las siguientes jornadas, Owens se haría también con la medalla de oro en los 200 metros lisos, en la carrera de relevos de 4 por 400 metros y en salto de longitud, un hito que solo sería igualado por Carl Lewis en 1984. El atleta norteamericano se convertiría en un héroe para el público alemán, gozando de una gran popularidad durante el tiempo que estuvo en Berlín. Owens destacaría el hecho de que en Alemania podía tomar un autobús sin estar obligado a viajar en la parte posterior, como sucedía en su Alabama natal. También podía alojarse en los mismos hoteles que los blancos, a diferencia de su país, en que esos establecimientos estaban segregados por razas.

Cuando Owens regresó a los Estados Unidos, fue recibido en la ciudad de Nueva York por el popular alcalde Fiorello La Guardia, siendo agasajado con un multitudinario desfile por Broadway, sin que pudiese faltar la típica lluvia de confeti. Sin embargo, en la cena en su honor celebrada en el Waldorf Astoria no se le permitió entrar por la puerta principal del hotel, al estar reservada a los blancos, sino que tuvo que acceder por el montacargas.

Owens también encajaría la humillación de no ser recibido en la Casa Blanca por el presidente, Franklin D. Roosevelt, ya que este temía que sus opciones electorales en los estados sureños se vieran afectadas por la foto de ese recibimiento. Ese desaire llevaría a Owens a apoyar al Partido Republicano; en un mitin dirigido a la población negra en Kansas City, el 15 de octubre de 1936, afirmó: «Hitler no me despreció; fue nuestro presidente quien me despreció. Ni siquiera me envió un telegrama.»

Por lo tanto, según el testimonio de Vann y del propio Owens, ese saludo existió. No obstante, también parece cierto que Hitler no encajó demasiado bien su triunfo. Albert Speer escribió que Hitler «estaba muy molesto por la serie de triunfos del maravilloso corredor estadounidense de color, Jesse Owens». Según Speer, Hitler aseguró, encogiéndose de hombros, que «las personas cuyos antepasados procedían de la jungla eran primitivas, sus físicos eran más fuertes que los de los civilizados blancos y por lo tanto deberían ser excluidos de futuros Juegos».

Otro testimonio del círculo de Hitler es el de Baldur von Schirach, el líder de las Juventudes Hitlerianas; según él, le propuso que se fotografiase junto a Owens, pero el dictador reaccionó indignado, espetando a Von Schirach que «Estados Unidos debería avergonzarse por enviar negros a los Juegos Olímpicos». Sin embargo, ese desprecio hacia el atleta no parece conjugarse con un artículo del *The Baltimore Sun* del 18 de agosto de 1936, en el que se afirmaba que Hitler había enviado a Owens una fotografía suya, dedicada de su puño y letra.

Según el testimonio de un periodista alemán, Siegfried Mischner, Owens trató de convencerle a él y sus colegas de que Hitler no le había desairado, tal como se había venido diciendo insistentemente, hasta convertirlo en una verdad. Mischner aseguró en una entrevista de 2009 que Owens le enseñó una fotografía que siempre llevaba en la cartera, en la que se veía al atleta estrechando la mano de Hitler, lo que le causó la lógica sorpresa. Según Mischner, a pesar de esa prueba concluyente, se creyó más conveniente seguir abonando la idea de que Hitler le había ignorado para no lavar la imagen del dictador en la Alemania de posguerra, por lo que decidieron no revelar la existencia de la foto. En la entrevista, Mischner aseguró que no tenía idea de dónde estaba la foto o si aún existía.

De todos modos, esa versión, la que afirma que Hitler le dio la mano, se contradice con lo relatado por el propio Owens al llegar a Estados Unidos, cuando explicó que el dictador le saludó con la mano en la distancia, pero sin llegar a dársela. Sobre la existencia de la foto, o fue una invención de Mischner, o un misterio más en este intrigante caso. Todavía aparecería un testigo más, un distinguido piloto británico, Eric Brown, que afirmó en un documental de la BBC de 1970 que vio a Hitler estrechar la mano de Owens y felicitarle por lo que había logrado.

Aunque, tal como vemos, todo apunta a que ese desplante de Hitler nunca existió, también parece ser que nunca llegaremos a saber con certeza los detalles de lo que sucedió aquel día entre el atleta y el dictador.

PREMONICIÓN SALVADORA

En junio de 1937, Hitler asistió en Wilhelmshaven a una ceremonia fúnebre en honor de 31 marinos muertos en la guerra civil española, integrantes de la tripulación del crucero pesado *Deutschland*. Este buque se encontraba fondeado en el antepuerto de Ibiza, cuando el 29 de mayo fue atacado por dos bombarderos de la República, al confundirlo con el crucero *Canarias*. Como represalia, dos días después, la Kriegsmarine bombardería Almería. Hitler acudió al sepelio, viajando desde Berlín en un tren especial.

Durante el regreso nocturno a la capital germana, quizás influido por la dolorosa escena a la que había asistido, reparó en que el marcador de velocidad situado en el vagón restaurante señalaba los 125 kilómetros por hora. Inmediatamente dio órdenes de que se bajara la velocidad a una más prudente de 80 kilómetros por hora. Pese a las protestas del maquinista, ya que al ser un tren especial debía cumplir unas determinadas horas de paso, Hitler insistió y se redujo la velocidad.

Al cabo de pocos minutos, el tren experimentó violentas sacudidas y frenó bruscamente, rechinando las ruedas sobre los raíles. Cuando se detuvo, todos los pasajeros se precipitaron al exterior, buscando la causa del inesperado frenazo; un autobús había intentado atravesar un paso a nivel, pero no había tenido tiempo de hacerlo por completo y el tren había acabado impactando en él. Por desgracia, el accidente había ocasionado varios muertos y heridos entre los ocupantes del autobús,

En cambio, los pasajeros del tren no habían sufrido ningún daño gracias a la prudente velocidad con la que viajaba en esos momentos. Pese al impacto, el maquinista había logrado mantenerlo sobre las vías, mientras que, si se hubiera continuado desplazando a 125 kilómetros por hora, lo más probable es que se hubiese producido un descarrilamiento con fatales consecuencias.

Hitler se quedó muy impresionado ante ese extraño impulso que le había llevado a ordenar que se bajase la velocidad, lo que quizás le había evitado sufrir un accidente mortal. A partir de aquel día, su tren especial nunca circularía a más de 80 kilómetros por hora.

Pero el caso de premonición más renombrada se daría supuestamente el 8 de noviembre de 1939 en la Bürgerbräukeller de Munich, con motivo de la celebración anual del Putsch de 1923. Como cada año, allí acudió Hitler. La duración habitual de su discurso era desde las ocho y media de la tarde hasta las diez de la noche, para luego permanecer varios minutos más conversando con los antiguos camaradas del partido. Así que un carpintero suabo llamado Georg Elser colocó una bomba en el interior de la columna situada detrás del lugar donde estaría Hitler, programada para estallar a las 21.20 h. Sin embargo, en esa ocasión Hitler acabó abruptamente su discurso cuando solo pasaban diez minutos de las nueve y abandonó el local. La posterior explosión causó la muerte de ocho personas y heridas a otras sesenta y tres.

En realidad no se trató de una premonición, como suele señalarse. Hitler tenía previsto regresar en avión, pero el mal tiempo obligó a cambiar los planes. Su tren personal fue enganchado al expreso Múnich-Berlín, que salía a las nueve y media. Así, Hitler tuvo que acortar su discurso para dirigirse rápidamente a la estación y tomar el tren. En todo caso, la suerte volvió a estar de su parte; si no hubiera hecho mal tiempo esa noche, es bastante probable que Hitler hubiera muerto ese día.

FELIZ POR COMPRAR EL DISCÓBOLO

Uno de los días en los que Hitler se sintió «feliz como un niño», según reflejaría en sus memorias su secretaria Christa Schroeder, fue cuando logró comprar la célebre estatua del Discóbolo, del escultor griego Mirón. El arte era para él un elemento central de su vida, no hay que olvidar que había sido un artista frustrado, y conseguir para Alemania esa obra inmortal supuso para él una gran felicidad.

Hitler consideraba las antiguas Grecia y Roma como la cuna de la cultura, los lugares donde primero se habían expresado los conceptos del cosmos, la ciencia y el intelecto. A menudo explicaba a su secretaria su satisfacción por haber podido admirar, con motivo de sus viajes a Roma y Florencia, las obras de arte inmortales que hasta entonces solo había podido admirar en forma de reproducciones.

De hecho, para Hitler solo había dos épocas que valían la pena: la Antigüedad y el Romanticismo. En cambio, rechazaba la Edad Media y el Renacimiento porque los encontraba demasiado influidos por el cristianismo. Igualmente, menospreciaba la pintura moderna, especialmente el expresionismo y el impresionismo. En opinión de Hitler, ese «arte degenerado» era culpa de los judíos, que «habían hecho una publicidad desmesurada de aquellas obras sin pies ni cabeza con la intención de venderlas caras, mientras ellos se cuidaban bastante de no tener en sus colecciones privadas nada que no fueran los viejos maestros».

Hitler recurría a todos los medios para adquirir obras antiguas. Así que puso su objetivo en el Discóbolo, o mejor dicho, la copia romana en mármol del siglo I descubierta en Roma en 1781, ya que la obra original, en bronce, se perdió. Esa fue la primera copia que se encontró; posteriormente se han hallado otras, pero la referida era la que estaba mejor conservada. La figura del Discóbolo había servido de inspiración para algunas escenas de la referida película oficial de los Juegos Olímpicos de 1936, e incluso había figurado en un cartel oficial del evento, por lo que se trataba de un icono especialmente apreciado por los nazis.

Así pues, en 1937 Hitler trató de convencer a Mussolini, aprovechando sus buenas relaciones con él, para que le vendiese la estatua, aunque es de suponer que el Duce se mostrase reticente a desprenderse de ella. No sería hasta el año siguiente cuando su yerno Galeazzo Ciano, ministro de Asuntos Exteriores, se la vendió a Alemania por cinco millones de liras. La decisión provocó un escándalo en el propio gobierno italiano; el ministro de Educación protestó airadamente, así como toda la comunidad de especialistas en arte.

Pero esas protestas no sirvieron de nada y el Discóbolo emprendió viaje por ferrocarril hasta Múnich, para ser expuesto en la Gliptoteca,

Hitler presenta el Discóbolo recien adquirido en la Gliptoteca de Múnich, el 10 de julio de 1938. *ÖNB*.

un museo de arte griego y romano fundado en 1830. El 10 de julio de 1938 Hitler presidió la ceremonia de la llegada de la obra de arte al museo. Al presentar la escultura, Hitler no ocultó su convicción de que el Discóbolo, cuyo original fue creado durante el apogeo del período clásico, con Atenas en su cúspide, encarnaba los ideales de fuerza, vigor y perfección física que, según su ideología, eran atributos exclusivos de la raza aria: «Que ninguno de ustedes deje de visitar la Gliptoteca, porque allí verán cuán espléndido era el hombre en la belleza de su cuerpo... y comprenderán que solo podemos hablar de progreso cuando no solo hayamos alcanzado tal belleza sino incluso, si es posible, cuando la hayamos superado». La estatua permanecería en Múnich hasta 1948, cuando fue retornada a Italia, quedando expuesta en el Palazzo Massimo de Roma.

Hitler, en cambio, no estaba dispuesto a que ninguna obra de arte pudiera salir de Alemania. Este fue el caso del famoso busto de Nefertiti, de 1350 a. de C. En 1912 había sido descubierto por un arqueólogo alemán de origen judío y trasladado a Alemania. Los egipcios reclamaron durante varios años su devolución, alegando que habían sido engañados por el arqueólogo, que no les había informado del gran valor que tenía la estatua. Las peticiones de Egipto serían siempre desoídas por los sucesivos gobiernos alemanes, pese a que los expertos germanos consideraban que el busto debía ser devuelto.

Durante la guerra, Göring alcanzaría un pacto secreto para obtener algunas ventajas en Egipto a cambio, entre otras cosas, de la devolución del célebre busto. Sin embargo, Hitler mostró su más firme oposición a que Nefertiti pudiera salir de Alemania y el acuerdo no pudo llevarse a cabo. Lo único a lo que estaba dispuesto Hitler era a entregar al arqueólogo judío para que los egipcios pudieran castigarle por haberse llevado la estatua, pero, naturalmente, los egipcios no consideraron satisfactoria la propuesta del Führer.

TRAVESURA DE NOCHEBUENA

Durante la tarde del día de Nochebuena de 1937, Hitler se mostraba especialmente jovial y alegre, según afirmaría su ayudante personal Karl Wilhelm Krause en las memorias que publicaría en 1949. Su buen humor se debía quizás a que el balance del año había sido muy positivo para él, al haberse reforzado su posición de poder en Alemania y en el frente diplomático internacional. Krause era un joven oficial de las SS de veintisiete años, que había sido escogido por Hitler en 1934 para que fuera su *valet* y guardaespaldas. Hitler decía que él era «su sombra» y así era, ya que estaba detrás suyo en todos los actos públicos y le seguía allá donde él fuera.

Mientras los dos estaban arrodillados en el suelo del apartamento de Múnich envolviendo los regalos que serían entregados a la noche, Krause, sin querer, ató un nudo encima del pulgar de su jefe. Hitler rio, dio unas palmadas amistosas en la nuca a Krause y luego le pidió la chaqueta de su traje de etiqueta. Estaba decidido a celebrar Nochebuena a su modo, y reclutó a su ayudante como compinche.

Ambos evitaron a los guardias de las SS, se escabulleron por la escalera como si fueran unos vulgares ladronzuelos y tomaron un taxi. «Nadie nos vio, y Hitler suspiró aliviado. Yo quise sentarme junto al conductor, pero Hitler me agarró del brazo para forzarme a viajar con él en el asiento posterior». Durante las dos horas siguientes el chófer dio vueltas por Múnich, cambiando constantemente de rumbo según le iba ordenando un divertido Hitler, arrellanado en el asiento con las solapas del abrigo levantadas y sin quitarse el sombrero para no ser reconocido. Por fin Hitler le indicó un destino: el café Luitpold.

El conductor pareció aliviado al verse libre de tan excéntricos pasajeros y se marchó rápidamente una vez que le pagaron la carrera. «Probablemente pensó que éramos un par de chiflados —recordó Krause— y quizás no iba desencaminado; a mí también me pareció peculiar todo el asunto». Pero en vez de entrar en el café, Hitler se encaminó hacia la Königsplatz. Al notar que Krause miraba nerviosamente alrededor, le dijo: «No tema. Nadie se creerá que Adolf Hitler, en Múnich, camina solo por la calle». Aun así, agachaba la cabeza cuando se cruzaba con alguien.

Empezó a granizar, y el Führer se aferró al brazo de Krause porque sus zapatos de charol tenían la suela muy resbaladiza. Caminaron sin parar hasta que regresaron al apartamento. Hitler parecía contento como un niño por haber eludido a los guardias y haber saboreado la libertad de poder pasear de nuevo por su ciudad como una persona anónima. Sin embargo, al día siguiente, el jefe de las SS, Heinrich Himmler, reprendió a Krause por haber sido cómplice de la travesura. Le ordenó que, en adelante, debía informarle de esos planes aun cuando el Führer se lo prohibiese.

Krause seguiría siendo ayudante personal de Hitler hasta septiembre de 1939, cuando cometió un error fatal. Durante una inspección en primera línea del frente en Polonia, Hitler pidió a Krause una botella de agua mineral Fachinger, pero Krause se había olvidado de traerla. Hitler no quería beber el agua local polaca por temor a que pudiera estar envenenada. Krause le sirvió entonces a Hitler agua normal afirmando falsamente que era Fachinger. Pero Hitler descubrió rápidamente la verdad y despidió a Krause de su servicio como ayudante personal, siendo sustituido por Heinz Linge.

EL «MORDEDOR DE ALFOMBRAS»

En relación a los famosos estallidos de cólera de Hitler, en septiembre de 1938 surgió un rumor que haría fortuna. Se comentaba que su furia llegaba a tal punto, que se dejaba caer al suelo y acababa mordiendo el borde de la alfombra. Ese rumor surgió durante la conferencia que Hitler mantuvo con el primer ministro británico Neville Chamberlain en Bad Godesberg, junto al Rin. El encuentro tendría lugar en el hotel Dreesen, con el objetivo de solucionar la crisis de Checoslovaquia.

En la primera reunión entre ambos mandatarios, Hitler mantuvo la calma, aunque se mostró intransigente en sus exigencias: ocupación inmediata del territorio de los Sudetes por tropas alemanas, y determinación posterior de la frontera por medio de un plebiscito. Chamberlain, que ya había logrado junto a los franceses algunas concesiones de los checos, no podía aceptar esas otras que implicaban una capitulación casi completa. Aunque no hubo ningún acuerdo, ambas partes convinieron en reunirse de nuevo al día siguiente.

Mientras se celebraba el encuentro, los periodistas montaban guardia en el hotel. Fue ahí donde un ayudante de Hitler comentó ante los reporteros que el Führer estaba tan furioso por la crisis de Checoslovaquia que «se comía la alfombra». Esa expresión popular alemana, *Teppischfrescher*, era similar a «subirse por las paredes». Sin embargo, unos corresponsales norteamericanos presentes en la conversación la tomaron al pie de la letra, y la incluyeron en sus crónicas, dando así alas al mito.

Esa ingenuidad divirtió a los ayudantes de Hitler, que pocas veces lo habían visto realmente fuera de sus casillas. Cuando perdía los estribos, el dictador podía estallar en cólera y maldecir durante media hora, pero no llegaba a perder el control hasta el punto de revolcarse por el suelo y mucho menos morder las alfombras. Algunos de los más allegados creían que el Führer fingía sus arrebatos de cólera para impresionar y avasallar a su interlocutor. Es posible que así fuera, a tenor de una escena que había tenido lugar en agosto de ese año.

Hitler se encontraba en el Berghof disfrutando de un excelente almuerzo junto a su personal. De pronto, un sirviente anunció la llegada de un noble británico que venía como emisario, portando las propuestas de su gobierno sobre la crisis checa. Hitler se incorporó bruscamente y exclamó: «¡Que espere, todavía estoy de buen humor!» A continuación, y en presencia de su personal, empezó a entrar por su cuenta en una furia provocada y artificial; se le ensombreció el rostro, aumentó el ritmo de la respiración y adoptó una mirada feroz. Una vez completada esa transformación casi sobrenatural, pasó a la sala contigua, en donde le esperaba el lord inglés. Allí empezó a gritar al desdichado emisario en una representación tan exagerada que desde la mesa del almuerzo se pudo escuchar todo.

Al cabo de diez minutos de un enfurecido monólogo, Hitler volvió al comedor con la frente goteando de sudor. Luego cerró cuidadosamente la puerta y dijo en voz baja sofocando una risa: «Caballeros, necesito una taza de té, ¡le he convencido de que estoy furioso!»

LOS ARTISTAS SON ASÍ

A Hitler le resultaba por completo indiferente que pertenecieran o no al Partido Nazi artistas que él estimaba, como ocurría con los escultores Arno Breker y Josef Thorak, los pintores Sepp Hilz y Werner Peiner, o los directores de orquesta Wilhelm Furtwängler y Eugen Jochum. Del mismo modo que los admiraba, y seguramente envidiaba al haber sido él un artista frustrado, los consideraba a todos «unos inútiles para la política», según decía.

En 1938, poco antes de inaugurarse en Múnich la exposición anual en la Casa del Arte Alemán, Hitler estaba en el restaurante

Osteria Bavaria rodeado de su camarilla, entre la que estaba Albert Speer, quien relataría la escena en las memorias que escribió durante su estancia en la prisión de Spandau. De pronto, Adolf Wagner, el *gauleiter* de Baviera, dijo que recientemente había descubierto un manifiesto comunista suscrito por numerosos artistas. Según dijo, el manifiesto había sido publicado no mucho antes de la conquista del poder por Hitler, y uno de los firmantes era el escultor Josef Thorak.

Speer se quedó rígido, pues, en cierto modo, era «su» escultor; proyectaba con frecuencia estatuas y relieves para sus obras, y precisamente el año anterior había hecho el grupo de figuras destinado al pabellón alemán de la Exposición Internacional de París. Cuando Wagner añadió que no podía tolerarse que tal clase de hombre fuera precisamente quien decorase las grandes obras donde se celebraban los Congresos del partido en Núremberg, edificios que habrían de ser, durante siglos, objeto de admiración y veneración, Speer tuvo el convencimiento de que había perdido para siempre a Thorak.

De haber ostentado el escultor un cargo dentro del partido, Hitler habría ordenado inmediatamente su expulsión del mismo. Pero se limitó a replicar desdeñosamente: «No los tomo en serio, ¿sabe? No se ha de juzgar nunca a los artistas por sus concepciones políticas. La fantasía que necesitan para su trabajo les quita la posibilidad de pensar con realismo. Dejemos que Thorak siga trabajando para nosotros».

Por último, Hitler sentenció: «Los artistas son unos auténticos locos. Hoy suscriben una cosa y mañana firman otra, sin mirar siquiera. Simplemente les basta creer que lo hacían con la mejor intención».

NOMINADO AL PREMIO NOBEL DE LA PAZ

En 1939, entre los nominados al Premio Nobel de la Paz estuvo Adolf Hitler. Aunque pueda sorprender, el dictador germano fue candidato al premio que años después ganarían Martin Luther King, Teresa de Calcuta o Nelson Mandela.

Para entender el porqué de su nominación hay que remitirse al 24 de enero de ese año, cuando doce parlamentarios suecos presentaron el nombre del primer ministro británico Neville Chamberlain ante el Comité Noruego del Nobel, encargado de seleccionar al ganador de ese prestigioso galardón. El argumento para esa propuesta era que el *premier* británico había salvado la paz mundial gracias al Pacto de Múnich alcanzado con Hitler en septiembre de 1938, cuando la región checoslovaca de los Sudetes fue entregada a Alemania a cambio de que esa fuera su última reivindicación territorial. Chamberlain fue el hombre que «a través de esta época peligrosa salvó a nuestra parte del mundo de una terrible catástrofe», como quedó escrito en la carta de nominación.

Tres días después de la nominación de Chamberlain, el parlamentario socialdemócrata sueco Erik Brandt envió una carta al Comité Noruego del Nobel nominando a Hitler para el mismo premio. En la misiva afirmaba: «Por la presente sugiero humildemente que el Premio Nobel de la Paz de 1939 se conceda al canciller y Führer alemán Adolf Hitler, un hombre que, en opinión de millones de personas, ha merecido más que nadie en el mundo esta recompensa tan respetada».

Brandt criticaba la nominación de Chamberlain, ya que consideraba que «a Hitler y a nadie más se le debe agradecer ante todo la paz que aún prevalece en la mayor parte de Europa; y este hombre es también la esperanza de paz en el futuro.

Como Chamberlain obviamente puede reclamar su parte en el proceso de paz, posiblemente podría recibir una parte más pequeña del Premio. Pero lo más correcto es no poner otro nombre al lado del de Adolf Hitler y así ensombrecerlo».

La misiva del parlamentario sueco finalizaba con estas concluyentes palabras: «Hitler es, sin lugar a dudas, el auténtico luchador por la paz otorgado por Dios, y millones de personas en todo el mundo ponen sus esperanzas en él como Príncipe de la Paz en la Tierra».

La nominación del dictador germano generó una ola de protestas de comunistas, socialdemócratas y antifascistas liberales suecos. Se afirmó que Erik Brandt tenía problemas mentales, o que era un traidor a los valores de la clase trabajadora. Todas sus conferencias en diferentes asociaciones y clubes fueron canceladas.

Brandt, sorprendido por las reacciones violentas contra su persona, se vio obligado a dar una explicación que él había creído innecesaria. En una entrevista concedida a un diario sueco aclaró que su nominación de Hitler había sido irónica. Él consideraba que en el Pacto de Múnich las potencias occidentales habían apuñalado a Checoslovaquia por la espalda, por lo que ni Chamberlain, ni obviamente Hitler, merecían el Premio Nobel de la Paz. Y esa era su peculiar manera de denunciarlo públicamente, aun a riesgo de no ser comprendida.

Para cualquier lector atento de su carta era evidente que la propuesta era irónica, como se evidenciaba en este hilarante pasaje: «Gracias a su ardiente amor por la paz, documentado anteriormente en su famoso libro *Mein Kampf*—quizá, junto con la Biblia, la mejor y más popular obra literaria del mundo—, junto con sus logros pacíficos como la anexión de Austria, Adolf Hitler evitó el uso de la fuerza, liberando a sus compatriotas en los Sudetes y haciendo a su patria grande y poderosa. Probablemente Hitler, si los belicistas no lo molestan y lo dejan en paz, pacificará a Europa y posiblemente al mundo entero».

Sin embargo, la mayoría de los suecos, que seguramente no se habían molestado en leer la carta, seguían tomándose en serio la nominación de Hitler. Brandt optó por retirarla en una carta al Comité Noruego del Nobel el 1 de febrero, la última fecha para las nominaciones de 1939. Por tanto, Hitler estuvo nominado con todas las de la ley durante casi una semana, ya que las nominaciones del Premio Nobel de la Paz pueden ser realizadas por un grupo selecto de personas autorizadas por la Fundación Nobel, entre las que se encuentran los miembros de parlamentos nacionales, como era el caso de Brandt.

Pese a la retirada, Brandt nunca lograría sacudirse el sambenito de haber propuesto a Hitler al galardón. En el otoño de 1939, ya iniciada la guerra, escribió una carta a un diario en la que seguía ofreciendo explicaciones: «Sugerir un Premio de la Paz para Hitler, mediante el uso de la ironía, era clavarlo en el muro de la vergüenza como enemigo número uno de la paz en el mundo».

El parlamentario sueco se encargaría también por la vía de los hechos de demostrar que su controvertida acción debía interpretarse en sentido contrario. En abril de 1939 reprendió a su propio partido por negarse a recibir más refugiados judíos de Alemania y, durante la Segunda Guerra Mundial, Brandt sería uno de los primeros en reclamar una investigación sobre los rumores que apuntaban a la existencia de los campos de exterminio.

No obstante, esa no era la primera vez que alguien defendía que le otorgasen a Hitler el galardón. El 6 de mayo de 1934, la célebre escritora norteamericana de novelas, poesía y teatro Gertrude Stein, en una entrevista en el diario *New York Times*, afirmó: «Yo digo que Hitler debería tener el Premio Nobel de la Paz, porque está eliminando todos los elementos de contienda y lucha de Alemania. Al expulsar a los judíos y a los elementos democráticos y de izquierda, está expulsando todo lo que conduce a la actividad. Eso significa paz».

Aunque esa afirmación resultaba claramente irónica, más teniendo en cuenta que ella era de ascendencia judía, la realidad es que Stein no se enfrentaría abiertamente al nazismo. La escritora simpatizó con el régimen colaboracionista de Vichy, idealizó al mariscal Pétain comparándolo con George Washington y, gracias a sus contactos en ese gobierno, evitó que los nazis confiscaran la colección de arte que tenía en un apartamento de París.

Menos dudas presenta la afirmación que realizó el psicoanalista Sigmund Freud para poder emigrar de Austria, tras la anexión. La Gestapo le dejaría marcharse del país con la condición de que firmase un documento en el que él declaraba que el régimen nazi lo había tratado «con todo el respeto y consideración debido a mi reputación científica, y que podía vivir y trabajar en plena libertad». Freud añadiría en el documento la frase: «Recomiendo de todo corazón la Gestapo a cualquiera».

HITLER NO QUERÍA IR AL CIELO

La actitud mostrada por Hitler hacia la Iglesia podemos calificarla de ambivalente. Siempre se había mostrado receloso del papel que esta jugaba pero, pese a haberse convertido en dictador absoluto, no tenía intención de lanzar una cruzada contra ella. De hecho, en abril de 1938 todos los responsables de prensa recibieron una circular del ministerio de Propaganda en la que se les recordaba que «la prohibición para polemizar contra el cristianismo y contra la Iglesia sigue vigente». Cuando en 1939 surgió una controversia debida al deseo de las iglesias de celebrar que el Führer cumplía cincuenta años haciendo repicar las campanas, Hitler respetó su autonomía: «Nadie impedirá que las iglesias quieran celebrar el acontecimiento. Pero tampoco se les obligará a ello».

Hitler prefería no entrar en polémica con la Iglesia por cálculo político. Según dejó escrito su secretaria Christa Schroeder en una carta personal el 21 de abril de 1939, «el Führer sabe muy bien que el problema de la Iglesia es muy delicado, y que si estalla la guerra pude volverse contra él en casa. Tengo la impresión de que él se alegraría mucho si encontrara una forma respetable de solucionarlo».

Dos años antes, en un discurso ante miembros del partido, Hitler dispuso que había que mantenerse al margen de las actuaciones de las distintas confesiones, pero también marcó los límites: «Quiero dejar algo muy claro. Las iglesias pueden decidir lo que les ocurrirá a los alemanes en la otra vida, pero es el pueblo alemán y su Führer los que deciden en esta. Nuestra nación no fue creada por Dios para que el clero la rompa en pedazos», afirmó con rotundidad. En 1941, en una conversación privada, seguiría insistiendo en esa idea: «El partido no debe aspirar nunca a sustituir a la religión. No se debe luchar contra la religión sino que hay que dejar que se muera por su propia cuenta». Hitler estaba convencido de que, en efecto, no era necesario mantener una posición beligerante contra la religión porque el paso del tiempo llevaría a su desaparición; había que dejar que las iglesias «se pudrieran como un brazo gangrenado, hasta que en los púlpitos solo queden inocentones y en los bancos solo señoras viejas». «La juventud más sana estará con nosotros», predijo con confianza.

Así pues, Hitler quería evitar someter a las distintas confesiones a una presión que las pudiera poner en contra del régimen. Por ejemplo, en una ocasión, Bormann ordenó la clausura de un convento en el que vivía una monja que era tía de Eva Braun. En cuanto esa disposición llegó a oídos de Hitler, la canceló. Después comentaría a su edecán, Julius Schaub, que Bormann era «un poco obstinado» y que «no tiene la menor idea del daño que pueden producir esas medidas».

A pesar de esa interesada postura conciliadora del dictador, en realidad sentía una profunda aversión por el clero, tal como lo dejaba claro en sus conversaciones privadas. En esas charlas distendidas, no solo no eludía las controversias religiosas, sino que encontraba cierto disfrute en zambullirse en ellas, dando rienda suelta a su cáustico sentido del humor. Según él, sus profesores de religión «fueron incapaces de explicarnos por qué se enseñaba historia sagrada del Antiguo Testamento a las diez de la mañana, para que una hora después el profesor de ciencias nos ofreciera una versión completamente diferente». En todo caso, Hitler observaba ácidamente que «desde las enseñanzas de Charles Darwin, los profesores de religión ahora tienen el permiso para ofrecer explicaciones por las que, hace cuatrocientos años, les habrían quemado al son de himnos piadosos».

En 1939 Hitler pensaba en la Iglesia como en una sociedad vasta e impersonal que sobrevivía siguiendo unos métodos sin escrúpulos y que conseguía unas subvenciones colosales del Estado, aunque en su fuero interno es posible que admirase su capacidad de perdurar a lo largo de veinte siglos. Pero Hitler ridiculizaba en privado su astuta amalgama de hipocresía y gran negocio, y criticaba sus actuaciones a lo largo de la historia. Así, en 1942 comentaría: «El mandamiento de 'no matarás' nosotros lo imponemos ejecutando al asesino sin más. Pero la Iglesia, siempre que ha tenido en sus manos las riendas del poder, lo ha matado con horribles torturas, descuartizándole o haciendo cosas por el estilo».

El dictador no comprendía los designios divinos y estaba dispuesto a enmendarle la plana al Creador, tal como señaló en una ocasión: «Dios hizo al hombre, y el hombre nació para el pecado. El hombre recibió de Dios la libertad para hacerlo. Durante medio millón de años, Dios se queda mirando mientras los hombres se arrancan los ojos los unos a los otros, y solo entonces se le pasa por la cabeza enviar a su único Hijo. ¡Pues sí que se hizo esperar! Todo esto parece de una torpeza colosal».

Entonces surge la pregunta inevitable: ¿Hitler creía en Dios? Él creía firmemente en algo a lo que normalmente se refería como Providencia, a la que atribuía la misma capacidad mística de explicar lo inexplicable igual que los cristianos hacen con Dios. Según él, sería esa Providencia la que le salvaría la vida una y otra vez en los varios atentados que sufrió.

Lo que Hitler tenía claro era que no quería ir al Cielo, por lo que quizás así se entiende que no hiciera méritos para ello: «Me parece absurdo hacer del Cielo algo atractivo si la misma Iglesia nos dice que solo los bienaventurados 'pobres de espíritu' podrán entrar en él, como por ejemplo los retrasados mentales y similares. No será muy bonito que cuando entremos en él encontremos a toda esa gente que, a pesar de su beatitud, ya ha sido una bendita molestia cuando estaba viva. ¡Qué clase de atractivo es ese si ahí arriba no vamos a encontrar más que mujeres feas y mentalmente insípidas!».

UN CUMPLEAÑOS POR TODO LO ALTO

El 20 de abril de 1939, Hitler cumplió cincuenta años. Mientras que la mayoría de personas, llegado ese momento, hacen balance de lo conseguido, Hitler colocaba sobre sí mismo una presión enorme por todo lo que no había podido alcanzar. Cada año que pasaba sin lograr sus megalómanas metas suponía un año de retraso que no se podía permitir. Quizás no sea casualidad que ese mismo año, estrenado el casillero de los cincuenta, se embarcase en la guerra con la que siempre había soñado.

No obstante, pese a que sus objetivos de dominación europea y mundial parecían aún lejanos, consideraba que había que celebrar su redondo aniversario por todo lo alto. Hitler quiso que aquel día fuese tan grande que todos lo recordasen para siempre. Por de pronto, la jornada había sido declarada festivo nacional para que todos los alemanes pudieran acudir a los actos de celebración previstos.

Esos actos comenzarían la víspera, con la inauguración del imponente Eje Este-Oeste (*Ost-West Achse*), realizando un trayecto en automóvil por esa vía en compañía de su diseñador, el arquitecto Albert Speer, en una comitiva integrada por cincuenta automóviles blancos. Speer tenía previsto pronunciar un discurso, pero Hitler se lo impidió, asegurando que la monumental avenida ya hablaba por él. Unos fuegos de artificio dibujaron en el cielo la imagen de una gigantesca esvástica. Seguidamente se celebró uno de los habituales desfiles de antorchas a los que tan aficionados eran los nazis, con delegados venidos de toda Alemania, al que asistió Hitler desde el balcón de su residencia oficial en la Vieja Cancillería.

Después, a medianoche, le fueron presentados los regalos que habían llegado para agasajarle, entre los que se contaban estatuas, cuadros —incluyendo un Tiziano—, dibujos, tapices, monedas, armas antiguas, figuras de porcelana, jarrones, alfombras, obras de artesanía, globos terráqueos, radios o relojes, entre muchos otros objetos. Hitler admiró algunos de ellos e hizo comentarios jocosos sobre otros, pero la mayoría los ignoró. Los que más le llamaron la atención fueron las maquetas de diseños de aviones o tanques regaladas por los fabricantes de material militar. Entre ellas destacaba una maqueta del avión cuatrimotor Focke-Wulf Fw200 Condor, que entraría en servicio ese año como su aparato oficial, y que le fue regalada por su piloto personal, Hans Baur.

Otro obsequio que le gustó especialmente fue una cerveza especial para él de baja graduación, teniendo que en cuenta que Hitler apenas consumía alcohol, creada por una cervecería de Múnich; esa idea fue un acierto ya que, después de que el Führer le diese su aprobación, pasaría a fabricarse para el gran público. Por su parte, Albert Speer le regaló otra maqueta, la del gigantesco arco de triunfo que estaba previsto construir en Berlín, en el que debían esculpirse los nombres de todos los soldados germanos fallecidos en la Primera Guerra Mundial.

Pero el regalo más espectacular sería el de Martin Bormann, que había hecho construir en un risco cercano al Berghof el *Kehlsteinhaus*, más conocido como Nido del Águila, con un coste final de treinta millones de marcos, aunque Hitler, al que no le gustaban las alturas, acudiría allí en contadas ocasiones, y por no más de treinta minutos. Al parecer, Bormann tomó al pie de la letra un comentario casual de su jefe; cuando comenzó su construcción, a Hitler ya le supo mal decirle que no tenía ningún interés en él, por lo que el malentendido llegó hasta el final. De todos modos, ese regalo no fue ninguna sorpresa, ya que Hitler lo había visitado seis meses antes. Para completar los parabienes, se publicaría una versión de lujo de *Mein Kampf* llamada «Edición Aniversario», así como un libro de fotografías, se filmaría una película de propaganda y se compondría un himno inspirado en tan relevante fecha.

La jornada festiva del 20 de abril comenzó con una banda de música de las SS despertándole a la ocho de la mañana, tocando una serenata al pie de la ventana de su apartamento en la Vieja Cancillería. En cuanto salió de sus aposentos, los hijos de los doctores y ayudantes se acercaron tímidamente hasta él para felicitarle, entregándole ramilletes de flores y recitándole algunos poemas escritos para la ocasión.

Antes de dar comienzo al desfile militar que se celebraría en su honor, Hitler recibió brevemente a varios generales en su despacho de la Nueva Cancillería, de cuatrocientos metros cuadrados, esperándolos de espaldas en su enorme escritorio. La atmósfera festiva se oscureció cuando Hitler reconoció ante ellos que Alemania se dirigía inevitablemente a la guerra, no necesariamente en 1939, pero pronto. Luego sería homenajeado por mil seiscientos cargos del Partido en el enorme salón de mosaico y mármol rojo con que contaba el flamante edificio. Después mantuvo un encuentro con los portadores de la Orden de la Sangre, los veteranos del golpe de 1923.

Unidades procedentes de toda Alemania se habían concentrado en Berlín para participar en el desfile. En total, seis divisiones del Ejército, que sumaban más de cuarenta mil hombres con seiscientos carros de combate, desfilarían ante el Führer por el recién inaugurado Eje Este-Oeste. Además, un impresionante enjambre de 162 aviones de la Luftwaffe surcaría el cielo berlinés. Hubo más de veinte mil invitados oficiales, que siguieron el desfile desde unas gradas montadas para la ocasión cerca de la Puerta de Brandenburgo, además de los varios cientos de miles de espectadores que la presenciaron a lo largo de la avenida, engalanada con banderas rojas con la esvástica y águilas doradas.

Desfile del 50° aniversario de Hitler, el 20 de abril de 1939,
en el que participaron 40.000 soldados y 600 tanques. *ÖNBA*.

La gran parada de cumpleaños pondría a prueba la resistencia física del dictador, que asistiría de pie y saludando continuamente al paso de los participantes. Las tropas, los vehículos, la artillería y los tanques marcharon durante cuatro horas en medio de un gran estruendo por delante de su tribuna de luminoso color blanco. Su secretaria Christa Schroeder escribiría al día siguiente: «El desfile de ayer fue gigantesco y parecía que no se acababa nunca... No dejo de preguntarme de dónde demonios saca las fuerzas, porque debe de ser condenadamente agotador estar de pie saludando durante cuatro horas. Estábamos rendidos solo de mirarle... por lo menos yo».

Seguramente, el espectacular desfile no tenía como única función homenajear a Hitler, sino que debía servir también de advertencia a las potencias occidentales del poderío militar de la resurgida Alemania. Asistieron representantes del cuerpo diplomático de veintitrés países, pero no hubo presencia de los embajadores de Gran Bretaña, Francia y Estados Unidos porque habían sido retirados tras la ocupación de la totalidad de Checoslovaquia un mes antes. Tampoco acudió ningún representante de Polonia. No obstante, el rey británico Jorge VI le envió un telegrama de felicitación, aunque sus asesores le habían aconsejado que no lo hiciera debido al momento de tensión entre los dos países. Curiosamente, quien no le felicitó fue el presidente norteamericano Franklin D. Roosevelt, pero en este caso fue porque tenía como norma hacerlo solo a los miembros de las familias reales reinantes.

Aunque el éxito de la celebración del cumpleaños había dejado satisfecho al círculo del dictador y a todo el personal que había participado en ella, dos de sus miembros no acabarían teniendo muy buen recuerdo de la fiesta. Al día siguiente, Hitler partiría de Berlín al Obersalzberg para encontrarse con Eva. Llegado allí, supo por boca de Bormann que, durante su viaje, Wibizek y Sander, dos leales ordenanzas de las SS, no lo habían sido tanto y habían robado algunas maquetas militares de las que le habían regalado a Hitler con ocasión de su cumpleaños, y que tanto le habían gustado. Debieron pensar que, entre tantísimos obsequios, nadie echaría en falta esas maquetas, pero se equivocaron. Hitler ordenó detener a ambos y gritó enfurecido: «¡Quiero ver en un campo de concentración a estos sinvergüenzas! ¡A la cantera! ¡Eso, que piquen piedra! ¡Y que no vuelvan a salir de ahí!»

LITERATURA BARATA

Hitler permaneció en el Obersalzberg durante todo el verano de 1939. Las horas las pasaba, como de costumbre, en compañía de Eva y los invitados habituales al Berghof, conversando, tomando té y pasteles, dando paseos y viendo películas. No obstante, alguna vez se retiraba para releer las novelas de aventuras que tanto le habían gustado en su infancia. Sus preferidas eran las del autor alemán Karl May, la mayoría ambientadas en el Lejano Oeste, con un héroe indio ficticio como protagonista llamado Winnetou, aunque también escribió otras que discurrían en el Lejano Oriente y el Oriente Medio. Esas novelas de aventuras marcarían tanto a Hitler que este aconsejaría su lectura a sus generales, para que tuvieran tanta imaginación en el campo de batalla como los héroes de esas historias.

Esta literatura barata marcaría del destino de un trabajador que estaba realizando su labor en el Berghof. Este operario estaba montando en el despacho de Hitler una gran estufa con azulejos que la artista muniquesa Sophie Stork, una amiga de Eva, había decorado con figuras ataviadas con trajes regionales bávaros y símbolos nazis. Durante su jornada de trabajo, no pudo reprimir su curiosidad por fisgonear los títulos que formaban parte de la biblioteca del Führer. Lo que más le llamó la atención fue una estantería completa dedicada a las novelas de Karl May, además de otras colecciones de literatura de evasión. Es probable que también se encontrase con *Los viajes de Gulliver*, *La cabaña del tío Tom* o *Robinson Crusoe*, ya que eran libros que Hitler citaría en alguna ocasión, así como el *Quijote*; para él, estas novelas estaban entre los mejores obras de la literatura universal.

El problema surgió cuando el indiscreto operario describió el sorprendente contenido de la biblioteca a otros obreros que trabajaban en el Berghof, haciendo así que corriese la voz. Para su desgracia, esto llegó a oídos del personal encargado de la seguridad, que comunicó el hecho inmediatamente a Hitler. Al parecer, no debió sentarle muy bien, ya que ordenó que el empleado fuera despedido y enviado al campo de concentración de Dachau.

La intempestiva reacción de Hitler no tenía mucha razón de ser, ya que se suponía que su afición por los libros de Karl May era de dominio público. En la primavera de 1933, solo unos meses después de que los nazis alcanzasen el poder, Oskar Achenbach, un periodista muniqués, había tenido oportunidad de visitar el Berghof en ausencia de Hitler y descubrió la estantería de ejemplares de May pero, en este caso, no estaba en el despacho sino que se encontraba al lado de su cama. «El dormitorio es de una simplicidad espartana», decía su crónica en el *Sonntag Morgenpost*, «cama de latón, armario, artículos de tocador, algunas sillas, esos son todos los muebles». Y después describía los libros que había en la habitación: «En una estantería hay obras sobre política y diplomacia, algunos folletos y libros sobre el cuidado de los pastores alemanes, y luego... ¡presten atención, muchachos alemanes! Luego viene una fila entera de libros de ¡Karl May! Winnetou, Old Surehand, Bad Guy y todos nuestros queridos y viejos amigos».

El que esos libros estuvieran en el Berghof resulta significativo para conocer los auténticos gustos literarios de Hitler, ya que tan solo contaba allí con unos 500 o 600 volúmenes. «Ese espacio era para los libros que de verdad le interesaban», según revelaría años después el administrador de la casa, el miembro de las SS Herbert Döhring. El propio Döhring le ayudaría a escogerlos entre su enorme biblioteca personal, que se encontraba distribuida entre su apartamento en Múnich, un almacén en la misma ciudad y la Nueva Cancillería en Berlín, en un ala especialmente diseñada para ese cometido.

En 1934, Hitler declaró que poseía 6000 libros al contratar una póliza de seguro; nunca volvió a realizar un inventario de su biblioteca. El periodista norteamericano Frederick Oechsner, corresponsal en Berlín de United Press, supuestamente tuvo acceso a su biblioteca y calculó en 1941 que tenía un total de 16.300, aunque es probable que fueran muchos más, ya que se cree que cada año recibía unos 4000 volúmenes nuevos. A tenor de unos planos encontrados en Múnich tras la guerra, Hitler tenía previsto construir una biblioteca anexa al Berghof donde alojar unos 60.000 volúmenes.

Oeschsner, al ser estadounidense, sería internado en un hotel durante seis meses cuando Alemania declaró la guerra a su país, para ser luego expulsado en un intercambio de prisioneros. En el libro que publicó a su regreso, titulado *This is the enemy*, describiría la biblioteca de Hitler destacando la presencia de unos 7000 libros de temas militares, en especial los dedicados a las campañas de

Napoleón y a los líderes prusianos. También había unos 1500 ejemplares sobre arquitectura, teatro, pintura o escultura. Otros temas presentes en las estanterías eran geografía, nutrición, salud o religión. Por último, reparó en los mismos libros en que se había fijado el desgraciado operario de la calefacción; según Oeschsner, Hitler poseía «entre 800 y 1000 libros de ficción popular, muchos de ellos pura basura, en lenguaje llano».

¿Qué sucedería con la biblioteca de Hitler en el Berghof? En los últimos días de la guerra, los ejemplares que sobrevivieron a los bombardeos serían saqueados en olas sucesivas. En primer lugar acudieron los lugareños, y después los soldados norteamericanos y franceses. La nota más curiosa es que a ese pillaje se sumaría una delegación de senadores estadounidenses; existe una filmación en la que se ve a tres de ellos emergiendo de las ruinas del Berghof llevándose varios ejemplares[19].

---

19 De los libros que completaban su biblioteca personal, 3000 de ellos serían descubiertos en una mina de sal cerca de Berchtesgaden, metidos en cajas de aguardiente, por soldados estadounidenses de la 101ª División Aerotransportada. Después de una larga evaluación inicial en un punto de recolección militar en Múnich, los libros fueron enviados a Estados Unidos y transferidos en enero de 1952 a la Biblioteca del Congreso. Allí se desembaló la colección y un funcionario se dedicó a seleccionar los ejemplares de los que no podía haber dudas de que habían pertenecido a Hitler, ya fuera por su ex libris o alguna inscripción. Los ejemplares duplicados se enviaron a otras bibliotecas, y los que no podían ser autentificados fueron absorbidos por la colección general de la Biblioteca del Congreso. Los 1200 volúmenes que superaron esa criba se reunieron en una colección especial, que compartiría espacio con las bibliotecas personales de los presidentes Thomas Jefferson, Theodore Roosevelt o Woodrow Wilson.

En cuanto a los libros que estaban en la Cancillería, y que posiblemente constituían el grueso de su biblioteca personal, lo más probable es que se destruyesen o perdiesen durante la batalla de Berlín. Sin embargo, según un investigador de la comisión asesora presidencial sobre los bienes del Holocausto, Konstantin Akinsha, los soviéticos se llevaron de Berlín una gran cantidad de libros, incluyendo los que habían pertenecido a Hitler, y los depositaron en una iglesia abandonada en Uzkoe, un suburbio de Moscú. Así, decenas de miles de libros permanecerían allí apilados desde el suelo hasta el techo, sin ser inventariados ni registrados. Al parecer, en 1995 se decidió sacar los libros de la iglesia y destruir todo rastro de que allí había habido un depósito secreto. Los ejemplares fueron distribuidos de forma anónima por bibliotecas y archivos de toda Rusia.

LA «SEÑORITA COCODRILO»

Hitler no permitía a Eva Braun asistir a las aparatosas recepciones que tenían lugar en la Cancillería o los fastuosos bailes de la temporada. Él le decía: «Tú no estás hecha para esta vida mundana. Debo proteger tu pureza. Berlín es una ciudad corrompida. Eres como una flor, y el mundo exterior es un estercolero». Pero esas palabras no servían de consuelo a Eva, que aceptaba su situación a regañadientes.

En compensación, ella se desquitaba visitando los mejores comercios de Berlín, comprando todo lo más caro y exigiendo una entrega inmediata. Una mañana, vestida sencillamente como una mecanógrafa que aprovecha para hacer algunas compras durante la pausa de la comida, Eva se presentó en la casa Lederer, un comercio muy conocido en toda Europa, especializado en artículos de cuero. Pidió que le enseñaran algunos bolsos, y la vendedora le sacó unos cuantos modelos baratos. Eva los apartó desdeñosamente, y señaló un espléndido juego que había en el escaparate compuesto de bolso, paraguas, neceser y otros accesorios.

—Señorita, eso es de cocodrilo legítimo de Madagascar —dijo la empleada—. Es un juego irremplazable a causa de la escasez de divisas y cuesta un ojo de la cara. En realidad, está en el escaparate como adorno, ya que nadie puede pagar lo que vale.

Eva le contestó, con tono helado:

—No le he preguntado el precio. Quiero ese juego inmediatamente.

Como la vendedora vacilase perpleja, Eva agregó:

—Diga al gerente que venga.

Por fin, y con aire de duquesa, Eva ordenó:

—Que me envíen todo, este mismo mediodía, a la Cancillería del Reich, y que manden la factura a la secretaria particular del Führer.

Gerente y vendedora pensaron que estaban lidiando con una chiflada, hasta que vieron a Eva salir del comercio y subirse al referido Mercedes descapotable que tenía siempre a su disposición, conducido por un chófer rubio de elevada estatura, con el uniforme negro de las SS.

El mismo gerente acudiría personalmente a entregar el paquete a la Cancillería, agregando un magnífico ramo de flores que pagó de su bolsillo. Eva contó llena de satisfacción lo ocurrido, y durante algún tiempo, al referirse a ella, todos la llamaban «señorita Cocodrilo».

Como hemos visto, tras el segundo intento de suicido de Eva Braun, Hitler se mostraría como un amante más atento. Pero la relación entre ambos debía seguir permaneciendo en secreto; eso suponía para Eva ser víctima de una exclusión humillante cuando personajes más o menos importantes visitaban el Berghof. Así, en 1937, fue difícil consolarla cuando tuvo que confinarse en su cuarto durante la visita del duque de Windsor y Wallis Simpson, la divorciada norteamericana por cuyo amor había decidido abdicar, una historia que la había conmovido. Según la familia, Eva esperaba la ocasión para hacer comprender a Hitler que él podría casarse con la persona que amaba sin preocuparse de las malas lenguas, aunque en su caso no tendría que abdicar de su poder, como había hecho el duque.

Teniendo en cuenta esa importante limitación, por lo demás la relación entre ambos se mantendría por cauces similares a los de cualquier matrimonio. La existencia de relaciones sexuales en la

Adolf y Eva posan con sus mascotas en la terraza del Berghof, el 14 de junio de 1942. La naturaleza exacta de su relación está sujeta a controversia. *National Archives.*

pareja es puesta en duda, pero no parece que haya motivos para ello. Es cierto que ninguno de los dos lo afirmó explícitamente, aunque Eva estuviese cerca de hacerlo cuando escribió en un momento de rabia que «él solo tiene necesidad de mí para ciertas cosas», o Hitler lo dio a entender en una conversación con su asistente Fritz Wiedemann hablando de la «amiguita» que tenía en Múnich.

Otro detalle en ese mismo sentido se daría cerca del final de la guerra, cuando Eva le pidió al doctor Morell que le administrara a Hitler comprimidos para estimular el deseo masculino, lo que no tendría sentido en una relación platónica. Por su parte, Albert Speer explicaría que Hitler le dijo en dos ocasiones, en 1939 y en 1943, que Eva debía encontrar otro hombre, invocando una disminución futura de su ardor físico.

Pero, como suele suceder siempre en lo que rodea a Hitler, no todo está tan claro. Curiosamente, entre los empleados del Berghof, las opiniones estaban divididas. Por un lado, la criada personal de Eva, Margarete Mitlstrasser, estaba convencida de que la pareja tenía relaciones íntimas. Ella había sido también criada de alcoba en la residencia personal de Eva, así que la conocía bastante bien. Por ejemplo, en las ocasiones en las que Eva iba a pasar unos días con Hitler pero iba a tener la menstruación, Margarete se encargaba de comprar un medicamento para que la detuviese.

En cambio, un matrimonio que también trabajaba en la casa, el citado administrador y miembro de las SS Herbert Döhring y la cocinera Anna Krautenbacher, albergaba sus dudas al respecto. Döring había conocido a Anna en el Berghof y se habían casado en 1936. Según explicaría él en 2001, con su esposa ya fallecida, nunca pudieron observar indicios de esa supuesta vida sexual. Herbert se refería a que ni ellos ni los otros criados encontraron nunca en la ropa de cama una de esas evidencias. Él reconoció que su mujer era muy curiosa y que, en una estampa bastante sórdida, inspeccionaba con detenimiento las sábanas del Führer en busca de esa «pistola humeante», sin hallar la ansiada prueba que la sacase de dudas.

Cabe la posibilidad de que Hitler, sospechando con razón que el personal del Berghof podía sentir curiosidad por conocer esas intimidades, dispusiese de un circuito propio para hacer desaparecer el género de vestigios que atraían al matrimonio de fisgones. Tal vez los asistentes que llevaban más tiempo a su servicio eran los encargados de hacer ese trabajo con discreción, o quizás era Eva la que contaba para ello con su criada de confianza.

Otra trabajadora del Berghof entre 1940 y 1941, Anna Plaim, responsable de las habitaciones de Hitler y de Eva, estaba también en el bando de los escépticos; años después, explicó al historiador Thomas Lundmark, en dos ocasiones distintas, que lo más probable es que la relación entre ambos no llegase al plano físico.

Existen otros testimonios que apuntan a que la relación entre ellos no era de naturaleza sexual. El *Obersturmbannführer* de las SS Eugen Dollmann estaba destinado en la embajada alemana en Roma, ya que de joven había estudiado en Italia. Cuando Eva viajaba a este país para ir de compras con su madre en el avión personal de Hitler, Dollmann la solía acompañar para hacer de traductor. Acabaron teniendo cierta confianza, la suficiente para que ella le asegurase categóricamente que con Hitler solo había una buena amistad. Igualmente, la peluquera de Eva, Mela Schellmoser, afirmaría a la secretaria Christa Schroeder que ella misma le había confesado que no mantenía relaciones sexuales con Hitler. Lo mismo le dijo Neli Scholten, la viuda del ginecólogo de Eva, quien la sometió a una operación para tratar de corregir el síndrome de Rokitansky que padecía, una malformación congénita por la que hay ausencia de vagina o esta es muy pequeña, sin que sepamos el grado de éxito de la intervención. Como vemos, se abre entonces otra posibilidad; que no existieran relaciones sexuales sencillamente porque estas no eran factibles debido a esa malformación.

Sea como fuere, lo cierto es que Eva fue lo suficientemente hábil para atraer a Hitler a algo bastante parecido al matrimonio, hubiera o no relaciones sexuales. Aunque no destacaba por su inteligencia, como otras mujeres que trataron de seducir a Hitler, supo intuir el tipo de mujer que él quería a su lado, y aceptó gustosa ese papel. Sabía que debía mantenerse al margen de las frecuentes intrigas que se daban en su círculo, y que nadie tratase de aprovecharse de su proximidad al Führer. Cuando le contaban un trágico caso para obtener su intercesión, ella decía que no quería saber nada del asunto, incluso cuando el marido de su hermana Gretl fue condenado a muerte. A su hermana Ilse, después de que hiciera unos comentarios inadecuados, le dijo que no haría nada por ella si la mandaban a un campo de concentración. Tampoco opinaba nunca de política; lo más cerca que estuvo de hacerlo fue en enero de 1943, cuando tomó la palabra indignada al enterarse de la intención de prohibir las permanentes y la suspensión de la fabricación de cosméticos.

De este modo, Eva consiguió ganarse el corazón y la mente del dictador y ser parte integrante de su vida, como lo expresa el testamento que Hitler escribió de su puño y letra en 1938, en el que la nombraba primera beneficiaria, por encima de su propia familia.

Dueño de Europa

Hitler había logrado apoderarse de Austria y Checoslovaquia sin efectuar ni un disparo, ante la incapacidad de las potencias occidentales de hacer frente a sus ansias expansionistas. Creyendo que tampoco reaccionarían si atacaba Polonia, emprendió su conquista el 1 de septiembre de 1939. Pero británicos y franceses, esta vez sí, decidieron plantarle cara. La Segunda Guerra Mundial había comenzado.

Los primeros años de la contienda serían testigos de los avasalladores éxitos de la maquinaria de guerra germana. Hitler lograría adueñarse de la Europa continental, tocando así el zenit de su poder. Pero los primeros reveses militares a manos de los soviéticos y los Aliados occidentales serían el prólogo de la catástrofe que estaba por llegar.

LA INGLESA QUE SE SENTÓ JUNTO AL SOL

El domingo 3 de septiembre de 1939 se derrumbó cualquier posibilidad de la alianza angloalemana con la que Hitler soñaba. La esperanza de Hitler era convencer a Inglaterra de que se uniera a él como socio en su cruzada contra el comunismo. Para lograrlo debía persuadir a los ingleses de que los alemanes había renunciado al comercio mundial y a sus ambiciones navales internacionales. Alemania, en resumen, controlaría el continente europeo y sería un baluarte contra el comunismo, mientras Inglaterra ejercía su dominio sobre los mares.

Pero ese domingo, a las nueve de la mañana, el embajador británico en Berlín, Neville Henderson, entregó en el ministerio de Asuntos Exteriores alemán la declaración de guerra de su gobierno, que ponía fin a ese sueño. Luego llevaron esa nota a la Cancillería;

Hitler estaba en su enorme despacho junto a otros jerarcas del Reich, expectante. Cuando un traductor leyó en voz alta la nota, Hitler se quedó petrificado. Permaneció silencioso, inmóvil. Al cabo de un rato, preguntó con feroz expresión en los ojos a su ministro de Exteriores, Joachim Ribbentrop: «¿Y ahora qué?» Poco después, el embajador francés haría lo mismo que el británico.

En cuanto se dio a conocer la declaración de guerra que acababa con cualquier esperanza de entendimiento entre Alemania e Inglaterra, una dama inglesa que residía en Múnich se presentó en casa del *gauleiter* de Múnich-Alta Baviera, Adolf Wagner, y le entregó un sobre lacrado, destinado a Adolf Hitler, que debía entregárselo urgente, y se marchó. Wagner llamó entonces al cuartel general para hablar con el Führer, que en ese momento seguía las operaciones en Polonia desde su tren blindado especial. Hitler dio permiso a Wagner para que abriese el sobre y le revelase su contenido.

El *gauleiter* rompió el sello de cera y se encontró mezclados, dentro de un pliego con la insignia del partido, una foto dedicada de Hitler y una carta tan inquietante como desesperada, que pasó a leerle por el teléfono: «Me siento desgarrada entre mi lealtad hacia usted, *mein* Führer, y mi deber de inglesa. Nuestras dos naciones se han arrojado al abismo y una de ellas arrastrará a la otra. Mi vida ya no cuenta...»

Comprendiendo la gravedad de la crisis personal por la que ella atravesaba, Hitler ordenó que de inmediato fueran a buscarla para tranquilizarla y evitar que pudiera tomar alguna decisión irreparable.

¿Quién era esa mujer tan importante como para que Hitler se ocupase de ella durante la dirección de las operaciones en Polonia? Su nombre completo era Unity Valkyrie Freeman-Mitford, y tal vez fuera el personaje más fascinante de los que habían integrado el círculo íntimo de Hitler en los últimos cuatro años. Su vida podría ser el argumento de una gran novela o película, pero hasta ahora sigue siendo casi una desconocida para el gran público.

Su singular nombre ya parecía predestinarla a lo que fue su corta pero intensa vida cuando nació el 8 de agosto de 1914 en Londres. Por un lado, su segundo nombre, Valkyrie, era en honor de su abuelo, amigo de Richard Wagner, el compositor por el que Hitler sentía pasión; además, había escrito introducciones a dos obras del pensador británico, nacionalizado alemán, Houston Stewart Chamberlain, que había defendido el pangermanismo y era toda una referencia en la ideología nazi. Cerrando el círculo, Stewart Chamberlain se había casado con la hija pequeña de Wagner, y había fallecido en Bayreuth, la sede de los festivales wagnerianos a los que Hitler era asiduo. Pero el guiño más caprichoso y juguetón del destino era que Unity había sido concebida en la localidad canadiense de Swastika, en donde su familia poseía minas de oro.

Por otro lado, su apellido Mitford correspondía a una de las familias aristocráticas de más rancio abolengo de Inglaterra, ya que tenía sus orígenes en los invasores normandos del siglo XI. El padre de Unity era segundo barón de Redesdale, además de primo de la esposa de Churchill, y su madre era hija de un diputado. Habían tenido seis hijas y un hijo, y Unity sería la quinta en nacer. El hecho de formar parte de una familia numerosa seguramente marcó su infancia, ya que debió sentir la necesidad de afirmar su individualidad, y

Unity Mitford, gran admiradora de Hitler, buscaría el entendimiento entre británicos y alemanes.

más aún ante sus hermanas mayores, que estaban teniendo un gran éxito social. Unity medía un metro ochenta, destacando mucho por encima de sus hermanas y seguramente sobre la mayoría de los hombres de la época, lo que también debió influir en la formación de una personalidad original, en la que primaba ir contra lo establecido. Disfrutaba de sorprender a la gente con sus peculiares mascotas: una rata y una serpiente. Podríamos decir que Unity aceptó voluntariamente convertirse en algo así como la oveja negra de la familia, y abrazar el nazismo quizás formó parte de esa estrategia.

Ella compartía habitación con su hermana menor Jessica. Unity comenzó a decorar la habitación con esvásticas y fotografías de Hitler, y su hermana, tal vez como reacción, decidió colocar banderas rojas con la hoz y el martillo y fotografías de Lenin. Eso llevó a que tuvieran que dibujar una raya de tiza en el medio de la habitación para dividirla y que cada una pudiera decorar su lado como gustase. En ese momento era solo un juego de adolescentes, como si fueran admiradoras de cantantes o grupos de música rivales, pero para Unity ese juego acabaría convirtiéndose en algo muy serio que marcaría su vida.

En 1932, un hecho permitiría encauzar esa pasión por la política. Su hermana mayor Diana dejó a su marido para tener una aventura con Oswald Mosley, que acababa de fundar la Unión Británica de Fascistas (*British Union of Fascists*, BUF). Su padre se puso hecho un basilisco por lo que consideraba una desgracia y prohibió a cualquier miembro de la familia ver a Diana y mucho menos a Mosley. Naturalmente, Unity vio la oportunidad perfecta para desobedecer y le faltó tiempo para reunirse con Mosley en una fiesta organizada por Diana; visto su entusiasmo, le obsequiaron con una insignia del partido.

Unity se convirtió en un miembro muy activo de la formación. Comenzó a usar una camisa negra, como los fascistas italianos, y solía aparecer con ella en las reuniones comunistas haciendo el saludo fascista, abucheando además al orador por si no era suficiente provocación, lo que debía provocar entre los asistentes más estupor que ira. Su padre admiraba el valor y el compromiso demostrados por su hija, pero debió pensar que eran dignos de mejor causa.

En 1933, con ocasión del congreso del Partido Nazi en Núremberg, Unity y Diana viajaron hasta allí como parte de la delegación británica de la BUF. Unity se quedó impresionada al ver a Hitler: «La primera vez que lo vi, supe que no había nadie a quien prefiriese conocer en su lugar», afirmó más tarde. El evento tendría un profundo efecto tanto en Unity como en su hermana. Aunque Unity ya admiraba a Hitler antes de acudir a Núremberg, ese sentimiento se convertiría en auténtica adoración. A partir de ese momento, estaría dispuesta a hacer cualquier cosa para estar cerca de él.

Como parte de su plan, en el verano de 1934 viajó a Múnich para aprender alemán, escogiendo una escuela de idiomas cercana a la sede del Partido Nazi. Asistía a las clases con su camisa negra y la insignia de la BUF. Estaba obsesionada con conocer a Hitler personalmente, así que comenzó a estudiar sus movimientos. Cuando Hitler se encontraba en Múnich, acostumbraba a acudir a a determinados cafés y restaurantes, por lo que no era complicado coincidir con él. Hitler solía comer en la Osteria Bavaria, así que ella adquirió esa misma costumbre para tratar de forzar un encuentro casual.

Su alta estatura, su expresión distante y un tanto enigmática, sus ojos azules y su porte aristocrático no debían pasar desapercibidos, y tal vez despertó la curiosidad de Hitler, pero no sería hasta diez meses después que él finalmente la invitó a su mesa, donde hablaron más de media hora. Durante la conversación la alertó del peligro que suponían los judíos y el bolchevismo. En una carta a su padre, Unity escribió: «Ha sido el día más maravilloso y hermoso de mi vida. Me siento tan feliz que no me importaría lo más mínimo morir». «Supongo que soy la chica más afortunada del mundo. Para mí es el hombre más grande de todos los tiempos» añadió. Unity comentó también que sentarse junto a Hiler era como «sentarse junto al sol».

A Hitler le sorprendieron sus curiosas conexiones familiares con su admirado Wagner, y también consideró que su físico era «un espécimen perfecto de feminidad aria». Unity recibió invitaciones a eventos del partido y actos oficiales y, de este modo, fue integrándose cada vez más en el círculo del Führer hasta convertirse en una más de su camarilla.

De hecho, tal como se apuntó en el anterior capítulo, Hitler le procuraba tantas atenciones que despertó los celos de Eva Braun, quien escribiría sobre la inglesa en su diario: «Ella es conocida como la Valquiria y es bonita, incluidas sus piernas. Yo, la amante del hombre más grande de Alemania y del mundo entero, me siento aquí esperando mientras el sol se burla de mí a través de la ventana».

Aunque en el círculo de Hitler había muchas mujeres, ninguna tenía protagonismo político y él valoraba que ni siquiera tuvieran opiniones de ese tipo. En esas mujeres, comenzando por Eva, el Führer buscaba conversaciones frívolas e intrascendentes, que le proporcionasen distracción de sus absorbentes quehaceres políticos. Pero Unity no estaba dispuesta en absoluto a ejercer ese papel. Por ejemplo, asistió a un festival de las Juventudes Hitlerianas donde pronunció un discurso virulentamente antisemita.

También envió una carta al periódico antisemita *Der Stürmer* en la que no se andaba con medias tintas. La misiva concluía con estas palabras: «Los ingleses no tienen noción del peligro judío, nuestros peores judíos conspiran entre bastidores. ¡Inglaterra para los ingleses! ¡Fuera los judíos! ¡Heil Hitler!» La posdata dejaba claro que la inglesa no era de los que tiran la piedra y esconden la mano: «Por favor, publiquen mi nombre completo, quiero que todos sepan que odio a los judíos».

Un informe de la inteligencia británica aseguraba que Unity era «más nazi que los nazis». Hitler sentiría mucho aprecio por ella.

La carta provocó indignación pública en Gran Bretaña, el efecto que quizás pretendía buscar. Unity aprovechaba cualquier ocasión para mostrarse como una ferviente partidaria del nacionalsocialismo. De hecho, en un informe de la inteligencia británica, que ya la tenía en el radar, la describía como «más nazi que los nazis». Por ejemplo, hizo el saludo hitleriano al cónsul británico en Múnich, lo que llevó a éste a solicitar que se confiscara su pasaporte. Esas actividades políticas, lejos de apartarle de Hitler, hicieron que la amistad entre ambos se hiciera cada vez más sólida; quizás él la veía como una pieza fundamental para sellar su anhelada alianza con los británicos.

Hitler recompensó el firme compromiso político de Unity con la Placa Dorada del Partido, un palco privado en los Juegos Olímpicos de Berlín y un viaje en Mercedes con todos los gastos pagados al festival wagneriano de Bayreuth. Su cercanía a Hitler era tal que, cuando proclamó el *Anschluss* ante la multitud congregada delante del palacio de Hofburg de Viena el 15 de marzo de 1938, ella estaba en el balcón junto a él, en la primera fila. Posteriormente sería arrestada en Praga por distribuir propaganda nazi. Ese año, Hitler le dio a elegir entre cuatro apartamentos en Múnich, de los que sus propietarios judíos habían sido desposeídos.

La tensión creciente entre Alemania y Gran Bretaña a consecuencia de la crisis de Checoslovaquia hizo que Unity temiese un enfrentamiento bélico entre las dos naciones. Conociendo bien a sus compatriotas, sabía que estos llevarían ese duelo con determinación hasta el final. Aunque, como se ha apuntado, no estaba bien visto que las mujeres hablasen de política en las largas estancias en el Berghof, Unity constituía la excepción. Rogaba a Hitler que llegara a un acuerdo con los ingleses, llegando incluso a proporcionarle listas de posibles compatriotas partidarios y enemigos.

En el festival de Bayreuth de 1939, Hitler advirtió a Unity y a su hermana Diana que la guerra con Gran Bretaña era inevitable en unas semanas y que debían regresar a casa. Diana volvió a su país natal, mientras que Unity decidió permanecer en Alemania, aunque su familia le suplicó que también regresara. Así, cuando el 3 de septiembre de 1939 se rompió la paz entre ambas naciones, el corazón de Unity se desgarró también.

Esa mañana acudió al *gauleiter* Wagner y le preguntó si, pese a su amistad con el Führer, sería detenida como enemiga extranjera, y le hizo entrega de la referida carta. Después de haberse marchado, Wagner quedó preocupado por el estado de nervios en el que se hallaba, pero no sería hasta recibir la orden de Hitler de hacerle un seguimiento cuando envió a dos hombres en su búsqueda, pero fue en vano. Al día siguiente, la policía fue informada por la clínica de la Nussbaumstrasse que una desconocida había sido conducida allí, la víspera, en una ambulancia. La habían encontrado sin sentido en un banco del Jardín Inglés, con un revólver a sus pies.

La mujer había tratado de suicidarse con dos disparos de su arma. Una de las balas había sido ya extraída, pero la otra, mal situada, había afectado a todo el sistema nervioso. Se consideraba que su estado general era desesperado. La policía la identificó: era Unity Freeman-Mitford. La pistola, con mango de nácar, se la había regalado Hitler precisamente para protegerse.

La terrible noticia no sorprendería a su hermana, que afirmaría a un entrevistador en 1999: «Me dijo que si estallaba una guerra, que por supuesto todos esperábamos que no sucediera, ella se suicidaría porque no podría soportar seguir viviendo, mientras los dos países que ella amaba se destrozaban mutuamente».

Hitler ordenó que Unity fuese asistida por los mejores médicos, a cuenta del Estado, y que se avisase a sus padres por medio de la embajada alemana en Berna. Las órdenes fueron cumplidas; una cuenta del Bayerische Gemeindebank, a nombre de Unity, iría recibiendo sucesivos pagos de Hitler para hacer frente a las abultadas facturas médicas.

El domingo 10 de septiembre, de regreso en Múnich para pasar un breve fin de semana, Hitler fue a visitar a Unity, que disponía de una habitación privada con una enfermera presente todo el tiempo. Encargó a Eva que le enviase flores y todo aquello que pudiera serle útil, y a su médico de confianza, Theodor Morell, que estuviese pendiente de los doctores que la atendían. Hitler telefoneó varias veces a la clínica para que le informasen de su estado.

En diciembre de 1939, Unity fue trasladada a un hospital de Berna, en la neutral Suiza. Su madre y su hermana menor Deborah acudieron allí a recogerla. En una carta de 2002 a *The Guardian*, Deborah explicaba la terrible impresión que recibió al verla: «No estábamos preparados para lo que encontramos; ella yacía en la cama muy enferma. Había perdido trece kilos, tenía los ojos enormes y el pelo enmarañado, intacto desde que la bala atravesó su cráneo. La bala todavía estaba en su cabeza, pero el médico nos dijo que era inoperable. No podía caminar, hablaba con dificultad y su personalidad había cambiado, como alguien que ha sufrido un derrame cerebral. Su apariencia era impactante, era como una extraña, alguien que no conocíamos».

En enero de 1940, Unity inició el retorno a casa, con su madre y hermana. Después de un trayecto en tren hasta Calais, en el que cada sacudida del tren le provocaba un dolor insoportable, tomaron un barco para atravesar el canal de la Mancha. La prensa mostró un gran interés en su vuelta; los reporteros se arremolinaron en torno a ella a su llegada al puerto de Folkestone. En los noticiarios que se conservan se la puede ver siendo transportada en una camilla, con expresión de perplejidad mientras trata de taparse el rostro con la manta que la cubría. Más tarde, ella afirmó: «Me alegro de estar de nuevo en Inglaterra, incluso si no estoy de tu lado». Hubo llamamientos públicos para que fuese internada por traición, pero gracias a los contactos de su padre en el gobierno se le permitió finalmente vivir en la casa familiar. Quien sí sería enviada a la cárcel fue su hermana Diana, debido a su estrecha relación con el lider fascista Mosley.

Bajo el cuidado de un destacado neurocirujano, Unity tuvo que aprender a caminar de nuevo, pero nunca se recuperaría del todo. Su personalidad, en efecto, había cambiado. Según los testigos, su comportamiento era el propio de una niña de unos diez años; solía hablar incesantemente, tenía problemas de concentración, se mostraba muy glotona, lo que le llevaría a ganar mucho peso, y sus modales en la mesa eran descuidados. No obstante, su admiración por Hitler parecía intacta, ya que a una amiga de la familia le dijo que deseaba tener hijos y que al primero le llamaría Adolf.

En el entorno de Hitler no se volvió nunca más a hablar de ella; nadie quería recordar aquel dramático incidente. Tan solo en una ocasión, en agosto de 1942, Hitler se referiría a Unity: «Churchill y sus amigos decidieron la guerra en nuestra contra algunos años antes de 1939. Recibí esa información de lady Mitford; ella y sus hermanas estaban al tanto, gracias a sus relaciones con personas influyentes».

El servicio secreto británico mantenía a Unity bajo vigilancia. Eso les llevó en septiembre de 1941 a averiguar que su convalecencia no había sido obstáculo para que tuviera una aventura amorosa con un oficial piloto de la RAF que estaba casado y con hijos. También, increíblemente, advirtieron que la inquieta Unity, pese a sus limitaciones físicas, era capaz de conducir un automóvil, con el que recorría los campos para recoger aviadores derribados. En cuanto al oficial que había caído rendido a sus encantos, fue enviado al extremo norte de Escocia. De todos modos, la inteligencia británica concluyó que ella no suponía una amenaza para la seguridad nacional. En marzo de 1943, Unity pudo visitar por primera vez a su hermana en la cárcel.

En 1948, Unity enfermó gravemente durante una visita a la isla de Inch Kenneth, en las Hébridas, propiedad de su familia, y fue trasladada a un hospital. El 28 de mayo, murió de una meningitis causada por la inflamación cerebral provocada por la bala. En la inscripción de su lápida se puede leer: «No digas que la lucha es inútil»[20].

La tragedia personal de Unity demostraría que «sentarse junto al sol» entrañaba un gran riesgo. Como hemos visto, ella no fue la única mujer relacionada estrechamente con Hitler que decidiría suicidarse,

---

20 Su nombre volvería a los periódicos en diciembre de 2002, tras la publicación de unos documentos desclasificados que incluían el diario de un oficial de inteligencia británico. Según la información publicada en *The Observer* en base a esos documentos, el entonces ministro del Interior, John Anderson, intervino para evitar que Unity fuera interrogada a su regreso de Alemania; para justificar la decisión, se inventaría la herida de bala en la cabeza. La verdad es que, al volver a Inglaterra, sorprendió que Unity no mostrase ningún vendaje en la cabeza o algun signo externo de su lesión, lo que ya entonces abonó esta teoría. Un informe de los oficiales de seguridad responsables de recibirla decía que «no había señales de una herida de bala». El hecho de que mantuviese relaciones con el referido piloto de la RAF y que se la viese conduciendo un coche también plantearía dudas a la inteligencia británica sobre su invalidez.

Los rumores sensacionalistas en torno a Unity regresarían en diciembre de 2007. En un artículo en *New Statesman*, un periodista explicaba que había recibido la llamada telefónica de una mujer que aseguraba que, durante la guerra, su tía había dirigido una maternidad privada en Oxford, en la que Unity había sido ingresada al regresar a Inglaterra. Según aseguraba su tía, Unity estaba embarazada de Hitler, y allí dio a luz al vástago del Führer, que sería dado en adopción. El periodista investigó la supuesta estancia de Unity en aquella maternidad y encontró una anciana que afirmaba que, en efecto, ella había estado ingresada allí, pero con el fin de recuperarse de un ataque de nervios y no para dar a luz. De todos modos, pudo comprobar que muchos de los nacimientos que allí se produjeron durante la guerra no se registraron, por lo que esa descabellada hipótesis tampoco podría ser descartada por completo.

pasando a engrosar una lista en la que figuraban Maria Reiter, Geli Raubal y Eva Braun. Casualidad o no, otras dos mujeres que tenían en común el amor platónico por Hitler, Magda Goebbels e Inga Ley, también acabarían quitándose la vida en otras circunstancias[21], sin contar el probable suicidio de Renate Müller. Todas ellas se vieron girando alrededor de un sol que acabaría por abrasarlas.

UN MILLÓN DE DÓLARES POR HITLER

El 29 de abril de 1940 se publicó en el *New York Times* un anuncio breve, rodeado de noticias sobre la subida de las tarifas del metro, reivindicaciones laborales o los riesgos de las hipotecas. No obstante, ese anuncio llamaba la atención de inmediato a cualquier lector, ya que estaba encabezado por un llamativo título: «Recompensa por la captura de Hitler».

El texto del sorprendente anuncio decía: «Ofrezco un millón de dólares a cualquiera que entregue a Adolf Hitler vivo, ileso y sin heridas, bajo la custodia de la Sociedad de Naciones para ser juzgado ante un alto tribunal de justicia por sus crímenes contra la paz y la dignidad del mundo».

El autor de la carta era Samuel Harden Church. Este industrial de Pittsburgh de 82 años era miembro de Instituto Carnegie, una

21 La esposa de Joseph Goebbels confesó a la cineasta Leni Riefenstahl durante una excursión en automóvil: «También amo a mi esposo, pero mi amor por Hitler es más fuerte, por él estaría dispuesta a dejar este mundo... Solo cuando estuve segura de que Hitler, aparte de a Geli, cuya muerte jamás podrá superar, no podrá amar a ninguna otra mujer salvo, como él dice siempre, a Alemania, acepté casarme con Goebbels, para poder estar cerca del Führer». Magda Goebbels se suicidaría junto a su marido el 1 de mayo de 1945, después de haber envenenado a los seis hijos que tenían en común, cuyos nombres comenzaban por H en honor a Hitler.

Por su parte, Inga Ley era una mezzo-soprano que impresionó a Hitler por su belleza y elegancia. Se convirtió en la «mujer trofeo» del líder sindical nazi Robert Ley, 26 años mayor que ella, que además de ser alcohólico, tenía amantes y la maltrataba violentamente. En los momentos de crisis, ella acudía siempre a Hitler, por quien sentía una gran admiración, un sentimiento que era mutuo. Dependiente de la morfina para calmar los dolores de una enfermedad y de un accidente posterior, acabó suicidándose con un revólver el 29 de diciembre de 1942. Hitler describió la muerte de «una mujer tan hermosa» como «increíble, espantosa y terrible».

fundación filantrópica centrada en la promoción de la educación y la paz, y estaba encargado de dirigir su museo y su biblioteca.

En ese momento Estados Unidos todavía no estaba en guerra con Alemania, pero el autócrata germano ya había demostrado ser un peligro para la paz en Europa. Además de invadir Polonia en septiembre de 1939, hacía solo veinte días que su ejército había atacado Noruega y Dinamarca. Era lógica la preocupación de Church por la deriva que podían tener los acontecimientos en caso de que nadie lograse parar los pies a Hitler. Así pues, pensó que había que atacar el mal de raíz, capturando al dictador y entregándolo a la justicia internacional para que fuera juzgado. En este caso no era válido el tópico del «vivo o muerto». La recompensa, un millón de dólares constituyó, hasta ese momento, la recompensa más alta ofrecida nunca por un criminal.

La preocupación de Church por la política agresiva de Alemania se remontaba a 1919, cuando había afirmado que ese país era «un asesino de la civilización». En 1940 volvía a pensar lo mismo, aunque personalizado en su líder; Church había leído *Mein Kampf*, por lo que conocía de primera mano sus ideas y objetivos.

El anuncio de la recompensa despertó tanta atención que el propio *New York Times* decidió publicar una entrevista a Church el 1 de mayo. En ella, el industrial afirmaba: «Creo en el fondo de mi corazón que el señor Hitler es el enemigo común de la humanidad y, en consecuencia, debe ser llevado ante la justicia. Tiene en su mente el mismo instinto criminal que ha guiado a los destructores de civilizaciones de otros tiempos».

Lo más sorprendente de la entrevista es que, en ella, Samuel H. Church aclaraba que la recompensa millonaria sólo era válida para el mes de mayo, lo que minimizaba bastante el riesgo de que tuviera que entregar a alguien ese millón de dólares. Su justificación era que quería alentar una acción rápida contra Hitler, ya que decía haber recibido información confidencial que anunciaba un ataque inminente contra Europa occidental. No sabemos si eso era cierto, pero la realidad es que Hitler lanzaría ese ataque contra Bélgica, Países Bajos, Francia y Luxemburgo tan sólo nueve días después de publicarse la entrevista.

El 1 de junio llegó sin que nadie acudiese ante la Sociedad de Naciones con Hitler en su poder, por lo que Church se libró de entregar esa fortuna, pero los hechos habían demostrado su clarividencia al percibir claramente los riesgos que corría Europa y el mundo mientras Hitler dirigiese los destinos de Alemania. Además, con su idea de responsabilizar a un líder mundial por crímenes contra la paz ante un tribunal de justicia se adelantó a su tiempo. Church fallecería en 1943.

UN MISTERIOSO PAQUETE SEMANAL

Rochus Misch había participado con su unidad de las SS en la invasión de Polonia. Resultó gravemente herido en un brazo y recibió un disparo en un pulmón. Cuando se recuperó, y por recomendación del comandante de su compañía, fue asignado al

Rochus Misch fue miembro de la escolta del Führer entre 1940 y 1945.
Sería el último soldado en abandonar el búnker de Hitler.

Führerbegleitkommando (FBK), una unidad a la que se encargó la protección personal de Hitler. Sus vivencias como escolta del Führer las dejaría por escrito en las memorias que publicaría en 2006.

Al principio, Misch trabajaba en la recepción de la Cancillería, lo que suponía para él una fuente inagotable de información. Con el tiempo, él y sus compañeros aprendían a fijarse en el comportamiento de los visitantes más o menos regulares y en las costumbres de los que residían en el edificio.

Como casi cada día le tocaba clasificar el correo, bien pronto le llamó la atención un paquete no más grande que una caja de zapatos, que procedía de un pequeño pueblo de Westfalia, y que iba dirigido a Adolf Hitler en persona. Cada semana, el mismo día, llegaba un paquete completamente idéntico a la Cancillería. La primera vez que lo tuvo en las manos, un compañero le dijo simplemente que tenía que llevarlo a la cocina.

Misch estaba muy intrigado con el contenido del misterioso paquete semanal, pero no se atrevía a preguntar nada porque la curiosidad estaba allí muy mal vista. Esa historia duró uno o dos meses antes de que se enterase, durante una conversación, de que el paquete en cuestión contenía una hogaza de pan, preparada personalmente por una mujer que vivía en el campo y que Hitler había conocido durante uno de sus viajes. Había probado el pan que elaboraba, y parece que desde entonces no podía pasar sin él.

Aunque parezca increíble, según afirmaría Misch, el pan de aquella señora llegó ininterrumpidamente a la mesa de Hitler hasta los últimos días del Tercer Reich.

EL COMIENZO DE UNA GRAN ADICCIÓN

El 22 de junio de 1941 comenzó la Operación Barbarroja. Hitler confiaba en derrotar a los soviéticos siguiendo los principios de la guerra relámpago, una estrategia que le había permitido derrotar a Francia en apenas seis semanas en junio de 1940 y culminar una campaña exitosa en los Balcanes en abril de 1941.

En agosto, mientras las tropas alemanas avanzaban por territorio soviético con más dificultades de las inicialmente previstas, Hitler cayó enfermo por primera vez desde hacía años. Se encontraba en su búnker de la Guarida del Lobo[22] dirigiendo la ofensiva, cuando contrajo disentería. Los síntomas eran fiebre, diarrea, escalofríos y dolor en las extremidades.

El ya citado doctor Theodor Morell, un hombre corpulento, calvo y de tez morena que usaba gafas de gruesos cristales, fue reclamado para que acudiese de inmediato al búnker de Hitler. El médico lo encontró acurrucado en la cama, pidiendo un alivio momentáneo del fuerte dolor que padecía, ya que tenía que asistir a la reunión informativa diaria y debía tomar decisiones importantes.

Morell se había convertido en el médico de confianza de Hitler en 1937, al conseguir curarle de unos recurrentes calambres en el estómago después de que sus doctores hubieran fracasado. La desesperación de Hitler había llegado al punto de prometerle «una bonita casa» si lograba librarle de esos dolores. Morell le impuso entonces una rutina diaria más saludable y controló su dieta, además de administrarle una medicina experimental llamada Mutaflor, para normalizar la flora intestinal. Hitler comenzó a encontrarse mejor y en nueve meses estuvo totalmente recuperado.

A partir de entonces, Morell permanecería cerca de él en todo momento. Su proximidad al Führer hizo que todo el círculo del dictador se pusiera también en sus manos, aunque su práctica de la medicina y la farmacopea no era muy ortodoxa. Pese al brillante estatus adquirido, su imagen resultaba repulsiva. Tenía las manos grandes y con mucho vello, y no era muy amigo de bañarse, por lo que despedía un desagradable olor. Las quejas llegaban a oídos de Hitler, pero él las despachaba diciendo: «Yo no retengo a Morell para olerle, sino para que me mantenga en forma». Aún más grave era el hecho de que esa falta de higiene la trasladaba a sus prácticas médicas, pero eso tampoco parecía preocupar a su paciente.

---

22 La *Wolfsschanze* o Guarida del Lobo era un cuartel general situado cerca de Rastenburg (la actual localidad polaca de Ketrzyn), en Prusia Oriental, y construido en 1941 para dirigir desde allí la invasión de la Unión Soviética. El lugar, situado en el interior de un bosque muy húmedo e infestado de mosquitos, era secreto, constaba de ochenta edificios —de los que cincuenta eran búnkeres— y estaba protegido por tres zonas de seguridad. Hasta allí llegaba una vía de ferrocarril y contaba en sus alrededores con un aeródromo. Hitler pasaría en ese cuartel general más de ochocientos días, el mayor tiempo que permanecería en cualquier lugar durante el transcurso de la guerra.

Hasta ese día que encontró a Hitler acurrucado en la cama, Morell solía administrarle inyecciones de glucosa y vitaminas, o extractos de corazón y de hígado, pero eso no iba a ser suficiente para sacarlo de ese terrible estado de postración. Sintiéndose presionado por la necesidad de obtener efectos inmediatos, optó por inyectarle una mezcla de vitamultina y calcio, combinada con Glyconorm, un preparado hormonal que él mismo fabricaba con órganos de animales de matadero. Pero Morell, nervioso, no acertó con la aguja, que se dobló, causando daño a Hitler. Para reducirle el dolor, le administró doce gotas de Dolantin, un opioide con efectos similares a la morfina. Como las diarreas persistían, Hitler no pudo acudir a la reunión ese día, lo que le provocó un gran enfado.

Al día siguiente, ya restablecido, sí que pudo asistir a la conferencia con sus generales. Estos eran partidarios de avanzar decididamente hacia Moscú y tomarla en una batalla definitiva para la suerte de la guerra. Pero Hitler impondría el criterio de dividir sus fuerzas para avanzar hacia Leningrado en el norte y por Ucrania en el sur, con la vista puesta en un futuro avance sobre el Cáucaso.

Hitler, con el doctor Theodor Morell detrás de él, en la terraza del Berghof en el verano de 1940. Foto tomada por Eva Braun. *National Archives.*

Morell no había tenido éxito en su misión de proporcionar un restablecimiento inmediato a su paciente, pero ese episodio supuso para él una especie de revelación; creía que estaba en sus manos, o en su estuche de jeringas, hacer algo con el fin de que Hitler no volviera a quedar incapacitado para sus trascendentales quehaceres. Así pues, decidió emplear su arsenal farmacológico para mantener al Führer en todo momento plenamente operativo. El objetivo era combatir los estados de agotamiento psicológico y físico, adelantándose en lo posible a su aparición.

Se inició así un «tratamiento» profiláctico no basado en diagnósticos precisos, sino en intuiciones y el método prueba-error. Morell comenzó a administrarle un abanico cada vez más amplio de sustancias con distintas concentraciones, ya fuera medicamentos propiamente dichos, estimulantes, esteroides o preparados hormonales, para pasar más tarde, cuando esos remedios no alcanzasen ya el suficiente efecto, a drogas como la cocaína, la codeína o la metanfetamina.

Por su parte, Hitler no era en absoluto consciente de la peligrosa puerta que había atravesado dejando que Morell le inyectase cada día lo que fuera que se le ocurriese. Al variar la composición de las inyecciones, Hitler no tenía la impresión de ser adicto a alguna sustancia concreta, y tampoco se interesó por conocer en detalle la naturaleza de su «medicación». Además, ese consumo continuo favorecería una tolerancia que obligaría a aumentar las dosis para obtener efectos similares, lo que el propio Hitler exigía. En poco tiempo, Morell había provocado que Hitler se hiciera adicto a esas sustancias, una adicción de la que ya nunca podría desprenderse.

La dependencia de Hitler llegaría a situaciones extremas; nunca daba sus paseos por el recinto de la Guarida del Lobo sin ir acompañado de Morell y, unos pasos detrás, un asistente cargado con el maletín de las jeringuillas. Por ejemplo, durante un trayecto en su tren especial por el oeste de Ucrania, se ordenó su detención en plena vía para que Morell pudiera ponerle dos inyecciones evitando el traqueteo, lo que implicó armar los cañones antiaéreos del vagón blindado y poner en guardia a toda la dotación del tren. Ese sería el procedimiento habitual; las inyecciones determinarían la agenda diaria de una manera cada vez más manifiesta.

ESCLAVIZADOS Y EJECUTADOS

No resultará una novedad la afirmación de que Hitler podía ser muy despiadado, pero eso puede certificarse con hechos aparentemente menores, que pasan desapercibidos a los historiadores. El escenario de uno de esos episodios sería su cuartel general en Ucrania, emplazado en una zona boscosa, a doce kilómetros de la localidad de Vinnitsa. Se comenzó a construir en diciembre de 1941 y se había terminado en junio de 1942.

Allí se trasladó el alto mando germano desde la Guarida del Lobo cuando el impulso de la ofensiva contra la Unión Soviética se concentró en el sur, con la vista puesta en el Cáucaso y sus pozos petrolíferos. Para alojar a Hitler se construyó una casa de troncos de madera de grandes dimensiones; pese a su aspecto rústico, el interior estaba amueblado en estilo funcional, incluyendo una larga mesa iluminada con lamparillas para extender mapas, y contaba con una chimenea y mullidos sillones para sentarse en torno al fuego. Contaba con un patio privado y un búnker de hormigón. Además, había un huerto para proporcionarle verduras frescas. Para el resto del personal se levantaron otras veinte casas y tres búnkeres.

El complejo contaba con algunas comodidades, como un salón de té, una barbería, una sauna y un cine. También se construyó una piscina para que el Führer pudiera tomar un baño refrescante, ya que durante el día se podían alcanzar fácilmente los 40 grados, pero nunca llegaría a utilizarla. Toda el área estaba rodeada de alambre de espino, una cadena de búnkeres, cañones antiaéreos, zanjas antitanque y campos de minas. Contaba con una estación ferroviaria que permitía llegar a Berlín en 34 horas, aunque a 20 kilómetros se había construido un aeródromo desde el que se podía llegar a la capital del Reich en tres horas. Por indicación del propio Hitler, ese cuartel general recibiría el nombre de *Werwolf*, que podría traducirse como «Hombre Lobo».

El Führer llegó por primera vez al *Werwolf* el 16 de julio de 1942. Según relataría años después su ayuda de cámara, Heinz Linge, allí le esperaba el encargado de la seguridad del cuartel general, el *SS-Brigadeführer* Max Thomas. Acompañado también por el general Rudolf Schmundt, edecán del Führer, y el propio Linge, Hitler entró en la antesala de la casa destinada a ser su residencia. Allí colgaba un mapa pintado sobre madera que representaba la parte europea de la Unión Soviética. Las posiciones alcanzadas por los alemanes estaban marcadas con flechas. A Hitler le gustaba cómo se había confeccionado aquel mapa y se acercó para observarlo con más detenimiento. Indicando con su dedo las ciudades de Rostov y Stalingrado, afirmó eufórico: «Pronto habrá que introducir correcciones en este mapa. ¡Vamos a dar un golpe que obligará a los rusos a ponerse de rodillas! ¡Todo el mundo quedará maravillado!».

Tras salir de la casa, a Hitler le fueron mostradas las instalaciones del cuartel general y las mencionadas medidas de seguridad especiales que se habían tomado para garantizar la protección del complejo. Como complemento a esas medidas, el *Gruppenführer-SS* Johann Rattenhuber, jefe de la seguridad personal de Hitler, había formado una unidad especial que tenía la responsabilidad de supervisar los accesos al cuartel general y vigilar a la población de los alrededores. Esa labor de vigilancia se había plasmado en la orden de Rattenhuber de limpiar la zona de judíos antes de la llegada de Hitler, lo que supuso la ejecución de más de doscientos judíos en la cercana localidad de Stryzhavka.

Thomas informó a Hitler de que la víspera de su llegada, para mantener en extrema alerta a todo el personal de seguridad, se había difundido el rumor de que un ruso vestido con un uniforme de oficial alemán había intentado penetrar en el cuartel general con la misión de asesinarlo.

Hitler asintió con la cabeza y preguntó: «¿Quién ha construido esta instalación?».

Thomas respondió: «En su mayoría rusos, que estaban prisioneros en los campos».

Según el testimonio de Linge, Hitler torció el gesto y se mantuvo pensativo unos segundos. Dirigiéndose a Thomas, le exigió con voz firme: «Hay que ejecutarlos de inmediato; no hay un segundo que perder. Saben demasiado acerca de mi cuartel general».

Thomas dio un taconazo y respondió: «¡A sus órdenes, *mein* Führer!». El coronel giró los talones y se marchó, dispuesto a cumplir con la draconiana medida[23].

---

23 Es necesario advertir que este testimonio de Linge, reflejado en un informe destinado a Stalin, sería obtenido por los soviéticos en los interrogatorios a los que se le sometió durante los primeros años de los diez que lo mantuvieron preso. En el propio libro en el que figura este relato, *The Hitler Book*, de los prestigiosos historiadores alemanes Henrik Eberle y Matthias Uhl, se aconseja tomar con precaución la veracidad de este y otros episodios relatados por Linge bajo la presión de sus interrogadores.

Se cree que unos cuatro mil prisioneros soviéticos, procedentes de los dieciocho campos de prisioneros que se habían levantado en la región, fueron ejecutados después de haber construido el cuartel general, siendo enterrados en unas fosas comunes cercanas a Stryzhavka. Un número indeterminado de soviéticos ya habían fallecido a consecuencia de las extenuantes jornadas de trabajo, debido a que la construcción del complejo se efectuaba veinticuatro horas al día, siete días a la semana, mientras que la alimentación que recibían no llegaba al mínimo para subsistir. También se habían producido ya ejecuciones anteriormente como «medida de seguridad» por iniciativa del siempre expeditivo Rattenhuber.

Dejando a un lado la crueldad de la orden de Hitler, la medida ni siquiera resultaba útil para garantizar que se mantuviesen en secreto las características del complejo, ya que, además de los prisioneros soviéticos, habían participado en su construcción unos ocho mil trabajadores de la Organización Todt y un millar de ucranianos locales[24].

UNA MOSCA IRRITA AL FÜHRER

En el otoño de 1942, mientras dirigía la ofensiva sobre el Cáucaso y Stalingrado desde su cuartel general en Ucrania, Hitler se hallaba en un estado de extrema tensión. Una mosca en la pared podía provocarle un ataque de ira. Una simple mariposa le hacía perder el control. Se procuró hacer todo lo posible para alejar de él cualquier mosca, mosquito o mariposa. Hubo que cubrir las ventanas con gasas. Los ordenanzas recorrían todos los días hasta el último rincón para eliminar cualquier insecto. Sobre las mesas había recipientes con miel, y del techo colgaban mosquiteras. En el pasillo, y también delante

24 Hitler permanecería en el *Werwolf* hasta el 30 de octubre de 1942, cuando todavía parecía factible una victoria germana en la batalla de Stalingrado. Después sólo acudiría allí en dos ocasiones más: del 19 de febrero al 13 de marzo de 1943, durante la contraofensiva de Manstein, y el 27 de agosto al 15 de septiembre de 1943, durante la fracasada defensa de Járkov. Los alemanes destruyeron el complejo antes de abandonar la región en marzo de 1944. En la actualidad tan solo son visibles en la superficie fragmentos de hormigón, aunque la piscina se conserva prácticamente intacta.

de la casa de Hitler, se instalaron lámparas de alta tensión azules, rodeadas de una malla de alambre, para acabar con esos impertinentes insectos que hacían perder la paciencia al Führer.

El citado escolta de Hitler, Rochus Misch, afirmaría en sus memorias haber sido testigo de una escena con una de esas molestas moscas como protagonista. Según Misch, un día Hitler se encontraba no muy lejos de su casa en el cuartel general. Allí, de pie bajo un árbol que le protegía de los rayos del sol, leía atentamente unas notas. A su lado, a escasos metros de distancia, se encontraba uno de sus asistentes, el *Obersturmbannführer* de las SS Fritz Darges, que había sido antiguo ayudante de campo de Martin Bormann. Darges aguardaba pacientemente, con las manos a la espalda, que Hitler le dijese alguna cosa. Más alejado se encontraba Misch.

Una inoportuna mosca interrumpió entonces la lectura del Führer. Este, visiblemente irritado, comenzó a agitar sus brazos intentando ahuyentar a la incómoda visitante, sin éxito. Mientras tanto, Darges asistía inmóvil a la escena, con las manos cruzadas detrás de su espalda. La mosca volvía una y otra vez, agotando la paciencia del dictador, que trataba de espantarla agitando los papeles que llevaba en su mano.

Darges continuaba totalmente quieto, pero ya no podía disimular una contenida sonrisa, ante el insólito espectáculo en el que una osada mosca se atrevía a desafiar al todopoderoso Führer. El irreprimible gesto burlón del guardaespaldas no pasó desapercibido a Hitler, que, en lugar de encajar la contrariedad con sentido del humor, le espetó: «Si no es capaz de mantener a distancia ni una mosca, eso significa que no necesito un asistente como usted».

El tono empleado por Hitler no dejaba lugar a dudas. Darges comprendió que estaba despedido desde ese mismo momento. Según refiere Misch en sus memorias, unas horas más tarde, Darges abandonaba el *Werwolf* con destino al frente de Stalingrado.

Aunque esa anécdota es muy conocida y se suele dar por cierta, en realidad no discurrió en Ucrania ni en el otoño de 1942, sino en el cuartel general de Prusia Oriental y casi dos años más tarde, el 18 de julio de 1944. Es posible que la memoria jugase una mala pasada a Misch, ya que su testimonio fue escrito en 2006 y, además, había pasado nueve años de cautiverio en la Unión Soviética; quizás fue testigo en Vinnitsa de un incidente similar y se mezclaron sus recuerdos.

Al menos, el protagonista, Fritz Darges, sí que sería el mismo. Se da la circunstancia de que Hitler había querido casar a Darges con la hermana menor de Eva Braun, Gretl, pero esa idea fue rechazada por Darges, quien le dijo con escaso tacto que prefería ser enviado al frente ruso antes que casarse con ella. Al parecer, Gretl no tenía muy buena reputación en el Berghof. De todos modos, para la fecha en la que tuvo lugar el incidente ya hacía un mes y medio que Gretl se había casado, precisamente con el superior de Darges, el general de las SS Hermann Fegelein, quien sí había aceptado con entusiasmo la sugerencia de Hitler, sin importarle lo que se rumoreaba sobre ella. Por su parte, desde principios de 1944, Darges había estado comprometido matrimonialmente con la dietista vienesa de Hitler, Helene

El *Obersturmbannführer* de las SS Fritz Darges, víctima de la ira de Hitler por no espantarle una mosca.

Marie von Exner, un compromiso que se vio obligado a romper el 8 de mayo en unas circunstancias que serán merecedoras de otro capítulo.

El escenario sería el barracón de madera de la Guarida del Lobo en el que se solían reunir Hitler y sus generales para las conferencias informativas, y que solo dos días más tarde quedaría destrozado por la bomba depositada bajo la mesa por Von Stauffenberg, que a punto estaría de acabar con la vida de Hitler.

Según relata la secretaria Christa Schroeder, durante una de esas sesiones de análisis de la situación militar, Hitler fue molestado por una mosca. Primero se iba posando en sus hombros, para luego pasearse por los mapas que estaban extendidos sobre la mesa. Entonces ordenó a Darges ahuyentar al irritante insecto. Como quiera que éste hizo como si no hubiera entendido la orden, Hitler, enfurecido, le gritó: «Si un escribiente (con ello se refería a un miembro de la Marina, que había servido como mecanógrafo) puede hundir un crucero con un torpedo humano, entonces usted, como *Obersturmbannführer*, podrá espantar una mosca». Las consecuencias llegarían diez días después, cuando Darges fue trasladado al frente de forma inmediata, destinado a la 5ª *SS-Panzer Division Wiking*.

El propio protagonista tendría oportunidad de dar su versión de lo sucedido al historiador David Irving en 1972. Darges le relató que al ordenarle Hitler que se hiciera cargo de la mosca, señaló al coronel de la *Luftwaffe* Nikolaus von Below, enlace de Göring en el cuartel general del Führer, y dijo que, al tratarse de una amenaza aérea, esa tarea correspondía a la *Luftwaffe*.

No sabemos si esa ingeniosa ocurrencia fue inventada *a posteriori* por Darges para adornar la anécdota. En cualquier caso, su relato no es inverosímil; ese tipo de bromas castrenses eran habituales en el entorno de Hitler, y en otro tiempo quizás le habría hecho gracia, pero en julio de 1944, tras la debacle del Grupo de Ejércitos Centro en el Frente del Este, las crecientes dificultades en Normandía, y el estado de tensión permanente en el que vivía, sin duda Darges equivocó el momento.

Es posible que Hitler ya lo tuviera entre ceja y ceja, y aprovechara la excusa de ese patinazo para enviarlo lejos de allí. No olvidemos que, tal como se ha apuntado, Darges había rechazado de manera imprudente su sugerencia de casarse con su «cuñada» Gretl Braun, y además con un comentario inapropiado. Hitler habría esperado una oportunidad como la que le brindó aquella mosca para desquitarse de aquella afrenta. O tal vez, simplemente, el comportamiento de Darges no fue todo lo respetuoso que cabía esperar, y Hitler decidió darle un escarmiento[25].

HITLER, EL JUSTICIERO

En marzo de 1942, Hitler se dirigió personalmente, en un arrebato de furia ciega, al ministro de Justicia interino, Franz Schlegelberger, exigiéndole que se condenase a muerte a un hombre llamado Ewald Schlitt. Viendo que, lógicamente, el ministro daba largas al asunto ante la gravedad de la petición, Hitler recurrió al servicial Roland Freiser, por entonces secretario de Estado segundo en el Ministerio de Justicia y, más tarde, presidente de infausta memoria del Tribunal del Pueblo, insistiéndole en que había que condenar a muerte a aquel hombre.

Esa exigencia de Hitler no se apoyaba en bases más sólidas que en la lectura en un periódico vespertino de Berlín de la descripción sensacionalista de cómo un tribunal había condenado a Schlitt a sólo cinco años de cárcel por una horrible agresión física a su esposa, que se había saldado con la muerte de ésta. El tribunal había sido clemente porque había considerado que Schlitt había sufrido un acceso de locura temporal.

Mientras que el ministro Schlegelberger se limitó a prometer a Hitler conseguir una sentencia más severa, Freisler no tuvo ningún

---

25 En contra de lo que pudiera parecer, el traslado a unidades de combate de los asistentes personales de Hitler no era infrecuente. Por ejemplo, en 1940, el entonces *SS-Obersturmführer* Max Wünsche fue enviado a una unidad preparada para la campaña en el oeste; tras su regreso al cuartel general, sería enviado a otra que debía participar en el ataque a la Unión Soviética. Sin embargo, lo habitual era que fueran los propios asistentes los que solicitasen su traslado voluntario a primera línea, petición que no siempre les era concedida. Dos que sí lo lograron fueron el marido de la secretaria Traudl Junge, el *SS-Obersturmführer* Hans Hermann Junge, que quería escapar así del tóxico círculo de Hitler, según le confesó a su esposa, y el joven *SS-Obersturmführer* Hans Pfeiffer, hacia el que Hitler sentía especial afecto. Ambos acabarían muriendo en las batallas de Normandía.

reparo en satisfacer sus deseos y consiguió que se anulase la sentencia original. En el nuevo juicio que se celebró, todo discurrió según lo previsto; Schlitt fue condenado a muerte y guillotinado el 2 de abril.

EXTASIADO CON UN CANTANTE JUDÍO

Durante la estancia de Hitler en su cuartel general de Vinnitsa en el verano de 1942, contó para su protección personal con un total de siete guardaespaldas, entre los que figuraba el referido escolta Rochus Misch. Junto a los otros seis, se iban relevando en la protección del dictador; uno de ellos debía estar siempre disponible, en su campo de visión o delante de su puerta, preparado para actuar a la mínima ocasión, a cualquier hora del día o de la noche.

Misch, según explicaría en sus memorias, tenía el recuerdo de una viva conversación entre Hitler y el alto mando de la Wehrmacht. No sabía de que se trataba, pero en todo caso estaba de servicio sobre las dos de la tarde y la puerta de la sala donde se celebraba la reunión no estaba cerrada.

Una vez que los generales se marcharon, Hitler se retiró a su barracón. Misch permaneció fuera haciendo guardia. De pronto, escuchó cómo del despacho de trabajo de Hitler surgía una música muy bella. Misch echó un vistazo a través de la ventana y le vio sentado en una butaca, completamente absorto por la melodía y la letra de la canción que sonaba en su fonógrafo. Según el escolta, tenía un aspecto exhausto, casi triste. El contraste con la enérgica discusión que acababa de tener lugar unos momentos antes era impactante.

El ayudante de cámara salió en aquel momento del barracón. Misch, espoleado por la curiosidad, aprovechó para preguntarle enseguida cuál era el nombre del cantante que el Führer estaba escuchando con tal deleite. Le respondió que se trataba de Joseph Schmidt, lo que causó al escolta una gran sorpresa. Por entonces, Schmidt era un personaje conocido en Alemania, ya que había gozado de una gran popularidad unos años atrás. Entre 1929 y 1933, sus canciones podían escucharse con frecuencia por la radio e incluso había protagonizado varias películas musicales. Pero lo que había causado la sorpresa es que Schmidt era judío.

En efecto, Schmidt había nacido en 1904 en Davideny, una localidad de la región de Bucovina, perteneciente entonces al Imperio austrohúngaro, que pasaría a ser rumana al final de la Primera Guerra Mundial y que hoy es ucraniana con el nombre de Davydivka. Era hijo de judíos ortodoxos de etnia germana. Además de alemán, hablaba yiddish y rumano. Desde muy joven cantaba en coros y enseguida destacó por su talento. Su primer concierto fue con veinte años, interpretando canciones populares judías y famosas arias de ópera. Decidido a triunfar como cantante, se trasladó a Berlín, en donde sus cualidades comenzarían a ser apreciadas en 1929.

No obstante, Schmidt se encontraría con un obstáculo insalvable en su carrera como cantante de ópera: su escasa altura. Al medir solo metro y medio, su presencia en los escenarios resultaría ridícula. Pero eso sería precisamente la clave de su éxito; Schmidt tuvo que enfocarse entonces en realizar actuaciones radiofónicas y ahí es donde su carrera explotó. Su timbre de voz excepcional, que resultaba ideal para las emisiones de radio, le llevaría a ser reconocido y apreciado en Alemania. De él se decía que era «el pequeño hombre con una gran voz», además de «el tenor del pueblo».

El cantante judío Joseph Schmidt. Su música extasiaba a Hitler.

Su carrera en Alemania se vería truncada con la llegada de los nazis al poder en 1933. Afortunadamente, Schmidt pudo emprender una carrera internacional que le llevaría a ser popular en Francia, Bélgica y Holanda. Su facilidad para los idiomas le permitió aprender francés e inglés y, aunque no hablaba holandés, era capaz de pronunciarlo de modo impecable en las canciones en ese idioma. En 1937 llevó a cabo una exitosa gira por Estados Unidos.

Pero poco antes del estallido de la guerra, cuando el cantante estaba residiendo en Bélgica, su destino se torcería. Temiendo que Europa se viera envuelta en un nuevo conflicto, compró un pasaje para emigrar a Estados Unidos. Cuando estaba a punto de embarcar fue rechazado después de que alguien le hubiera suplantado y presentado su billete. Se trasladó a Francia y, tras la invasión, permaneció en la zona no ocupada. Consciente de que su vida peligraba teniendo a los nazis tan cerca, trató de tomar un barco con destino a Cuba, sin lograrlo.

Finalmente, padeciendo ya problemas de salud, Schmidt optó por atravesar la frontera suiza, siendo internado en un campo de refugiados cerca de Zúrich en octubre de 1942. Su salud se resintió aún más y contrajo una infección de garganta, por lo que fue internado en un hospital. Fue dado de alta el 14 de noviembre, alojándose en una posada, pero solo dos días después sufrió un ataque al corazón mientras descansaba recostado en un sofá. Tenía treinta y ocho años. Al día siguiente le iban a expedir un permiso de trabajo que le hubiera permitido moverse libremente por Suiza. Fue enterrado en el cementerio judío de Zúrich.

En un guiño macabro de la historia, mientras Schmidt perdía la salud intentando huir de los nazis que habían tratado de hundir su carrera y que hubieran acabado con su vida si se hubiera quedado en Alemania, el propio Hitler se extasiaba con su música inmortal.

CENSOR DE PRENSA Y NOTICIARIOS

La catastrófica derrota en Stalingrado supuso un auténtico *shock* para todos los alemanes. La rendición del VI Ejército el 2 de febrero de 1943, con sus 262.000 bajas y más de 100.000 hombres hechos prisioneros, difícilmente podía disimularse por los medios de comunicación germanos, por lo que no hubo otro remedio que explicar crudamente la realidad de lo acontecido. El golpe a la moral del pueblo germano fue terrible, lo que obligaría a Goebbels a poner en marcha una campaña de propaganda para tratar de darle la vuelta a ese infortunio.

A partir de ahí, Hitler y el alto mando alemán harían todo lo posible para evitar que la opinión pública alemana llegara a conocer la dimensión de las derrotas que se irían sufriendo en el frente oriental. La prensa escrita y la radio, sometidas a los dictados de Goebbels, inculcaban al pueblo alemán que, a pesar de las crecientes dificultades, la guerra se acabaría ganando.

En el diario *Das Reich*, el propio Goebbels escribía todas las semanas editoriales sobre las grandes victorias logradas por las tropas alemanas en el este, en el curso de lo que él denominaba «retirada planificada», «rectificación del frente» o «avance elástico en la retaguardia», que no eran otra cosa que un retroceso constante ante el incontenible avance soviético. Hans Fritsche, el alto comisionado para la radio del Ministerio de Propaganda y hombre de confianza de Goebbels, se dedicaba a emitir discursos falsificando la situación real en el frente y pidiendo al pueblo alemán nuevos sacrificios en aras de la victoria final.

Lo que resulta más sorprendente es que sería el propio Hitler el que se encargaría personalmente de la labor censora que debía ocultar a sus compatriotas la terrible realidad de los campos de batalla. Así pues, los informes oficiales del frente que se publicaban en la prensa debían pasar antes por sus manos. Los generales Wilhelm Keitel y Alfred Jodl se los presentaban y él los corregía de tal manera que los lectores no pudieran hacerse una idea clara de cuál era la verdadera situación en el frente.

Más curioso incluso resulta su trabajo como censor de los noticiarios que debían ser proyectados en las salas de cine de toda Alemania. En el Berghof, Hitler visionaba las imágenes rodadas en los diversos frentes, acompañado de Keitel, Jodl y Bormann. Las películas le eran enviadas sin acompañamiento sonoro; el texto, que había sido escrito por Goebbels, era leído por Otto Günsche, quien iba anotando las correcciones que Hitler le indicaba.

Hitler ordenaba cortar las imágenes que mostraban a tropas alemanas en retirada, carros de combate destruidos o soldados heridos, es decir, todo aquello que pudiera sugerir que la situación militar no estaba siendo favorable. La manipulación llegaría al extremo de sustituir esas imágenes por otras procedentes de los noticiarios del verano de 1941, en las que los soldados germanos avanzaban victoriosos mientras las tropas soviéticas se rendían en masa. No sabemos si los espectadores menos ingenuos detectarían después el burdo engaño.

Durante la proyección, Hitler estudiaba con especial atención las escenas que habían sido filmadas en su cuartel general. Sólo autorizaba aquellas imágenes en las que él todavía conservaba la pose triunfal propia de los primeros años de la guerra. Siguiendo órdenes estrictas, las filmaciones en las que aparecía encorvado y avejentado tenían que ser cortadas y destruidas, aunque algunas de estas imágenes sobrevivieron y es posible apreciar en ellas los temblores de sus manos causados probablemente por el párkinson. El dictador, consciente de su deterioro físico, creía que el pueblo alemán difícilmente confiaría en la victoria si viese a su Führer en ese penoso estado.

MAPAS TRUCADOS

Después del desastre sufrido en Stalingrado, los aliados de Alemania, muy preocupados por la marcha de la contienda, exigirían hablar cara a cara con Hitler. La situación militar general, con los ejércitos del Eje retrocediendo en todos los frentes, no era muy prometedora. Así pues, los líderes de los países que habían unido su suerte a la del Reich —Italia, Rumanía, Hungría y Eslovaquia— querían escuchar de boca del Führer las explicaciones pertinentes que les permitieran seguir creyendo en la victoria.

El primero en querer acudir fue el dictador rumano Ion Antonescu, que estaba al frente de su país desde septiembre de 1940. A pesar de que Rumanía era una monarquía, Antonescu concentraba en sus manos el poder legislativo y el ejecutivo, mientras que el monarca, Miguel I, mantenía unos poderes muy reducidos. Aunque Hitler admiraba sinceramente a Antonescu, retrasó esta visita una y otra vez. «Si recibo a uno, querrán venir todos», decía, y no le faltaba razón.

Cuando las demandas de sus aliados se hicieron más insistentes, Hitler ordenó a su ministro de Exteriores, Joachim Ribbentrop, que organizase las visitas de Antonescu, Mussolini y el líder húngaro, el almirante Miklós Horthy. Para esas reuniones se escogió la antigua sede episcopal de Klessheim, una localidad junto a Salzburgo, separada por un trayecto de una hora de coche desde el Obersalzberg. El palacio de Klessheim había sido reformado con buen gusto y estaba decorado con muebles de lujo procedentes de Francia. El histórico edificio estaría reservado exclusivamente para la recepción de los jefes de Estado extranjeros, ya que era el escenario ideal para estos encuentros al más alto nivel.

Ante la perspectiva de que en las reuniones informativas no pudiera ocultarse la situación desfavorable de las tropas germanas tras la derrota en Stalingrado, a Hitler se le ocurrió un truco burdo pero efectivo para dar la impresión contraria a sus aliados. Para ello, ordenó al general Jodl que encargase confeccionar mapas a escala 1:1.000.000, que darían una idea distorsionada de las líneas del frente. En esos mapas, al ser a tan gran escala, las líneas eran simples y gruesas, por lo que resultaba imposible hacerse una idea de la disposición de las tropas en los distintos sectores, ni de la dirección de las operaciones. Así pues, la situación en el frente aparentaba ser mucho más positiva de lo que era en realidad. Esos mapas, aunque resultaban totalmente inútiles, serían los que se mostrarían a Antonescu, Mussolini y Horthy. Los generales de Hitler se referirían con sorna a esos encuentros como las «reuniones sobre la supuesta situación».

El primero en acudir a estos encuentros en el palacio de Klessheim, el 8 de abril, sería Mussolini. El dictador italiano se atrevió a sondear la posibilidad de negociar un armisticio con Stalin, pero Hitler le sacó de inmediato esa idea de la cabeza. Mussolini también mostró su preocupación por la presumible pérdida de Libia, pero Hitler se mostró también firme: «Duce, puedo asegurarle que África será defendida. La situación allí es seria, pero no desesperada», aseveró con rotundidad. Mussolini quedó muy impresionado con la situación expuesta en los mapas manipulados, que abonaban esa idea de que no había motivo para perder la fe en la victoria. Al término de la reunión de dos horas, el italiano exclamó: «¡Führer! ¡El Eje Berlín-Roma triunfará!»

El siguiente en acudir al encuentro con Hitler en el palacio de Klessheim, el 12 de abril, sería Antonescu. El recibimiento en la estación de Salzburgo fue por todo lo alto, ya que Hitler había dispuesto que fuera «recibido como se merece», y después fue trasladado al palacio. La reunión informativa diaria que Hitler mantenía con sus generales se celebró en el mismo edificio, pero mientras tanto a Antonescu se le mantuvo entretenido para que no pudiera presentarse en el salón en el que se estaba llevando a cabo. Cuando se dio por terminada la reunión, los mapas detallados del frente fueron retirados de la mesa y, en su lugar, se extendieron los mapas a gran escala en los que apenas se podía distinguir nada. Fue entonces cuando Hitler fue a buscar a Antonescu y ambos entraron en el salón, acompañados de varios oficiales rumanos.

Para completar la comedia, los dos dirigentes fueron fotografiados, mientras Hitler explicaba con gestos teatrales y en un tono triunfalista la supuesta situación. Aun así, Antonescu se atrevió a deslizar su escepticismo con algunos tímidos comentarios, que eran rápidamente refutados por Hitler, quien insistía en que Alemania poseía recursos inagotables y que se estaban planeando grandiosas ofensivas en el este que llevarían a una victoria segura. Los generales germanos apoyaron con el mismo tono las irreales ideas expuestas

Hitler recibe al almirante Horthy en el palacio de Klessheim
el 16 de abril de 1943. *Archivo Digital Nacional de Polonia.*

por su Führer. Terminado el encuentro, Antonescu regresaría a Rumanía más o menos convencido de las promesas de su aliado y Hitler se dirigiría de buen humor al Obersalzberg, tras haber solventado la papeleta.

El siguiente en acudir al palacio, el 16 de abril, fue el almirante Horthy; curiosamente, era almirante de un país sin salida al mar —había servido en la armada imperial austrohúngara—, y desde 1920 regente de un país sin rey. Para sorpresa de Hitler, al húngaro no le interesaba mucho la situación militar en el frente oriental. En vez de ello, mostró sus quejas por la conducta provocadora de las tropas alemanas en Hungría y por su comportamiento, considerado escandaloso por la población magiar. Hitler dedicó entonces sus esfuerzos a tranquilizar a Horthy y prometerle que haría todo lo posible para terminar con esa desagradable situación.

En aquellos días se recibió también a Josef Tiso, un sacerdote católico que ejercía de presidente de Eslovaquia desde octubre de 1939, aunque no era más que un títere que obedecía las órdenes de Berlín. De la consideración que se le tenía da idea el hecho de que ni tan sólo se le ofreciese la consabida reunión sobre la supuesta situación. Hitler opinaba que una buena comida era suficiente; «éste dirá amén a todo lo que yo le explique» comentó a su círculo entre risas.

FIRMANDO PENAS DE MUERTE

En los primeros meses de 1943, en vista de los sucesivos fracasos de las tropas alemanas en el frente oriental, Hitler había dado la orden de encausar a los oficiales sospechosos de actitudes pesimistas. Esta circunstancia también se atribuía a oficiales que, ante una situación desesperada, habían optado por la retirada, una situación cada vez más frecuente teniendo en cuenta la aplastante superioridad en número de las tropas soviéticas. Hitler ordenaría que se les ejecutara, sin piedad alguna.

Las sentencias de los tribunales de guerra se enviaban en primer lugar al jefe del Alto Mando de la Wehrmacht (OKW), el mariscal Wilhelm Keitel, quien las entregaba con anotaciones puramente formales al ayudante militar de Hitler, el general Rudolf Schmundt. Las sentencias de muerte con las que eran castigados esos oficiales acusados de derrotismo eran presentadas a Hitler en el Berghof, ya que él las había de confirmar, en su calidad de comandante en jefe de la Wehrmacht. Las sentencias eran leídas a Hitler por el almirante Karl-Jesko Von Puttkammer, su oficial adjunto de la Kriegsmarine. Una vez leídas, Hitler pasaba a firmarlas de manera rutinaria, sin interesarse por los detalles particulares de cada caso.

Aunque detentaba el derecho a indultar a los condenados a la pena capital, Hitler no lo ejercería prácticamente nunca; tan solo en una ocasión anuló una sentencia de muerte. El afortunado fue el teniente general Edgar Feuchtinger, el comandante de una división de blindados en Francia durante la batalla de Normandía, a quien el tribunal militar había condenado a muerte por traición y corrupción a gran escala. Durante la ocupación de Francia, Feuchtinger había organizado una red de fraude a las compañías de seguros, lo que le había permitido comprarse allí un castillo. También había librado a oficiales amigos de sus destinos en el frente, se había apropiado de material del ejército para revenderlo y, por si fuera poco, había revelado secretos militares a su amante sudamericana.

Feuchtinger fue detenido el 5 de enero de 1945, juzgado y condenado a muerte. Además fue degradado a soldado de artillería y se le retiraron todas las condecoraciones, incluida la Cruz de Caballero de la Cruz de Hierro. A pesar de la gravedad de los cargos, y su culpabilidad manifiesta, el 2 de marzo Hitler anuló la sentencia, lo perdonó y lo envió de nuevo al frente, para integrarse como soldado raso en la 20ª División Panzer, sin que se sepan los motivos de tal magnanimidad. Podemos intuir que alguien próximo a Hitler intercedió por él. Curiosamente, una vez liberado, el corrupto Feuchtinger desertó de inmediato, no llegando ni siquiera a presentarse en su destino. Aunque el 12 de abril se decretó su busca y captura, no se pudo dar con el desertor, quien se acabaría entregando a los británicos después de conseguir un uniforme de general[26].

26 Edgar Feichtinger pasó por varios campos de prisioneros, tanto británicos como norteamericanos. En uno de ellos, el de Allendorf, bajo control estadounidense, su presencia motivó fuertes protestas de los otros oficiales germanos, ya que se corrió la voz de sus corruptelas y traiciones. No obstante, Feichtinger consiguió convencer a sus captores de que era una víctima de la justicia nazi, que lo había condenado a muerte, por lo que fue liberado en 1946. Una vez reintegrado a la vida civil, trabajó como representante para varias empresas antes de trabajar para la Bremer Vulkan, dedicada al comercio de acero para la industria pesada.

Paradójicamente, aunque Hitler decía siempre que la culpa de todas sus derrotas era de sus generales, no los sometió a tribunales de guerra que hubieran podido acabar condenándolos también a muerte. Por ejemplo, ni Walther von Brauchitsch, al que Hitler culpó de no haber podido tomar Moscú en diciembre de 1941, ni Franz Halder, que pagó por los retrasos en la campaña del Cáucaso en septiembre de 1942, sufrieron otro castigo que pasar a la reserva. Éstos pudieron retirarse con toda tranquilidad a sus haciendas. En cambio, Hitler confirmó sin dudar ni un momento las penas de muerte de los oficiales.

AUTORIZACIONES DE MATRIMONIO

En esos días de la primavera de 1943 que Hitler pasó en el Obersalzberg, mientras sus tropas trataban desesperadamente de contener los avances soviéticos, además de rubricar sentencias de muerte también se dedicaba a estudiar personalmente las solicitudes de matrimonio entre alemanes y mujeres extranjeras, y firmar su autorización si procedía. Estas solicitudes eran presentadas por soldados alemanes destinados en los países conquistados por Alemania, como Francia, Bélgica, Holanda, Dinamarca o Noruega, y que deseaban casarse con alguna mujer autóctona. En su mayoría, procedían de marinos alemanes. El almirante Von Puttkammer, el encargado de presentar las sentencias de muerte para su firma, hacía lo mismo con estas peticiones cada dos o tres semanas.

Mientras que las sentencias a la pena capital apenas atraían la atención de Hitler, siendo despachadas rápidamente, de esas solicitudes de matrimonio se ocupaba con detalle. Sobre todo, observaba

---

En mayo de 1953, Feuchtinger fue abordado por un extraño en la estación de Krefeld. Se trataba de un agente de la KGB, que le mostró un documento de la policía militar del 12 de abril de 1945. Se desconoce qué documento en concreto era, pero la amenaza de hacer público lo que ese comprometedor papel revelaba fue suficiente para que Feuchtinger accediese a colaborar con el servicio secreto soviético. Su misión sería utilizar su posición y sus contactos en el mercado del acero para pasar información a Moscú sobre los detalles del rearme alemán. Durante los siguientes siete años, Feichtinger proporcionaría esa información sensible a los soviéticos, hasta su fallecimiento por un ataque al corazón en Berlín en 1960.

detenidamente las fotos de las mujeres que acompañaban aquellas demandas. Según la normativa del alto mando militar, había que presentar una foto de perfil, otra de frente y otra de cuerpo entero. A Hitler le gustaba hacer comparaciones de las candidatas con mujeres que conocía.

En contra de lo que se pudiera esperar, la mayoría de los rostros de aquellas fotografías no eran muy agraciados; Hitler decía riendo que los soldados que se habían enamorado de esas mujeres algún día lo maldecirían por haberles autorizado a casarse con ellas. También estudiaba los papeles que acompañaban las solicitudes: los *curricula vitae*, los informes policiales sobre el comportamiento de las extranjeras y de sus padres, así como las notificaciones del Servicio de Seguridad acerca de las tendencias políticas de la familia.

A pesar de la apremiante cantidad de cuestiones a la que Hitler debía enfrentarse a diario, y más en unos momentos en los que todos los frentes de guerra hacían aguas, casi nunca firmaba las solicitudes de inmediato. En la mayoría de los casos pedía a su asistente Linge que se encargara de presentarle aquellas solicitudes por segunda vez para revisarlas a fondo. Recalcaba que era importante evitar que estos matrimonios aportasen a Alemania sangre de valor racial inferior. Según él, esa era la razón por la que se reservaba el derecho de autorizar personalmente aquellas uniones, aunque quizás simplemente sentía curiosidad, siendo una actividad que le aportaba algo de entretenimiento entre todos los asuntos graves que requerían continuamente de su atención.

De hecho, su afición a autorizar matrimonios se remontaba, como mínimo, a siete u ocho años atrás. Por entonces, cualquier miembro del personal de Hitler que tuviera la intención de casarse debía antes pedirle permiso, desde el más condecorado mariscal de campo hasta el último cabo. El dictador se interesaba personalmente en las futuras esposas, pidiendo ver sus fotografías y riendo muchas veces ante el aspecto de algunas de ellas, tal como hemos visto que haría años después.

Cuando en agosto de 1936, su chófer Erich Kempka expresó su intención de casarse con una tal Rosel Bubestinger, Hitler debió dar el visto bueno al enlace, ya que su edecán, Julius Schaub, enseguida escribió a las autoridades de las SS solicitando rapidez en el papeleo. Sin embargo, la investigación a la que se sometió el árbol genealógico de la novia descubrió que su ascendencia no era cien por cien aria.

Entonces Schaub volvió a telefonearles para que no se dieran ninguna prisa y «alargar el asunto para evitar ese matrimonio, según ha ordenado con claridad una persona importante», que no podía ser otro que Hitler.

LA VALENTÍA DE HENRIETTE

En el Berghof, en una de las tertulias que se mantenían después de cenar, junto a la chimenea, estuvo presente Henriette von Schirach, esposa de Baldur von Schirach, el que había sido líder de las Juventudes Hitlerianas y que por entonces era *gauleiter* de Viena. Era la noche del Viernes Santo de 1943.

Como ya se ha referido, Henriette, a quien llamaban *Henny*, era hija del fotógrafo Hoffmann. Conocía a Hitler desde que tenía ocho años, cuando su padre lo llevó consigo a su casa. Ese primer encuentro quedó grabado en la memoria de la chiquilla. Después de los saludos, Hitler le preguntó: «¿Qué lees?» Ella le trajo sus libros de historias de héroes y caballeros. Entonces él le dijo: «¿No sabes nada de los griegos?» Desde entonces, Hitler se convertiría en una especie de tío adoptivo. Le contaba historias, le regalaba libros, revisaba sus deberes escolares, tocaban piezas al piano y le daba clases de dibujo. Y el domingo los dos visitaban museos de Múnich. Se cuidó de que tuviera su primer par de esquíes y le regaló una raqueta de tenis cuando celebró la confirmación.

El pedigrí nacionalsocialista de Henriette se remontaba a 1930, cuando se afilió al Partido Nazi con solo diecisiete años. Fue a esa edad que vivió un incómodo momento con Hitler, cuando éste la encontró sola en su casa. «¿Me daría usted un beso?», pidió él, muy serio, según el testimonio de ella en su libro de memorias *El precio de la gloria*. Aunque por lo general la tuteaba, esta vez empleó el «usted». Ella rehusó cortésmente, y después de un instante de tenso silencio Hitler se golpeó la palma de la mano con su látigo y se marchó a paso lento.

Henriette recordaría la sorpresa que le produjo la insólita petición: «Yo le tenía afecto porque siempre era muy considerado y me ayudaba cuando quería algo de papá, dinero para clases de tenis, por ejemplo, o para ir a esquiar… pero ¿besarlo?» Cuando Henny se lo explicó a su padre, éste creyó más prudente no pedir explicaciones a Hitler y atribuyó el delicado episodio a la desbordante imaginación de la muchacha: «Te imaginas tonterías. ¡Ahora vete a la cama!», le dijo.

Dos años después, Henriette se casaría con Von Schirach, a quien consideraba un alma gemela. Ambos estaban profundamente enraizados en el ambiente nacionalsocialista y eran protegidos de Hitler. El mutuo interés por el arte, la cultura y la literatura ofrecía inagotable materia de conversación. Von Schirach había estudiado filología inglesa, historia del arte y egiptología, y Henriette se matriculó en historia del arte con la idea de estudiar después arqueología. El regalo de bodas de Hitler fue bastante original: un pastor alemán entrenado para atacar a las personas. La pareja tendría una hija y tres hijos.

Henriette von Schirach con tres de sus cuatro hijos.
Demostró un gran valor al enfrentarse a Hitler.

Como jefe de las Juventudes Hitlerianas, Von Schirach alcanzó grandes éxitos organizativos, pero el comienzo de la guerra truncó su ambición de controlar la materia educativa en el Reich. Se alistó como voluntario en la Werchmacht, aunque en agosto de 1940 Hitler decidió nombrarlo *gauleiter* de Viena. Su misión sería revitalizar la vida cultural de la ciudad, convertida en un páramo debido a la emigración y deportación de artistas judíos y críticos del nazismo.

Según relataría Traudl Junge, secretaria de Hitler, Henriette «era una vienesa amable y natural que podía hablar de una manera encantadora». Sin embargo, ese Viernes Santo dejaría su encanto a un lado para explicar algo que había visto en su reciente viaje a la Holanda ocupada, y que seguramente sabía que iba a producir en el salón el mismo efecto que si dejaba caer una granada de mano. Aunque esa noche la secretaria no estaba presente, su esposo Hans Hermann Junge, ayudante de Hitler, le relataría la escena que había tenido lugar.

En medio de una conversación banal, Henriette dijo de repente: «*Mein* Führer, hace poco vi en Amsterdam un tren de judíos

Baldur von Schirach, líder de las Juventudes Hitlerianas, esposo de Henriette.

deportados. Es terrible el aspecto que tiene esa pobre gente; seguro que los tratan muy mal. ¿Lo sabe usted?, ¿lo permite usted?».

No obstante, según el testimonio de la propia Henriette en sus memorias publicadas en 1956, ella describió a Hitler de este modo la terrible escena de la que había sido testigo:

«Por la noche me despertó un fuerte ruido de voces y gritos. Me precipité a la ventana. A mis pies, en la calle, había dos centenares de mujeres con hatillos, a todas luces reunidas apresuradamente, vigiladas por hombres de uniforme. Se oían llantos y luego se escuchó una clara voz de mando. Luego la columna se puso lentamente en movimiento y desapareció en la oscuridad, cruzando el puente...»

Ningún invitado se atrevió a abrir la boca al advertir la tormenta que se avecinaba por el horizonte, y Henriette prosiguió con su intervención:

«A la mañana siguiente, nadie quería darme información sobre la misteriosa marcha, pero mi amigo Miedl, que vino a recogerme, sí sabía de qué se trataba:

—¡Fue una deportación de mujeres judías! me dijo.

—¿Somos los alemanes los que hacemos eso?

—¡Quién si no! —me espetó mi amigo.

—¿Lo sabe Hitler?

—Si Hitler no sabe nada, ¡cuéntaselo tú!»

Y eso era precisamente lo que estaba haciendo Henriette en ese momento. No hay que esforzarse mucho para imaginar el espeso silencio que se impuso de repente ante esa insólita interpelación. En esas conversaciones junto a la chimenea se abordaban de manera sucesiva asuntos triviales que mantuviesen al Führer de buen humor, por lo que hablar de deportaciones de judíos no era precisamente el tema más adecuado. Además, ese día habían llegado malas noticias desde el frente ruso, por lo que el ambiente ya andaba recalentado. Los otros huéspedes sentados alrededor de la chimenea permanecían en silencio, mirando al suelo.

Según Henriette, Hitler estaba demudado; su piel y sus ojos parecían desprovistos de color. «Los demonios lo están devorando», fue el extraño pensamiento que llegó en ese momento a su mente en un momento de tanta tensión. Hitler la miró fijamente por un tiempo antes de ponerse despacio de pie. Ella, sin amilanarse, también se levantó, en un gesto de desafío.

Parecía que Hitler estaba luchando consigo mismo para controlarse, hasta que se lanzó sin freno a uno de sus estallidos de furia:

—¡Es usted una sentimental! ¿Qué le importa a usted todo eso? ¡Esas judías no son asunto suyo! Mire, cada día caen diez mil de mis hombres más valiosos, los mejores, pero los otros no caen. Viven; los de los campos de concentración, los inferiores, y ¿cómo será entonces Europa dentro de cien años? ¿Y dentro de mil? ¡Estoy comprometido con mi pueblo, y con nadie más!

Según el marido de la secretaria, dicho esto, Hitler se despidió precipitadamente y se retiró a su habitación. En cambio, Henriette afirmaría que fue ella la que corrió escaleras arriba hasta su alcoba, dejando a Hitler con la palabra en la boca. Un ayudante la alcanzó antes de que ella pudiera cerrar la puerta.

—¿Por qué ha hecho esto? —le preguntó—. ¡Lo ha puesto furioso! ¡por favor, váyase inmediatamente!

Al día siguiente, Henriette von Schirach abandonó el Berghof y regresó a Viena, y no se volvió a hablar más del incidente. Según afirmaría Traudl Junge, «ella había transgredido sus derechos como huésped y no había cumplido su deber de entretener a Hitler». Ni Henriette ni Baldur von Schirach volverían a ser invitados al Berghof como pareja, aunque él sí acudiría en alguna ocasión más[27].

Esa actitud evasiva de Hitler ante cualquier referencia a deportaciones, asesinatos en masa o campos de concentración sería recurrente en las pocas reuniones en las que se le comentaban los rumores que circulaban al respecto. Según la secretaria Christa Schroeder,

---

27 Aunque sea loable la valentía de Henriette von Schirach, no se puede pasar por alto que su marido, desde el cargo de *gauleiter* de Viena, había organizado ya la deportación de cerca de 60.000 judíos a Polonia, una cínica contradicción de la que incluso Goebbels, que estaba presente en la velada, dejaría constancia en su diario. Además, Baldur von Schirach había prohibido a los judíos vieneses entrar en los parques, así como utilizar los baños públicos, las cabinas telefónicas, el tranvía y el metro, y les obligaba los domingos a cortar leña y limpiar las calles de la ciudad, unas medidas de carácter público que ella no podía desconocer.

Una vez acabada la guerra, mientras su marido era juzgado en Núremberg y condenado a veinte años de prisión, ella pasó por un proceso de desnazificación. Huyendo de su pasado, probó suerte en varias profesiones con nombre falso hasta que en 1949 inició una relación con el productor de cine Peter Jacob, exmarido de Leni Riefenstahl, y pidió el divorcio de su esposo encarcelado. Además de las citadas memorias, escribió dos libros más: *Anécdotas en torno a Hitler* en 1980 y *Mujeres en torno a Hitler* en 1983. Falleció en 1992.

ante alguna cuestión relativa a esos espinosos asuntos, Hitler evitaba responder y pasaba inmediatamente a otro tema. Raramente oyó que ofreciese nada más que respuestas evasivas. En su opinión, «Hitler nunca habría admitido delante de testigos la dureza inhumana de sus leyes represivas». Y ante Henriette von Schirach no hizo una excepción[28].

SU CRUZADA CONTRA EL TABACO

Una noche de abril de 1943, en el Berghof, tuvo lugar una de las habituales diatribas de Hitler contra el consumo de tabaco. Sobre las diez de la noche se había celebrado la conferencia diaria con sus generales, mientras que Eva Braun y los demás presentes asistían a la proyección de una película en el sótano. Cuando la reunión terminó, a medianoche, la proyección fue interrumpida y todos se reunieron en el salón principal.

Se sirvieron los licores, pero Hitler tomó té y pastel de manzana. El grupo estaba sentado en silencio al calor del fuego, en penumbra, esperando que él iniciara la conversación general. Finalmente, el Führer alzó la voz para pronunciar otra disertación sobre los males del tabaco. Su dentista aseguraba que fumar desinfectaba la boca, y que hacerlo con moderación no era en absoluto peligroso. Hitler no estaba de acuerdo: «No le ofrecería un cigarrillo o un puro a nadie a quien admirara o apreciara, ya que les estaría haciendo mucho daño. Todo el mundo está de acuerdo en que los que no fuman viven más que los que fuman y tienen más resistencia cuando enferman».

---

28 Un episodio parecido se había dado en diciembre de 1941, cuando el almirante Wilhelm Canaris, el jefe del contraespionaje militar alemán, comentó a Hitler el espeluznante informe que le había llegado de un ingeniero de la Wehrmacht desde Letonia. El ingeniero, que mandaba una compañía de inspección de puentes, oyó «un curioso e inexplicable fuego de fusilería acompañado de gritos», procedente del bosque de Rumbula, cercano a la capital, Riga. Guiado por el ruido, llegó al lugar y allí fue testigo de cómo los *Einsatzgruppen* de las SS estaban ejecutando a los judíos del gueto de Riga. Aquel día, el 30 de noviembre de 1941, fueron asesinados 13.000 judíos. La matanza se prolongaría hasta el 8 de diciembre, siendo ejecutados un total de 25.000, incluyendo un millar de judíos alemanes. Hitler respondió a Canaris: «Se está usted ablandando, señor. Tengo que hacerlo porque después de mí ya nadie lo hará».

Hitler, que nunca se cansaba de esta cruzada contra la contaminación del cuerpo, había ofrecido un reloj de oro a todo aquel que dejara de fumar dentro de su círculo. A Eva, sin embargo, le había dado un ultimátum: «O dejas de fumar o me dejas a mí», la amenazó. De todos modos, ella no parecía muy impresionada por esa amenaza, ya que solía fumarse un cigarrillo tras otro durante los largos ratos que se veía obligada a permanecer recluida en sus aposentos mientras Hitler permanecía reunido con algún invitado. Su hermana, Gretl, también fumaba a escondidas en el Berghof; ambas solían recurrir a pastillas de menta para disimular su aliento.

Fue precisamente a Gretl a quien Hitler avanzó una medida antitabaco que se generalizaría medio siglo más tarde; la de incluir mensajes de advertencia en las cajetillas. En una ocasión, aseguró a la hermana menor de Eva, que «antes de que me retire, voy a ordenar que todos los paquetes de cigarrillos que se vendan en *mi* Europa lleven bien marcada la inscripción: *Peligro, el humo del tabaco mata*».

Esa prohibición de fumar en presencia del Führer se mantendría hasta el último momento, cuando se trasladó al búnker de la Cancillería, en este caso con mayor razón debido al ambiente ya cargado de por sí que allí se respiraba. En una ocasión, un soldado incumplió esa regla, ante lo que Hitler no dudó en reaccionar propinándole un violento manotazo, quitándole de golpe el cigarrillo de la boca. Pero esa prohibición solo se mantuvo vigente mientras estaba allí el Führer para hacerla cumplir; en cuanto se confirmó que se había suicidado, lo primero que harían los habitantes del búnker sería encenderse un cigarrillo.

DEGRELLE SE ATREVIÓ

Hubo una persona que sí se atrevió a decirle a Hitler la opinión que una parte de sus compatriotas y gran parte de sus enemigos tenían de él. Era el belga Léon Degrelle, un oficial de la Legión Valonia, una unidad extranjera adscrita a las Waffen-SS. También fue el fundador del rexismo, la rama del fascismo en Bélgica. Su admiración por Hitler le llevó a afirmar en 1941 que él era «el hombre más grande de nuestra época».

Durante los cuatro años que estuvo combatiendo demostró poseer un gran valor en el campo de batalla, pues había resultado herido en siete ocasiones. En febrero de 1944 obtuvo la Cruz de Caballero de la Cruz de Hierro y en agosto del mismo año la Cruz de Caballero con Hojas de Roble. En octubre sería condecorado, por último, con la Cruz Alemana de Oro; fue durante la entrega de este reconocimiento cuando Hitler le susurró al oído: «Si tuviese un hijo, me gustaría que fuese como usted». Ese piropo debió provocar a Degrelle, un nazi convencido, una satisfacción incluso mayor que la propia medalla.

La confianza entre ambos llegó hasta el extremo que, en una ocasión, Degrelle se atrevió a decirle: «He oído varias veces a la gente decir que usted está loco».

En contra de que lo que pudiera pensarse, Hitler se tomó el comentario de muy buen humor, y riéndose le contestó: «Si fuera como los demás, ahora estaría sentado en un bar, tomándome

Léon Degrelle siendo condecorado por Hitler, quien le dijo que le gustaría tener un hijo como él.

una cerveza». Con esta escueta respuesta, el Führer daba por zanjado el tema, demostrando que no le afectaban demasiado esos comentarios[29].

ÓRGANOS PODRIDOS PARA EL FÜHRER

El método de fabricación de algunas de las sustancias que el doctor Theodor Morell inyectaba a diario a Hitler resulta sorprendente, ya que no cumplían, ni por asomo, con los mínimos requisitos que debería cumplir cualquier fármaco.

El doctor poseía un centro de producción en Olomouc, en la Checoslovaquia ocupada. La materia prima la obtenía de dieciocho mataderos de Ucrania, que habían recibido la instrucción de proporcionarle todos los órganos que necesitase. Gracias a su ascendiente sobre el Führer, pudo disponer a voluntad de los recursos logísticos, lo que implicaba utilizar cientos de camiones y vagones de tren para su transporte, cuando hubieran sido más útiles para aliviar la situación militar en el frente ruso, cada vez más deteriorada.

Así pues, por las vías y carreteras del este de Europa circulaba un insólito botín de casquería formado por estómagos porcinos, páncreas, glándulas pituitarias, médulas espinales o hígados de cerdo, oveja y vaca. Por ejemplo, uno de los vagones destinados a la fábrica de Morell, que solían llegar con una frecuencia casi diaria, contenía 70 barriles de hígados en salazón, 1.086 estómagos de cerdo, 60 kilos de ovarios y 200 kilos de testículos de toro.

---

29 En cuanto a Degrelle, su vida a partir de la derrota germana tendría ingredientes novelescos. Desde Oslo escapó hacia España en un avión Heinkel He 111, pero el aparato se quedó sin combustible y tuvo que efectuar un amerizaje forzoso en la playa de la Concha de San Sebastián, resultando herido. Fue hospitalizado, y al ser reclamado por los aliados por haber sido condenado a muerte en Bélgica *in absentia*, pudo ocultarse con la complicidad del régimen de Franco. Durante un año vivió en el piso de unos jubilados en Madrid y después en la finca extremeña de un falangista. Bélgica solicitó infructuosamente su extradición durante quince años. En 1954 consiguió la nacionalidad española al ser adoptado —pese a tener ya 48 años— por una mujer de Sevilla; en su nueva documentación figuraría como León José Ramírez Reina. Residió en la Costa del Sol y escribió quince libros. Falleció en Málaga en 1994.

Los trenes que cargaban con esa mercancía tenían preferencia incluso sobre los transportes importantes de la Wehrmacht. Si se producían retrasos, Morell movía los hilos de las altas esferas militares y ferroviarias para aplanar cualquier dificultad. Pero conforme la situación militar iba empeorando, ni las enérgicas llamadas telefónicas del doctor podían evitar que sus trenes se quedasen varados en cualquier punto durante días, comprometiendo seriamente las condiciones higiénicas de la mercancía. En ocasiones, los envíos podían tardar hasta tres semanas para llegar a su destino, tiempo de sobras para que los órganos se deteriorasen por completo, convirtiéndose en una masa hedionda. Sin embargo, no eran desechados; se hervían en grandes calderas con acetona y alcohol metílico. La papilla marrón resultante se rebajaba con agua y era envasada en ampollas con el nombre comercial de Leber Hamma, de las que se fabricarían diez mil unidades al día. Ese mejunje elaborado con órganos podridos sería el que acabaría siendo inyectado en las venas de Hitler[30].

Pero las aberraciones no terminarían ahí. Debido a las disposiciones de la economía de guerra, desde mayo de 1943 el Servicio de Salud del Reich no autorizaba lanzar al mercado ningún medicamento nuevo. Sin embargo, Morell supo cómo rodear esa dificultad. Así, obtuvo de Hitler una insólita autorización para poner a prueba sus nuevos medicamentos —si es que podía llamárseles así— entre los miembros del cuartel general. Si no se apreciaban efectos negativos, automáticamente obtenían la luz verde para ser comercializados en Alemania, sin necesidad de ninguna comprobación por las autoridades sanitarias. Por tanto, el propio Hitler pasó a ser un ratón de laboratorio en el que Morell ensayaría los efectos de sus preparados.

Paradójicamente, en sus interminables monólogos de sobremesa, Hitler solía repetir uno de sus temas favoritos, como era alertar de los peligros de la intoxicación del cuerpo. También resultaba curioso que elogiase siempre la alimentación vegetariana, cuando él mismo se hacía inyectar todos esos productos animales de procedencia más que dudosa.

30 Cuando el suministro de hígados de los mataderos ucranianos cesó debido al avance del Ejército Rojo, Morell optó por recolectar hígados parasitados, es decir enfermos, de Checoslovaquia, ya que no podía disponer de la cantidad requerida de estos órganos aptos y sanos en Alemania. Según Morell, esos hígados parasitados eran adecuados para el procesamiento tomando determinadas precauciones.

Otro de los tratamientos heterodoxos de Morell consistía en la aplicación de sanguijuelas o hirudoterapia, un remedio utilizado desde la Antiguedad, en civilizaciones de todo el mundo. Su saliva contiene anestésicos, antibióticos y anticoagulantes, y han demostrado su eficacia para disolver coágulos o evitar el rechazo de miembros reimplantados. En cambio, su utilización para efectuar sangrías, como sería el caso de Hitler, carece de base científica.

El propio Hitler iba pasando las sanguijuelas a Morell desde el frasco y él se las aplicaba debajo de la oreja con los dedos, porque con las pinzas siempre se le resbalaban. En uno de los informes del doctor se podía leer: «La sanguijuela de delante se ha desprendido primero, se ha soltado por debajo y ha quedado colgando. La de atrás ha seguido chupando todavía media hora más, entonces se ha soltado por debajo y he tenido que arrancarla por arriba. Sangrado ulterior durante dos horas más. El Führer no va a cenar porque lleva dos esparadrapos».

KALANAG, UN MAGO EN EL BERGHOF

En marzo de 1944, Eva Braun quiso introducir algo de variedad en la monótona vida del Berghof, marcada por los inalterables hábitos de Hitler. Para ello insistió en invitar al famoso mago berlinés Helmut Ewald Schreiber. Su nombre artístico era Kalanag, un personaje de *El libro de la* selva, de Rudyard Kipling; aunque significaba «serpiente negra», en realidad era el nombre de un elefante.

Schreiber, que entonces contaba con 41 años, se dedicaba al ilusionismo por afición, ya que su verdadera profesión era la de productor cinematográfico. Su carrera se inició en 1926, llegando a producir 150 películas. La atracción por la magia se remontaba a su infancia; durante la estancia en el hospital por una fractura, su padre le regaló un libro de trucos que le despertaría la fascinación por ese arte, que le acompañaría el resto de su vida. Estudió filosofía en Múnich, pero también adquirió experiencia como actor y dramaturgo, lo que le permitiría desenvolverse con soltura en el escenario durante sus actuaciones como ilusionista. Su aspecto no correspondía al que se espera de un artista; era calvo, usaba gruesas gafas de concha y mostraba una prominente barriga. Sin embargo, sus movimientos eran seguros y armónicos, logrando el efecto misterioso deseado.

En 1933, con la llegada de Hitler al poder, Schreiber se afilió al Partido Nazi, lo que le ayudó a seguir prosperando en la industria cinematográfica y ganarse el favor de Goebbels. Como presidente del Círculo Mágico, una asociación de ilusionistas, expulsó a los miembros judíos, aunque esa era la práctica habitual en todas las asociaciones profesionales de Alemania si no querían verse en el punto de mira del régimen. En sus actuaciones tuvo que renunciar a su exótico nombre artístico, ya que en el nuevo Reich no estaban bien vistos los nombres no alemanes. Schreiber llegó a director de los estudios Bavaria, que se encargaban de producir las películas de propaganda y los discursos públicos de Hitler; eso le permitió conocer personalmente al dictador en 1939, siendo invitado por primera vez al Berghof, en donde ofrecería a los presentes una de sus actuaciones.

Quizás fue ese agradable recuerdo el que animó a Eva a sugerir que Schreiber acudiese allí de nuevo para distraerlos de las pésimas noticias que iban llegando por entonces desde todos los frentes de guerra. Así pues, el ilusionista aceptó la invitación y se presentó con su esposa, Anneliese Voss, de nombre artístico Gloria de Vos, que le ayudaba en sus actuaciones. Ambos se hospedaron en la mansión que Bormann se había hecho construir en el Obersalzberg. La pareja

Actuación del mago Kalanag en el Berghof el 1 de enero de 1939.

fue invitada al Berghof a las comidas del mediodía y de la noche para compartir mantel con el Führer, presentándose siempre en compañía de Bormann y su esposa.

A partir de entonces y durante dos semanas, Schreiber exhibiría ante Hitler y los habituales del Berghof sus trucos de magia. Las sesiones se celebraban en la misma gran sala de las reuniones informativas. Las actuaciones comenzaban normalmente después de la merienda, y nadie de los presentes en el Berghof se las quería perder. El Führer tomaba asiento en la primera fila. A derecha e izquierda se sentaban Eva y su madre. Las secretarias y los ayudantes de Hitler estaban también invitados.

Los números de magia se acompañaban de animada música de baile; Eva y Bormann eran los encargados de escoger los discos. En esos números, Schreiber hacía aparecer palomas. También hacía

Kalanag y su esposa Anneliese, junto a un avejentado Hitler, en marzo de 1944. *National Archives.*

desaparecer cualquier cosa que llevaran los miembros de su selecto público, lo que despertaba una gran admiración. Las risas retumbaban en la gran sala cuando de repente se esfumaba el reloj de bolsillo de oro de Bormann o el reloj de platino, adornado de brillantes, de Eva, que Hitler le había regalado, para volver a aparecer unos minutos después entre los aplausos de los asistentes.

El Führer, al que siempre le habían gustado mucho los números circenses, disfrutaba visiblemente con los trucos de Schreiber, riendo y aplaudiendo como el que más. Como reveladora anécdota, en una ocasión le comentó a Schreiber en tono jocoso que le gustaría hacer «desaparecer» de la misma manera a los ejércitos soviéticos.

El misterio inherente a sus actuaciones se prolongaría a su vida personal una vez acabada la guerra. Al parecer, en los últimos días de la contienda, el mago medió entre los Aliados y los hombres de las SS que se habían apoderado de grandes cantidades de oro de las que, hasta hoy, se desconoce su destino. Curiosamente, cuando la policía militar norteamericana acudió a detenerlo en los estudios Bavaria, aparecieron oficiales de alta graduación para protegerlo. Después de un breve proceso de desnazificación, Schreiber apareció en Hamburgo, entonces ocupada por los británicos, en donde organizó actuaciones de ilusionismo para las tropas, en las que aparecían también chicas ligeras de ropa, lo que favoreció su éxito. Para esta nueva etapa ya pudo recuperar su nombre artístico, evocador de exóticos misterios.

Aunque por entonces Alemania se encontraba en ruinas, Schreiber produjo un gran espectáculo con el que recorrería todo el país, en el que hacía desaparecer un lujoso automóvil de diez mil marcos, vertía un interminable chorro de agua de una jarra o sacaba de la nada helados para los niños que asistían a las funciones, con su esposa como asistente y bailarina. El toque exótico lo daba un guepardo que aparecía dentro de una jaula. Nadie sabía cómo financiaba esa costosa gira, por lo que se extendió el rumor de que había sido gracias al oro nazi nunca encontrado. Los magos judíos que habían sido represaliados por él intentaron llamar la atención sobre su pasado y boicotear sus espectáculos, sin conseguirlo. No obstante, los artistas judíos que habían estado a sus órdenes en los estudios Bavaria lo defenderían, asegurando que hizo lo que estuvo en sus manos para mantenerlos en sus puestos de trabajo.

En los años cincuenta, Kalanag actuó con su compañía de medio centenar de personas en varios países europeos, incluida España[31], además de Estados Unidos, Sudáfrica o Brasil. Pero al final de la década el interés por sus espectáculos decayó, causándole dificultades financieras. Esa crisis coincidió con el divorcio de su esposa y los problemas de salud provocados por su sobrepeso.

El mago que había hecho reír y aplaudir a Hitler, fallecería de un ataque al corazón en 1963. En su testamento dejó a su ex esposa Anneliese medio millón de marcos, lo que suponía una auténtica fortuna.

La alegría y la ilusión que Kalanag fue capaz en su día de llevar momentáneamente al Berghof sería un espejismo. La situación militar en esos momentos no era la más prometedora, pero solo tres meses después, las noticias que comenzarían a llegar allí helarían la sonrisa a todos los habituales del refugio alpino de Hitler.

31 El diario ABC, en la página 21 de su edición del sábado 4 de marzo de 1950, ofrecía una crítica teatral del espectáculo, firmada por Alfredo Marquerie. La pieza comenzaba así: «Anoche se presentó en el Lope de Vega el ilusionista Kalanag con su revista de magia 'Sin-Sala-Bim', gracioso nombre extraído del estribillo de una canción infantil alemana. Ayudan a Kalanag su fiel y bella colaboradora Gloria y un conjunto de disciplinados servidores». El crítico destacaba que «el espectáculo es dinámico, trepidante, con rápida sucesión de números de escamoteo y de prestidigitación, lujosa y espléndidamente presentados y desarrollados». Los números que más llamaron su atención fueron «el fraccionamiento de una mujer en tres pedazos», «el experimento de la levitación» y la «desaparición de un automóvil a la vista del público, escamoteo ejecutado impecablemente». El espectáculo fue todo un éxito: «Kalanag —que es un artista elegante y simpático—, su colaboradora Gloria, y el resto del elenco, oyeron muchos aplausos».

El hundimiento

Tras la derrota en Stalingrado, Hitler trató de retomar la iniciativa en el este lanzando una ofensiva en Kursk, que acabaría fracasando. Mientras los Aliados avanzaban en Italia, los soviéticos seguían recuperando terreno. Hitler estaba convencido de que podría hacer frente a sus enemigos, pero el verano de 1944 se demostró que las tornas habían cambiado definitivamente. Con la entrada de los Aliados en Roma y el desembarco en Normandía, al tiempo que el Ejército Rojo emprendía un ataque colosal en Bielorrusia, las fuerzas aliadas pondrían la base para el asalto final al Reich.

Ese mismo verano, Hitler estuvo a punto de morir en un atentado, una salvación providencial que le impulsaría a seguir caminando decidido hacia el abismo, arrastrando consigo a sus compatriotas. Con el fracaso de la ofensiva en las Ardenas, la suerte estaba echada. En un Berlín rodeado por dos millones de soldados soviéticos, Hitler vería cómo sus sueños imperiales se deshacían en la opresiva atmósfera de un húmedo búnker subterráneo, del que ya no saldría con vida.

UNA SIESTA DURANTE EL DÍA D

A las tres de la mañana del 6 de junio de 1944 se informó al Alto Mando de la Wehrmacht, ubicado en el Obersalzberg, de que se habían realizado importantes lanzamientos de paracaidistas y descensos de planeadores en Normandía. Tres horas más tarde llegó un informe en el que se afirmaba que se trataba de la esperada invasión. Aun así, se creyó conveniente no despertar a Hitler, ante la posibilidad de que se tratase de una maniobra de distracción.

No fue hasta las nueve de la mañana que, por fin, despertaron a Hitler, cuando estaba durmiendo con Eva Braun. Al darle la noticia, Hitler quiso bajar corriendo al salón para estudiar los mapas militares, pero Eva consiguió retenerlo a duras penas, haciéndole notar que un camisón de noche de algodón blanco no era el atuendo indicado para el defensor supremo de la fortaleza europea.

Cubierto con un albornoz, Hitler entró en el salón de desayuno del Berghof gritando: «Pero ¿ya es la invasión o no?». Cuando Morell se pasó por allí y le inyectó una dosis del opioide Eukodal, una versión mejorada de la heroína[32], se tranquilizó de inmediato, se mostró súbitamente afable y de buen humor, disfrutó del buen tiempo y dio joviales palmaditas en la espalda a todo el que se cruzó con él, con una familiaridad poco habitual.

Estaba previsto que esa mañana se entrevistase en el palacio de Klessheim con los dictadores de Hungría, Eslovaquia y Rumanía; Horthy, Tiso y Antonescu. Pese al momento crucial de la guerra que se estaba viviendo en esa jornada, no aplazó la cita. En el trayecto de una hora hasta el palacio se mostró confiado en rechazar el desembarco: «¡Ahora sí podremos hacerles un bonito regalo!», dijo dándose una palmada en el muslo.

En la reunión informativa de las doce, celebrada en el palacio antes de la reunión con sus aliados, Hitler, a pesar de la catástrofe que se avecinaba y para sorpresa de los presentes, estaba radiante e incluso en un momento rompió a reír con despreocupación. Para entonces, las tropas norteamericanas ya habían desembarcado con éxito en la playa de Utah y avanzaban hacia el interior de Normandía.

Una vez de regreso en el Berghof, durante la comida, consistente en sopa de albondiguillas de sémola, champiñones con arroz y *strudel* de manzana, Hitler se lanzó a uno de sus interminables

---

32 El principio activo del Eukodal, comercializado por los laboratorios Merck en 1917 como analgésico y antitusivo, es un opioide, la oxicodona, que posee un efecto analgésico que dobla el de la morfina. Pero su principal atractivo radica en su considerable potencial euforizante de efecto inmediato, claramente superior al de la heroína. Además, con las dosis adecuadas, no parece provocar los efectos secundarios de otras drogas, que dejan al cuerpo sin energía, sino que la conserva durante bastante tiempo. Sin embargo, el Eukodal no deja de ser lo que es: una droga dura más. Solo tras dos o tres semanas de consumo regular ya crea dependencia física y es necesario ir aumentando las dosis para obtener los efectos buscados.

monólogos. Esta vez iba sobre el elefante, del que decía que es el animal más fuerte y que, como él, tampoco come carne. Seguidamente describió con todo detalle los horrores de un matadero que había visitado en la Polonia ocupada. Decía que allí las mujeres caminaban con botas de goma y la sangre les llegaba hasta los tobillos. A esa hora, los defensores alemanes, cada vez más escasos de munición, trataban desesperadamente de impedir que los norteamericanos se abriesen paso en la playa de Omaha.

Después de la comida, el grupo fue caminando tranquilamente hasta el pequeño pabellón situado ladera abajo en el que solían tomar el té. Hitler disfrutó de una taza de té con flores de limonero, a lo que siguió una hora de siesta. Mientras el Führer estaba en brazos de Morfeo, la 21ª División Panzer alemana trataba de contraatacar entre las playas Juno y Sword para llegar a la costa, topándose con una fuerte resistencia.

La noche de ese 6 de junio, cuando los Aliados ya avanzaban en un frente de cuarenta y cinco kilómetros, Hitler todavía no creía que la invasión en la costa atlántica se hubiera producido, sino que se trataba de un ataque simulado, una pura maniobra de engaño para obligarle a una reacción precipitada, cuando la invasión real debía llegar por el Paso de Calais. Ese convencimiento hizo que no diese permiso para enviar a Normandía las potentes fuerzas blindadas que estaban destinadas en esa zona, una decisión que resultaría letal para las pocas posibilidades que tenían los alemanes de rechazar las fuerzas de desembarco.

CINCUENTA DOSIS DE COCAÍNA

El 20 de julio de 1944, el coronel Claus von Stauffenberg logró colocar un potente explosivo, dentro de un maletín, bajo la mesa de mapas de la sala de reuniones de la Guarida del Lobo. Pero la suerte volvió a sonreír a Hitler. Una vez que Stauffenberg abandonó la sala con la excusa de llamar por teléfono, el coronel Heinz Brand movió el maletín unos centímetros, ya que le estorbaba, colocándolo detrás de una gruesa pata de madera. En el momento de la explosión, a las 12:42 h, la madera hizo de pantalla de protección para Hitler. En cambio, Brand fallecería al día siguiente a consecuencia de las heridas.

El autor, señalando el lugar exacto en el que estalló la bomba de Von Stauffenberg en la *Wolsschanze*. Septiembre de 2007. *Foto del autor.*

Mussolini visitó a Hitler el mismo día del atentado y pudo comprobar el estado en el que había quedado la sala de conferencias tras la explosión. *National Archives.*

Stauffenberg tomó un avión para Berlín, creyendo que Hitler había muerto. Una vez en la capital se puso al frente del golpe de Estado junto a otros oficiales, pero la noticia de que Hitler había sobrevivido echó por tierra todos los planes. Esa misma noche, los conspiradores fueron detenidos y fusilados a la luz de los faros de un camión.

Durante las siguientes semanas, la Gestapo realizaría unas cinco mil detenciones. Los militares que formaban parte del complot serían llevados ante el Tribunal del Pueblo, presidido por el infame juez nazi Roland Freisler. El primer juicio se celebraría el 8 de agosto de 1944; ocho encausados fueron condenados a muerte y ejecutados esa misma tarde, siendo colgados de ganchos para carne. Hitler ordenó que se filmase la ejecución, pero los testimonios sobre si llegó a verla o no son contradictorios[33].

Las heridas del atentado habían tenido aparentemente poco impacto sobre su salud. En el momento de la explosión, Hitler se volvió y resultó herido en el brazo derecho, que había levantado instintivamente. Poco después del atentado, escribió una carta a Eva, en la que le decía que «estoy bien, no te preocupes, quizás un poco cansado». La misiva iba acompañada del uniforme que llevaba en ese momento, manchado y desgarrado: «Es la prueba de que la Providencia me protegió y ya no tenemos que temer a nuestros enemigos. De todo corazón, tu A. H.»

La noticia del atentado alcanzó a Eva durante una excursión a un lago junto a una amiga. En cuanto pudo, telefoneó al cuartel general y respondió también por correo al escrito de Adolf: «Querido, estoy fuera de mí. Me muero de miedo, estoy cerca de la locura», le aseguraba. Sus últimas líneas auguraban su trágico final: «Desde nuestro primer encuentro he jurado seguirte a todas partes, incluso a la muerte. Sabes que solo vivo por tu amor. Eva».

33 La película duraba veinticinco minutos y no tenía sonido. Por un lado, Albert Speer explicaría en junio de 1971, en una entrevista para la revista *Playboy*, que Hitler la vio muchas veces, en una clara manifestación de sadismo. En el otro extremo, Walter Frenz, ayudante de cámara de Hitler, aseguraría mucho después de la guerra que, en efecto, la película llegó hasta la Guarida del Lobo, pero que el dictador no mostró interés por asistir a su proyección. Finalmente, la macabra película fue destruida y se desconoce si sobrevivió alguna copia.

Excepto la rotura de ambos tímpanos, Hitler no sufrió heridas graves. No obstante, esas heridas de los tímpanos habrían podido resultarle fatales. Al salir de la sala de reunión, alguien quiso limpiarle los oídos con agua. En el último momento, se le impidió hacerlo. El profesor Carl von Eicken, un ilustre otorrinolaringólogo del Hospital de la Caridad de Berlín a quien se consultó más tarde para un tratamiento, le explicó a Hitler que la introducción de agua, y además sucia, en los conductos auditivos seguramente le habría causado la muerte. Como siempre, la fortuna estuvo de su parte.

Aunque se suele afirmar que estos son los pantalones que llevaba Hitler en el atentado, por su enorme talla es más probable que pertenecieran a alguno de sus generales más obesos. Hitler envió su uniforme destrozado a Eva Braun como recuerdo.

Debido a esas lesiones en los tímpanos, desde la Guarida del Lobo se requirió la presencia del doctor Erwing Giesing, un otorrinolaringólogo destinado a un hospital militar cercano. El médico, de 36 años, era miembro del partido nazi desde 1932 y había formado parte de las SA. Después de trabajar como especialista en una clínica, a partir de 1939 estuvo destinado en varios hospitales de la Wehrmacht. Recientemente había sido médico de alto nivel en la Luftwaffe.

Giesing debió llevarse una gran decepción al ser presentado a su nuevo paciente, ya que se encontró con un personaje encorvado y que caminaba cojeando, vestido con un albornoz a rayas rojas y azules, y calzando zapatillas de andar por casa, una imagen del todopoderoso Führer alejada del que presentaba la propaganda nazi.

El propio Giesing lo describiría con estas palabras: «Tenía la cara pálida y un poco hinchada, y bajo los ojos hemorrágicos colgaban dos grandes bolsas. Aquella mirada no provocaba la fascinación de la que tanto hablaba la prensa. Me llamaron la atención las arrugas que descendían desde ambos lados de la nariz hasta las comisuras de la boca. Y también los labios, secos y un poco agrietados». El médico concluiría que «es un hombre envejecido y agotado que debía dosificar las pocas fuerzas que le quedaban».

Giesing comprobó la gravedad de las lesiones de los tímpanos y trató con ácido los tejidos sensibles, sorprendiéndose de que su paciente encajase con entereza el doloroso tratamiento. Aquella insensibilidad pudo haber sido a consecuencia de una inyección previa de Morell; Giesing no podía saberlo puesto que, aunque cueste creerlo, ambos médicos no intercambiarían ningún tipo de información, ya que se rechazaron mutuamente desde el primer momento.

Así pues, en los días posteriores, Morell solía entrar, como de costumbre, sofocado y resollando en la habitación de Hitler cuando este se despertaba y procedía a inyectarle las sustancias que tuviera a bien inocularle. Por su parte, Giesling inició un tratamiento para mitigar los dolores aparecidos en la zona nasal, laríngea y auditiva a consecuencia de las lesiones en los tímpanos, consistente en la aplicación de cocaína mediante pincelaciones nasales y faríngeas. Se trataba de una solución de cocaína absolutamente pura, de gran poder psicoactivo. Según las notas de Giesing, entre el 22 de julio y el 7 de octubre de 1944, le administraría cocaína en más de cincuenta ocasiones.

La elección de la cocaína para ese fin estaba justificada, ya que entonces no había muchas más opciones para practicar una anestesia local. Según Giesing, Hitler decía que «con cocaína me encuentro mucho más relajado mentalmente y pienso con más claridad», y solía reclamar una segunda pincelación diaria. Cuando el 10 de septiembre el médico anunció a Hitler que los tímpanos estaban curados y que el tratamiento había llegado a su fin, este exigió continuar con él. Giesing le advirtió del peligro de seguir con las pincelaciones, pero fue inútil. Cualquier excusa era buena para reclamar la dosis diaria de cocaína, como el supuesto dolor de cabeza que le provocaban unas obras en la Guarida del Lobo.

Giesing empezaba a ver que el asunto se le estaba yendo de las manos. El 16 de septiembre, después de recibir otra dosis de cocaína de manos de Giesing, Hitler tuvo una de sus temidas ocurrencias e hizo saber a sus desconcertados generales que quería retomar la iniciativa en el oeste, lanzando un ataque en las Ardenas, a pesar de la evidente inferioridad en efectivos y material. Aunque todos desaconsejaron reeditar una ofensiva en las Ardenas, conscientes de que 1940 quedaba ya lejos y que esta vez estaría condenada al fracaso, Hitler se mantuvo firme en su decisión.

Igual de firme se mostraría el atribulado médico el 26 de septiembre, cuando le negó la dosis de cocaína antes de otra importante reunión. Reaccionando como un niño pequeño, Hitler se negó entonces a acudir al encuentro con sus generales, aduciendo que la situación en el frente oriental, que amenazaba con venirse abajo en cualquier momento, ya no le interesaba. Giesing tuvo que prometerle que le daría una pincelación después de la reunión para que acudiese a ella.

El punto crítico llegó el 1 de octubre cuando, después de someterse a una exploración completa, Hitler reclamó a Giesing un toque con cocaína para que supuestamente dejase de dolerle la cabeza. El médico acabó accediendo, pero en esa ocasión Hitler perdió el conocimiento y estuvo a punto de sufrir una parálisis respiratoria. Es decir, aunque resulte increíble, Hitler estuvo a un paso de morir por sobredosis de cocaína.

Giesing, aterrado ante la posibilidad de que el Führer falleciese estando a su cargo, decidió entonces disminuir drásticamente la frecuencia de las dosis para poner fin al tratamiento, de una vez por todas. Afortunadamente para él, las protestas de Hitler duraron poco, ya que parece ser que Morell aumentó por su lado las dosis de Eukodal, introduciendo además sustancias nuevas, como la eupaverina, lo que haría que perdiese su interés por la cocaína.

Seguramente, el otorrinolaringólogo debió respirar aliviado cuando el 8 de octubre se le comunicó que ya no eran necesarios sus servicios, recibiendo de Bormann un cheque de diez mil marcos en concepto de finiquito. Antes había expresado a Himmler su malestar ante el hecho de que Hitler tomase cada semana entre 120 y 150 pastillas por prescripción de Morell, además de las inyecciones diarias de fármacos de los que ni conocía su composición. Tanto Himmler como Bormann recelaban del poder que Morell había adquirido ante Hitler, por lo que también movieron sus hilos para minar la posición del controvertido doctor.

Sin embargo, Hitler tenía claro que ya no podía prescindir de Morell, un servicial *camello* siempre a su disposición y con existencias variadas e ilimitadas; la fantasía de cualquier drogadicto. Así pues, decidió prescindir tanto de Giesing como de sus otros dos doctores, Hanskarl von Hasselbach y Karl Brandt, que también habían tratado sin éxito de poner coto a los desmanes farmacológicos de Morell.

Después del final de la guerra, Giesing estuvo internado en Estados Unidos, siendo interrogado sobre las enfermedades de Hitler. Fue liberado en marzo de 1947. Se estableció en la ciudad alemana de Krefeld, en donde seguiría ejerciendo su especialidad médica. Falleció en 1977.

UNA MEMORIA PRODIGIOSA

Hitler tenía una memoria impresionante. Sorprendía por su gran conocimiento de los detalles, especialmente en el campo del armamento. Disfrutaba haciendo malabarismos con las cifras y era capaz de citar una cantidad increíble de estadísticas con una precisión extraordinaria.

Según relata Bernd Freytag von Loringhoven en el libro en el que relata sus experiencias junto a Hitler, en una discusión pudo mencionar de memoria la cantidad de municiones producidas mensualmente para el *Feldshaubitze*, un mortero ligero, en los años 1915, 1939 y 1944.

En otra ocasión, en el invierno de 1944, durante una reunión se enfrentó con dureza al representante del ministerio de Armamento por la cuestión de la producción de municiones para los *Sturmgeschütze*, unos cañones instalados en carros sin torretas. Hitler recalcó que había defendido la misma tesis en una fecha determinada del año 1942 y que, en aquel entonces, los hechos le habían dado la razón. Para demostrar lo que decía, reclamó el acta de la conferencia de ese día en concreto y alguien fue a buscarla. Para asombro de todos los asistentes, en el acta de esa jornada figuraban las observaciones de Hitler tal como las acababa de recordar.

La explicación para esa memoria prodigiosa es que tal vez Hitler poseía la denominada memoria eidética o también llamada fotográfica. Las personas que la poseen tienen la capacidad de visualizar clara y sensiblemente la imagen mental de algo visto con anterioridad, y se suele dar precisamente en los artistas plásticos. Quizás Hitler, en los tiempos en los que pintaba de memoria acuarelas de paisajes o edificios, perfeccionó esa capacidad innata.

Por ejemplo, cuando visitó París el 23 de junio de 1940, la primera parada de su recorrido sería en la Ópera, un edificio por el que Hitler tenía una preferencia especial y del que se conocía los planos de memoria. La visita a la Ópera fue guiada por un funcionario francés, que fue explicando con profesionalidad y rigor todas las particularidades de esa obra monumental. Cuando Hitler inspeccionó los palcos notó que faltaba uno. El guía le aclaró que tenía toda la razón, confirmándole que hacía unos años que lo habían retirado durante unas reformas. Exultante, Hitler dijo: «¿Lo ven? ¡Conozco perfectamente todo esto!» Por cierto, tras la visita, Hitler ordenó a uno de sus escoltas que diese al guía una generosa propina de cincuenta marcos, pero el funcionario la rehusó. Hitler no se tomó mal el gesto y lo justificó afirmando que «simplemente cumplía con su deber».

LA COCINERA JUDÍA DE HITLER

Las tan aborrecibles como absurdas disposiciones raciales del régimen nazi tuvieron también como víctima a alguien que había llegado a ser miembro del círculo de asistentes personales de Hitler. La historia de la mujer que se encargó de cocinar para él durante diez meses es representativa de las contradicciones a las que los nazis se veían arrojados por su fanático antisemitismo.

Helene Marie von Exner, llamada familiarmente *Marlene*, había nacido en 1917 en Viena.

Estudió nutrición en la Universidad de Viena y, tras completar su formación, trabajó como dietista en una clínica de la capital austríaca. Esa clínica adquirió fama mundial, por lo que acudieron a ella personalidades sociales y políticas. Desde septiembre de 1942 a julio de 1943, Marlene trabajó como dietista para el dictador rumano Ion Antonescu; al padecer problemas estomacales, se había puesto en contacto con la clínica de Viena, por lo que a Marlene se le asignó por casualidad el caso de Antonescu, algo que acabaría marcando su vida.

Durante la referida visita oficial de Antonescu al palacio de Klessheim en abril de 1943, el líder rumano y Hitler tuvieron tiempo también de hablar sobre sus enfermedades. Antonescu le informó sobre los beneficios de la dieta que le había prescrito Marlene, así que Hitler consultó con la clínica de Viena, en donde le recomendaron la misma dietista. Entonces Marlene fue presionada para que aceptara convertirse en la cocinera de Hitler, pero ella no estaba predispuesta a ponerse a su servicio, ya que lo veía como una restricción a su independencia y a su desarrollo profesional.

A pesar de sus reticencias iniciales, Marlene daría su brazo a torcer, ya que Hitler le hizo una oferta que no pudo rechazar: un salario de ochocientos marcos al mes libres de impuestos —un operario cobraba unos doscientos— y, como incentivo, una bonificación de dos mil marcos al empezar a trabajar, lo que haría el 15 de julio de 1943.

A partir de entonces, Marlene cocinaría para el Führer en la Guarida del Lobo, para lo que contaría con una cocina propia, junto a su búnker. Así pues, procedió a cambiar la preparación de su comida, haciéndola más variada. Elaboró sopas vegetarianas en lugar de caldos de carne. También le cocinó los guisos que solía pedir, con zanahoria, patatas y huevos duros. Como vienesa que era, preparó pasteles típicos de su ciudad.

Marlene participaba en las comidas de Hitler y en las veladas nocturnas junto con el cuarteto de secretarias del Führer, formado por Traudl Junge, Gerda Christian, Christa Schroeder y Johanna Wolf.

Junge labraría una gran amistad con Marlene; en ocasiones, la secretaria le ayudaría en la cocina. Como reconocimiento a su buena labor, Antonescu y Hitler le regalaron cada uno un fox terrier joven, aunque Marlene no sabía realmente qué hacer con ellos.

Marlene, que había podido rechazar un acercamiento de Martin Bormann, conoció al joven ayudante de las SS Fritz Darges, quien en el anterior capítulo vimos cómo protagonizó el incidente de la mosca, y se enamoró de él. Cuando la pareja comenzó a hacer planes de matrimonio, ella poco podía pensar que ese paso iba a ocasionarle graves problemas.

Tan pronto como comenzó a trabajar, Marlene había informado a Hitler que los papeles de su madre no estaban en orden porque su abuela había sido una niña sin padres conocidos. El hecho de que los padres de Marlene fueran nacionalsocialistas convencidos, con carnet del Partido Nazi, hizo que inicialmente Hitler no le diese mayor importancia a esta declaración.

Sin embargo, el rutinario estudio genealógico de Marlene von Exner por parte de la Oficina de Raza y Asentamiento de las SS (*Rasse und Siedlungshauptamt der SS*, abreviado RuSHA), obligatorio para toda mujer que deseara contraer matrimonio con un SS, reveló la existencia de una abuela y una bisabuela judías, convirtiéndose ella por tanto en lo que la terminología nazi calificaba de *Mischlinge* de segundo grado, lo que conllevaba no sólo la imposibilidad de contraer el matrimonio previsto, sino también la pérdida de determinados derechos civiles. Además, la familia Von Exner perdió también su condición de miembros del partido.

Esa inoportuna revelación tendría un efecto extraordinario. El Führer había convivido inadvertidamente con alguien que en sus venas portaba sangre judía, quien además se había encargado de preparar diariamente su comida. Eso suponía, dentro de la desquiciada mentalidad nazi, un error de seguridad sin precedentes, sin contar con la posición en la que quedaría el Führer si trascendiese que su cocinera personal era judía.

Para más *inri*, de todos era conocida la veneración que Hitler sentía por Marlene. La joven vienesa había cautivado al Führer por su pericia profesional y por el encanto que el resto de los alemanes atribuyen a los vieneses, y que en ella no era excepción. Hitler, aun cuando no había nacido en Linz, se consideraba originario de allí, pues en esa ciudad había pasado la mayor parte de su niñez y adolescencia; los habitantes de Linz sentían una natural rivalidad hacia los de Viena, y las bromas en torno a la competencia entre ambas ciudades amenizaban sus comidas. Además, Marlene no se dejaba impresionar por la figura del Führer; actuaba con un desparpajo natural, atreviéndose a reprenderle y desobedecerle, lo que divertía mucho a Hitler. Así pues, Marlene suponía un agradable soplo de aire fresco en la siempre pesada atmósfera que se respiraba en la Guarida del Lobo.

¿Cuál fue la reacción de Hitler ante esa revelación? Según relata Traudl Junge, «Hitler tuvo una conversación con la señora Von Exner, en la que le dijo: 'Siento una pena extraordinaria por usted, pero como comprenderá, no puedo hacer otra cosa que separarla de mi servicio. Me es imposible hacer una excepción personal para mí e invalidar, cuando es en mi ventaja, mis propias leyes. Pero cuando esté de vuelta en Viena haré que toda su familia sea arianizada, y se le pagarán seis meses de salario. Además, antes de abandonarme, le ruego sea mi invitada en el Berghof'».

En marzo de 1944, Marlene regresó con su familia a Viena y volvió a la prestigiosa clínica en la que trabajó, pero fue despedida por su origen judío. Al menos, Hitler cumpliría su promesa; gracias a las gestiones de Martin Bormann, la familia Von Exner fue «arianizada»[34] y pudo recuperar sus carnets del partido, pero no sería hasta un año después, en marzo de 1945. Para entonces, la guerra estaba próxima a su fin, y las ventajas que podía proporcionar esa medida pronto iban a transformarse en todo lo contrario.

La marcha de Marlene tendría consecuencias aún más trágicas para una joven tirolesa: Constanze Manziarly. El 25 de marzo de 1944 esta joven dietista de veinticuatro años, nacida en una familia

34 Hubo más casos de «arianización» cuando así convenía por el motivo que fuera. Los ejemplos más conocidos tuvieron lugar en el seno de las Fuerzas Armadas. El mariscal de campo de la Luftwaffe Erhard Milch, *Mischlinge* de primer grado —dos abuelos judíos— es el que se suele mencionar más, si bien es cierto que no tenía «sangre judía», ya que su padre «oficial» era judío, pero no así su verdadero progenitor. Otros casos son el del vicealmirante Bernhard Rogge, capitán del crucero auxiliar *Atlantis*, condecorado con la Cruz de Caballero con Hojas de Roble y *Mischlinge* de 2º grado, o el coronel del Ejército de Tierra Walter H. Holländer, *Mischlinge* de 1º grado condecorado con la Cruz de Caballero por la destrucción de ventiún tanques rusos en la batalla de Kursk.

culta amante de la música, ocupaba la vacante dejada por Von Exner. Ella quería ser maestra, pero trabajaba como dietista en una clínica privada cercana a Berchtesgaden. Fue reclamada para una sustitución de unas semanas, que se acabarían convirtiendo en meses; sin ser consciente de ello, ya había quedado atrapada en la tupida y pegajosa tela de araña que rodeaba a Hitler.

El 22 de abril de 1945, junto con las dos secretarias más jóvenes de Hitler, Gerda Christian y Traudl Junge, Constanze se negó a cumplir la orden del Führer de abandonar el búnker y escapar así del cerco ruso. Hitler les expresó su admiración con estas palabras: «Ojalá mis generales fueran tan valientes como ustedes». Ese gesto de lealtad de Constanze le acabaría costando la vida. El 2 de mayo, Constanze dejó atrás el búnker en uno de los últimos grupos que intentaban

La cocinera Constanze Manziarly, sustituta de Marlene von Exner. Ella le prepararía a Hitler su última comida.

huir de los sovieticos. Traudl Junge, última persona conocida que la vio, fue testigo de cómo se la llevaban dos soldados rusos, ya fuera para identificarla porque era la única que vestía una chaqueta militar o porque la vieron como un botín de guerra. Constanze trató de tranquilizar a sus compañeras: «Quieren comprobar mi documentación». Jamás se la volvió a ver[35].

En cuanto al destino de Marlene von Exner, pocos detalles se conocen sobre su destino después de la contienda, ni siquiera su fecha de defunción. En la posguerra publicó numerosos libros y guías sobre dietética para diversas enfermedades, incluido un libro de cocina dietética en 1953. Pero después su trayectoria vital se diluye en la oscuridad. Una historiadora austríaca mantuvo correspondencia con ella en 1995 mientras investigaba para un libro sobre los gustos musicales de Hitler. La lista de notas del libro de memorias de Traudl Junge, publicado en 2002 incluía una breve biografía de Marlene von Exner, pero no contenía su fecha de defunción, por lo que quizás entonces seguía viva.

BUSCANDO NOVIO A *BLONDI*

Si en páginas anteriores vimos cómo buscaban novia a Hitler, lo mismo sucedería a finales de 1944, pero en este caso la misión consistiría en encontrar pareja a su perra pastor alemán, *Blondi*, con el fin de que tuviera descendencia. Ese can le había sido regalado por Martin Bormann en 1941, y enseguida sería muy importante para la vida del dictador, a tenor del tiempo y las atenciones que le dedicaría.

35 En 2020, la editorial alemana BerlinStory publicó el libro *Constanze Manziarly: Hitlers letzte Diätköchin*, en el que el historiador Stefan Dietrich transcribe las dieciocho cartas que Constanze envió a su familia mientras estuvo al servicio de Hitler, fechadas desde el 3 de abril de 1943 hasta diciembre de 1944. En esas misivas a su padre y a su hermana, la joven explica los problemas crónicos de digestión de Hitler, las situaciones de estrés que ella vivía a diario y que, sobre todo al principio, sentía mucho miedo. En la primera de las cartas recuperadas por Dietrich ya se observa que Constanze no se sentía nada cómoda en su trabajo y que lo realizaba por obligación: «La gente sigue diciéndome que es un privilegio esta misión, que miles de personas me envidiarían. ¡Oh, si supieran lo que hay en todo esto! Con qué gusto le entregaría todo a alguien con experiencia, alguien más apropiado, para recuperar así mi paz mental».

Blondi no fue el primer pastor alemán que tuvo Hitler. En 1921 le regalaron uno llamado *Prinz*. Según explicaría Hitler en una de sus conversaciones de sobremesa, «estaba tan triste con el recuerdo de su antiguo amo, que no podía acostumbrarse a mí. Decidí separarme de él. Su nuevo dueño se había alejado unos pasos solamente, cuando le abandonó y vino a refugiarse a mi lado, poniéndome las patas sobre los hombros. Entonces me quedé con él».

Sin embargo, Hitler se vio obligado a vender a *Prinz* por motivos económicos; el hecho de que, una vez entregado a su nuevo dueño, volviese a escaparse y regresar con él, hizo que sintiese para siempre un aprecio especial por esa raza. Después tuvo otro pastor alemán al que puso un curioso nombre, *Muckl von der Korbinianslinde* (Korbinians-Linde era un árbol singular de la Alta Baviera), pero es de suponer que lo llamaría solo por su nombre de pila. Aunque ahora nos pueda resultar ridículo llamar así a un perro, por entonces no era extraño que a los canes con cierto porte, como los pastores alemanes, sus dueños les pusiesen pomposos nombres aristocráticos[36].

Después de *Muckl*, Hitler tuvo dos pastores alemanes más: una madre, nacida en 1926 y su hija, nacida en 1930 en una camada de cinco cachorros, ambas llamadas *Blonda*. Hay que anotar que en algunas fotos tomadas durante los años treinta se identifica incorrectamente a la joven *Blonda* como *Blondi*. También existe una foto del exterior del Berghof nevado en el que se ve un golden retriever de largo pelaje; se cree que su nombre era *Sirus* y que pudo pertenecer en algún momento también al dictador.

36 Ese es el caso del capitán alemán Max von Stephanitz, considerado el padre de la raza canina del pastor alemán. En 1899, después de mucho buscar el perro ideal para guarda y protección de los rebaños contra los lobos, en un concurso canino vio un ejemplar de cuatro años, cruce de pastor de Turingia y de Wurtemberg, que demostró una gran fuerza e inteligencia, llamado *Hektor Linksrhein*. Estaba tan convencido de que era el perro ideal que no dudó en comprarlo por doscientos marcos de oro, cambiándole su nombre por el de *Horand von Grafrath*. Él sería oficialmente el primer pastor alemán de la historia. Entre sus descendientes podemos encontrar otros nombres rimbombantes, como *Hektor von Schwaben* o *Heinz von Starkenburg*. Los pastores alemanes serían utilizados por el ejército germano durante la Primera Guerra Mundial; quizás Hitler pudo admirar allí sus virtudes, lo que le hizo quedar enamorado para siempre de esa raza.

Igualmente, antes de la llegada de *Blondi*, Hitler poseía un terrier escocés llamado *Burli*. Se lo había regalado la citada Inga Ley, la esposa del líder sindical nazi Robert Ley, que acabaría suicidándose. La atractiva Inga, que había sido bailarina y actriz, tenía una perra scottish terrier con siete crías, y estaba muy orgullosa de esa camada. Cuando Hitler la visitó, le dijo por cortestía que eran unos animalitos preciosos. En realidad pensaba una cosa muy diferente, tal como le confesó en una ocasión a su secretaria Traudl Junge: «Encuentro repugnantes a esas ratas», le aseguró. Al día siguiente, Inga le mandó uno de los cachorros como obsequio, y Hitler no pudo hacer otra cosa que aceptarlo a regañadientes. Aunque, según dijo a su secretaria, «era conmovedor cómo me quería aquella criatura», consideró

Hitler y *Blondi* el 16 de junio de 1942, en una foto tomada por Eva Braun. *National Archives*.

que esa raza peluda, de pequeño tamaño y patas muy cortas no era adecuada para alguien como él. De hecho, en el cuartel general, el animalito fue bautizado irónicamente como el «imperial perro de la gran Alemania», por lo que optó por deshacerse de él regalándoselo a la madre de Eva Braun.

Como se ha apuntado, en 1941 llegaría *Blondi*, que, quizás junto a *Fuchsl*, sería el perro por el que sentiría más afecto a lo largo de su vida. Nadie estaba autorizado a darle de comer, tan solo el propio Hitler, y tampoco nadie se atrevía a tocarla excepto su adiestrador, el sargento Fritz Tornow. Cuando en 1943 *Blondi* contrajo una enfermedad contagiosa, fue llevada a una clínica veterinaria privada en Múnich. Hitler hizo que le enviaran a la clínica huevos, carne y manteca. Mientras estuvo ingresada, cada mañana llegaba a la Guarida del Lobo una llamada telefónica de Múnich con el parte médico correspondiente, que el asistente de Hitler, Linge, debía leerle en primer lugar, por delante de los partes militares. El Führer se mostraba muy preocupado cuando recibía malas noticias sobre el estado de salud de su adorada mascota. Incluso Eva Braun llegaría a sentirse celosa de ella, ya que solía propinarle patadas disimuladamente cuando estaba debajo de la mesa.

En mayo de 1942, Hitler compró otro cachorro hembra de pastor alemán, que era propiedad de un funcionario de correos de Ingolstadt, a la que bautizó como *Bella*. Aunque la había adquirido para que hiciera compañía a *Blondi*, al poco tiempo desapareció, por lo que es probable que se la regalase también a alguien.

Cuando Hitler se encontraba en la Guarida del Lobo, cada mañana, antes de tomar el desayuno, sacaba a pasear durante diez minutos a *Blondi*, que no se apartaba nunca de su lado. El animal sólo le obedecía a él, mientras que gruñía a todos los demás. *Blondi* vigilaba a Hitler día y noche, e incluso en las reuniones informativas con los generales permanecía tumbada a sus pies. Tras el almuerzo del mediodía, Hitler se estiraba vestido en la cama y permanecía allí hasta la llegada de la noche. Entonces acudía con su mascota a la sesión informativa nocturna que se celebraba a las nueve. Después de la sesión, solía quedarse otro rato en la sala de conferencias jugando con *Blondi* y una pelota. Hitler le ordenaba: «¡Venga, *Blondi*, haz el conejo!» Entonces el animal se sentaba sobre sus patas traseras y devolvía la pelota con las patas delanteras estiradas. Esa rutina tenía lugar en 1944, cuando las noticias del frente eran cada vez más desesperanzadoras; sin duda, esos ratos de asueto con *Blondi* le servían para soportar mejor la pesada carga de la dirección de la guerra.

A mediados de ese año, Hitler tuvo la idea de que *Blondi* debía ser madre, para perpetuar así su linaje. Así pues, en agosto de 1944 fue invitada a la Guarida del Lobo la viuda del arquitecto Paul Ludwig Troost, propietaria de *Harras*, un can que podía cumplir con esa misión. Antes de su llegada al poder, Hitler había trabajado junto a Troost diseñando los emblemáticos edificios que deseaba construir cuando fuera el dueño de Alemania, pero fallecería de neumonía en enero de 1934.

Su viuda, Gerda, se convertiría en diseñadora de interiores, encargándose de la decoración del Berghof y otras residencias de los jerarcas nazis. Hitler consideró que el pastor alemán de Gerda podía ser el novio idóneo para *Blondi*. Además, ella era una antigua militante nacionalsocialista y estaba en posesión de la Placa Dorada del Partido, por lo que tanto *Harras* como *Blondi* habían crecido en un ambiente inequívocamente nazi.

El apareamiento se produjo en el búnker de Hitler mientras este estaba en la habitual conferencia con sus generales. En ella, el general Heinz Guderian informaría sobre la situación en el frente ruso y se deliberaría acerca de la evacuación de las mujeres y de los niños de Prusia Oriental, amenazada por la llegada de las tropas soviéticas.

Cuando la reunión llegó a su término, Hitler volvió a su búnker y preguntó a Linge si se había producido el apareamiento: «Sí, *mein* Führer, se ha cumplido con el acto de Estado», respondió su asistente con buen humor. El noviazgo de *Blondi* con el perro de la señora Troost fue todo un acontecimiento en el estado mayor de Hitler y ayudó a distraerse de las pésimas noticias que llegaban desde el frente. Sin embargo, al cabo de un tiempo, se pudo comprobar que la historia de amor no había dado los frutos deseados.

A finales de enero de 1945, *Blondi* tendría un nuevo encuentro amoroso, aunque circulan dos versiones diferentes. La comúnmente aceptada es que el perro de Gerda Troost dispuso de una nueva oportunidad para tener descendencia con *Blondi*. Pero en el informe soviético que recoge los testimonios de Otto Günsche y Heinz Linge se explica que se le encontró un nuevo galán, el perro del *Reichsleiter* Alfred Rosenberg, el ideólogo del Partido Nazi.

Fuera quien fuera el novio, en este caso, la relación sí daría sus frutos. El 4 de abril, por fin, se produjo el tan esperado y jubiloso acontecimiento: *Blondi* dio a luz ocho cachorros, de los cuales sobrevivieron tres. Hitler bautizó al más fuerte de ellos con su propio sobrenombre: *Wolf*. Otro de los cachorros fue reservado por Eva Braun para su hermana Gretl; le envió una fotografía de *Blondi* y su camada, indicando con una flecha el que le correspondía. Pero el destino de todos ellos estaba escrito; ninguno llegaría vivo al mes de mayo.

SÍNDROME DE ABSTINENCIA

El 16 de enero de 1945, Hitler pasó a residir de forma permanente en el búnker de la Cancillería, en Berlín. Eva permanecería en Múnich, pero ya debía tener asumido que, tarde o temprano, compartiría el trágico destino que esperaba a su amado. El 26 de octubre de 1944 había escrito su testamento, por el que repartía minuciosamente sus pertenencias entre sus padres, hermanas y amigas; entre ellas había cincuenta piezas de joyería, muchas conteniendo esmeraldas, diamantes, rubíes, berilios, zafiros y oro, y una docena de abrigos de pieles, incluyendo uno de marta y otro de visón. El 9 de febrero celebró con tres días de retraso la fiesta de su 33º cumpleaños, que se convirtió en una especie de ceremonia de despedida. A finales de marzo, atravesando una Alemania destruida, se dirigiría a Berlín para reunirse con Adolf, pese a que este le había pedido que se quedara en el Berghof.

Por su parte, Hitler había comenzado a notar las dificultades de aprovisionamiento a consecuencia de los bombardeos de las fábricas. Las existencias de fármacos y narcóticos del doctor Morell se habían ido vaciando, por lo que ya no disponía de las inyecciones y pastillas que administraba diariamente a Hitler para que estuviera operativo.

A mediados de febrero, Hitler acusaba claramente la falta de esas sustancias que lo mantenían con cierto grado de energía, aunque fuera artificial. Encorvado y babeante, su decadencia física se acentuaba a cada día que pasaba. Solía permanecer absorto durante horas, y presentaba un aspecto cansado y adormecido. Deambulaba por los pasillos del búnker inclinado hacia adelante, arrastrando los pies y apoyándose en la pared. En un discurso ante lideres regionales nazis, en el que prometió milagros que lograrían un cambio de rumbo en la guerra, la impresión que causó ante los asistentes fue lastimosa. Probablemente se había hecho adicto al Eukodal y estaba padeciendo un síndrome de abstinencia.

Morell, advirtiendo que su paciente se estaba desmoronando, envió a sus ayudantes a que peinasen todas las farmacias berlinesas en busca de cualquier sustancia que pudiera serle de utilidad. Pero esa medida desesperada no surtió efecto, ya que por entonces apenas llegaban fármacos a Berlín. Naturalmente, Hitler no encajó nada bien que su *camello* no pudiera seguir suministrándole la mercancía habitual, por lo que pasó a mostrarse distante con él, enfadándose por cualquier nimiedad. Morell siguió inyectándole vitaminas, hormonas y otros preparados con los que esperaba lograr un efecto placebo, pero nada podía sustituir la droga auténtica. Es posible que esa frustración influyese también en la actitud irascible que presentaba en las reuniones informativas con sus generales, en las que empezaba a bramar y gesticular, acusando a todos ellos de querer engañarle, haciendo que esas reuniones resultasen terriblemente difíciles.

Última aparición pública de Hitler, el 20 de marzo de 1945, para felicitar a unos miembros de las Juventudes Hitlerianas que habían destacado por su valor.

Ese proceso de desintoxicación sería tan penoso como uno puede imaginar. En ocasiones jadeaba desconsoladamente o temblaba de pies a cabeza. Se incrementó su manía persecutoria y sufría de fuertes dolores de cabeza. El estado de su boca empeoró; el esmalte dental se descomponía y los dientes se le caían. Lo peor era cuando, pertrechado de unas pinzas, se agujereaba la piel agresivamente para deshacerse de las bacterias que, según él, la habían atravesado y estaban comenzando a descomponer su cuerpo.

Hitler se refugiaría en una especie de sucedáneo de esas sustancias: el azúcar. Sobre las seis de la mañana, ya solía tomar una jarrita de chocolate acompañado de tres platos de pasteles. En las comidas le servían pastel, especialmente desmigado para él. A lo largo del día se dedicaba a devorar dulces en cuanto tenía ocasión. Hitler se agarraría hasta el último día a la pequeña secreción de dopamina que le producían.

La paciencia de Hitler con Morell duraría hasta el 17 de abril de 1945, cuando el doctor fue a verlo con una bandeja en la que había una inyección de cafeína. «¿Me toma por idiota?», le espetó el dictador. Le exigió que, al menos, le inyectara morfina, pero ni siquiera eso estaba ya a su alcance.

Hitler agarró por el cuello a su antes adorado galeno, diciéndole: «¡Váyase a casa, quítese ese uniforme de médico y haga como si no me hubiera visto nunca!». Así se terminó aquella amistad interesada, que se mantuvo sólida mientras Morell era capaz de suministrar a su cliente lo que deseaba. Hitler volcó toda su rabia sobre el doctor, amenazando incluso con mandarlo fusilar. Morell, tras un breve desvanecimiento, salió corriendo del búnker, tomó el último coche oficial que quedaba y se dirigió a un aeródromo, desde donde voló hasta una base aérea al sur de Múnich.

Tan ajeno a la realidad como el que había sido su paciente, Morell se estableció en una pequeña localidad bávara a la que se había trasladado su laboratorio de investigación, y comenzó a trabajar como si no ocurriese nada, a pesar de que todos sus empleados habían huido a excepción de uno. De hecho, llegó a escribir una carta solicitando a Hacienda una prórroga en el plazo para presentar las declaraciones de impuestos.

A mediados de mayo de 1945, una reportera del *New York Times* localizó a Morell en su laboratorio. Tras la publicación del reportaje, fue detenido por los estadounidenses, que lo mantendrían preso durante dos años. Los interrogatorios a los que fue sometido no fueron fructíferos; Morell decía incoherencias, permanecía mudo o, cuando afirmaba algo, al poco tiempo se contradecía. Finalmente, cayó en una profunda depresión.

El confuso estado mental de Morell no permitía a sus captores conocer detalles sobre los tratamientos a los que sometió a Hitler. Incluso sufría brotes psicóticos, asegurando que Himmler lo estaba buscando para matarle. Convertido en un muñeco roto, ni siquiera fue llamado a declarar en los juicios de Núremberg. A principios del verano de 1947, los norteamericanos lo liberaron, dejándolo frente a la Estación Central de Múnich. Allí, una enfermera de la Cruz Roja se apiadó de él y lo condujo a un hospital, donde falleció el 26 de mayo de 1948.

COMENTARIOS INDECOROSOS

La atmósfera viciada del búnker, más incluso desde el punto de vista espiritual que del físico, llevaría a situaciones un tanto desagradables. Hitler, quizás por primera vez en su vida, dejaría a un lado su caballerosidad con las damas, haciéndolas objeto de comentarios indecorosos que causarían una gran incomodidad.

Tal como asegura la secretaria Christa Schroeder en sus memorias, durante su estancia en el búnker, Hitler fue perdiendo el comportamiento escrupuloso que siempre había manifestado en presencia de su personal femenino. Durante los doce años que había pasado a su lado, nunca se había permitido ningún comentario desagradable, ninguna confianza ni ninguna palabra fuera de lugar. Pero durante los meses que tuvo que permanecer enclaustrado en el búnker, fue dejando de lado cualquier sentimiento de pudor.

Un día, una compañera de Christa que siempre había gustado a Hitler por su vestuario extravagante llegó por la mañana al búnker de la Cancillería en medio de una alarma aérea con unos largos guantes y un enorme sombrero con las alas levantadas, todo de color malva. Hitler se plantó delante de ella y sugirió con admiración que su belleza saldría ganando si no se ponía más que el sombrero y los guantes, y la invitó entre risas a presentarse de esta manera en el búnker a partir de entonces. Esa broma de mal gusto la repetiría en varias ocasiones.

Ese comportamiento era seguramente debido a las inyecciones de estimulantes que le administraba el doctor Morell. La relación causa efecto fue advertida por Christa, que veía cómo, después de recibir esas inyecciones, a Hitler se le notaba un aspecto más desenvuelto y su conversación se volvía más atrevida.

Una mañana temprano, mientras Hitler estaba sentado en un sofá delante de sus secretarias para tomar un té, comenzó a estirar los brazos y después todo el cuerpo, mientras emitía un gruñido ininteligible. Enseguida miró a las secretarias con una expresión extraña y les explicó que con aquellos simples gestos ya era suficiente para que la compañera de un hombre supiese lo que él quería en ese momento. Las secretarias se quedaron heladas, aparentando no haber entendido lo que Hitler trataba toscamente de decirles.

Después de ese desagradable incidente, Christa preguntó al doctor Morell qué le pasaba exactamente a Hitler, y si le estaba dando afrodisíacos. Morell le respondió: «Sí, ahora le doy unas nuevas hormonas para aumentar sus fuerzas». Probablemente se trataba el discreto encargo de Eva al que se hacía referencia en el tercer capítulo.

UNA FOTO DE CHAPLIN

En la mañana del 26 de abril de 1945, Julius Schaub llegó al Berghof desde Berlín con la misión encomendada por Hitler de quemar todos los documentos que guardaba en la caja fuerte de su residencia alpina.

Schaub venía de cumplir una orden similar en Berlín. El 22 de abril, en el transcurso de la sesión informativa en la que Hitler recibió la noticia de que no se había realizado el esperado contraataque a cargo del general de las *Waffen-SS* Felix Steiner, se produjo el momento de crisis en el que Hitler se dispuso a iniciar los preparativos para poner fin a su vida.

Diez días antes, Eva ya había pedido información al general Gerhard Engel acerca de cómo matarse de un tiro. Aunque hubiera podido salvarse fácilmente escapando en avión, no quiso abandonar a Hitler: «Estoy muy feliz de estar cerca de él precisamente ahora», explicó por carta a una amiga. También encargó por carta a su hermana Gretl que destruyese su correspondencia privada, pero que conservase las cartas de su amado, envolviéndolas en material impermeable y enterrándolas.

Una de las primeras medidas ordenadas por Hitler fue la de quemar sus documentos privados almacenados en la Cancillería para que no acabasen en manos de los soviéticos, encargando a Schaub dicha tarea. Otto Günsche fue testigo de la quema, que se llevó a cabo a unos veinte metros de la puerta del garaje de la Cancillería.

La secretaria Christa Schroeder había abandonado Berlín con destino al Berghof la noche del 20 al 21 de abril. Cuenta Schroeder en sus memorias que cuando llegó Schaub, éste se puso a vaciar la caja fuerte y llevar su contenido a la terraza del Berghof, ayudado por varios hombres. En una de las ocasiones en que Schaub fue a por más documentos, ella aprovechó para echar un vistazo a su contenido. Había una caja de cartón con cartas dirigidas a su sobrina Geli, quedándose con una de ellas, y una serie de bosquejos arquitectónicos de Hitler, que ocultó igualmente del furor destructor de Schaub. También menciona un tomo encuadernado que portaba una etiqueta pegada con el título «Idea y construcción del Reich de la Gran Alemania».

Pero lo más sorprendente es que, entre esos documentos que tenían un especial valor para Hitler, figuraba también una fotografía del célebre actor británico Charles Chaplin en su papel de vagabundo. Desconocemos por qué Hitler guardaba esa fotografía. Quizás le recordaba su vida de vagabundeo por las calles de Viena, en las que su vida parecía discurrir sin ningún futuro en el horizonte.

También podemos aventurar que podía sentir cierta admiración por él, y que guardar esa fotografía constituía un pequeño homenaje personal. De hecho, una de sus películas más famosas, *El gran dictador*, en la que plasma un hilarante retrato paródico del propio Hitler, fue proyectada en el Berghof. Aunque, obviamente, la cinta no fue estrenada en Alemania, Goebbels logró hacerse con una copia, que fue proyectada en la sala de cine privada de Hitler. El registro de las películas que eran proyectadas, que acabó en poder de los norteamericanos, confirma este hecho.

Lo más curioso es que, según ese registro, *El gran dictador* volvió a ser proyectada tan solo dos días más tarde; sin duda, la película fue del agrado de Hitler. Chaplin confesaría después que hubiera dado cualquier cosa por saber cómo encajó Hitler su propia parodia. Según un testigo, la escena que más divirtió al Führer fue la que le muestra a él y a un caricaturizado Mussolini en sendas sillas de barbero, pugnando ambos por subir su propia silla lo más alto posible. Pero la escena más famosa es la que muestra al dictador nazi jugando con un liviano globo terráqueo, soñando con ser el dueño del mundo. Este detalle le fue inspirado a Chaplin por una fotografía del despacho de Hitler en la Cancillería del Reich, en la que aparecía la famosa esfera[37].

LECTURA SATÁNICA EN EL BÚNKER

En la mañana del 30 de abril de 1945, una unidad de avanzada de los soviéticos se encontraba ya en una calle cercana al búnker. Durante el almuerzo con sus dos secretarias, Gerda Christian y Traudl Junge, y la cocinera, Constanze Manziarly, en el que comieron espagueti con tomate, Hitler se mostró muy dueño de sí mismo, conversando como se si tratara de una comida más, aunque estuvo más silencioso que otras veces. Él sabía que en apenas unas horas estaría muerto.

Después del almuerzo, se despidió de su círculo íntimo junto a Eva, con quien se había casado poco antes de la medianoche del 28 de abril. Al firmar la partida de matrimonio, ella escribió una B, pero la tachó y escribió por primera y última vez en su vida: «Eva Hitler». Se había cumplido por fin su mayor deseo. Después de esa lúgubre despedida, en la que Hitler fue estrechando la manos a todos, uno a uno, ordenó a Günsche que consiguiese la gasolina necesaria para cremar su cuerpo y el de su esposa.

37 Se desconoce el destino del gran globo terráqueo de Hitler. Con el nombre de *Columbus*, se habían diseñado dos tipos de globo, uno para Hitler, de mayor tamaño y mejores materiales, y otro para los jerarcas del partido, de madera común. Se desconoce cuántos ejemplares se confeccionaron, ya que los archivos de la fábrica resultaron destruidos en un bombardeo en 1943. Aunque el emblemático globo es contemplado como una metáfora de la megalomanía de Hitler, curiosamente nunca se hizo retratar a su lado. Al igual que las reliquias religiosas, existen numerosos globos de los cuales se dice que fue el que Hitler tenía en su despacho de la Cancillería. Solo en Berlín hay tres —en un instituto geográfico, en el Museo Marcher y en el Museo Histórico Alemán— y dos más en colecciones públicas de Múnich.

Los Hitler se sentaron juntos en el sofá de su habitación. Eva fue la primera en morir, envenenada con cianuro. A las tres y media sonó un disparo; Hitler se había suicidado con la pistola Walther que conservaba desde sus primeros días en el partido y con la que había disparado al techo en el Putsch de 1923. Sus cuerpos fueron trasladados al exterior del búnker. Tras derramar sobre ellos un bidón de gasolina, Kempka prendió fuego a un trapo y lo arrojó sobre ellos, elevándose una bola de fuego seguida de una oscura columna de humo. Durante las tres horas siguientes se continuó vertiendo combustible sobre los cuerpos que ardían, hasta 170 litros. Esa noche, los restos carbonizados de Hitler y Eva fueron recogidos en una lona, depositados en un cráter de obús y cubiertos de tierra. Los soviéticos tomaron finalmente el búnker a las nueve de la mañana del 2 de mayo.

El coronel Albert Aronson fue uno de los primeros norteamericanos que entraron en Berlín formando parte de las fuerzas aliadas de ocupación, en mayo de 1945. Según relataría años después su sobrino, los soviéticos le permitieron realizar un *tour* por el búnker

Hitler observa las ruinas de la Cancillería con Julius Schaub, en la que se cree que es su última foto, tomada el 20 de abril, precisamente el día de su cumpleaños. *ÖNB.*

de Hitler. Aronson explicaría a su sobrino que, cuando lo visitó, el búnker estaba ya vacío, pero todavía había algunos cuadros y una pila de ochenta libros, que llamaron enseguida su atención, ya que suponía que debían haber pertenecido al dictador. El coronel pidió permiso a sus anfitriones para llevárselos, es de suponer que sin demasiada fe; sorprendentemente, los soviéticos no habían reparado en la relevancia de esos volúmenes, ya que no pusieron impedimento para que se los llevase.

Resulta curioso que, una vez que Aronson se los llevó a su casa en Estados Unidos, tampoco les dio la importancia que tenían, ya que los guardaría en su desván durante décadas junto a los trastos viejos, hasta su muerte. Su sobrino, que había sido alumno de la prestigiosa Universidad Brown de Providence, Rhode Island, creyó que ese legado debía estar al alcance de los historiadores, así que lo ofreció a la biblioteca de su universidad en 1979, pasando así a formar parte de su fondo bibliográfico. Sin embargo, como si esa colección de libros de Hitler estuviera condenada a no atraer la atención de nadie, apenas se han acercado hasta allí investigadores interesados en ella y, de hecho, ninguno de los grandes biógrafos de Hitler ha acudido a estudiarla.

La relevancia de esa colección consiste en que los ejemplares debieron ser objeto de una selección previa por parte del propio dictador, ya que serían las lecturas que tendría a su disposición mientras permaneciese enclaustrado en su búnker. Los ochenta libros constituyen una mezcolanza de géneros; libros ilustrados, revistas de arte, un libreto italiano de *La Valkiria* de Wagner, una edición de 1937 de *Mein Kampf* y dos ediciones de *El mito del siglo* XX de Alfred Rosenberg. Entre ellos destaca también un ejemplar de *Las predicciones de Nostradamus* adquirido a principios de los años veinte, así como una *Historia de la esvástica* de 1922, ilustrada con medio millar de representaciones de ese símbolo en los jeroglíficos egipcios, la cerámica griega o los templos mayas, además de otro dedicado a las runas nórdicas.

Entre la docena de libros sobre ocultismo que se pueden encontrar en la colección, uno de los que más llama la atención es *Los muertos están vivos*. Según se asegura en su sensacionalista portada, la obra ofrece «evidencia incontrovertible sobre ocultismo, sonambulismo y espiritismo, con dieciséis fotografías de fantasmas». Entre las imágenes fotográficas que se incluyen en las páginas finales del volumen, se encuentra una de cinco personas haciendo levitar una mesa en una sesión de espiritismo en Génova en 1892 y otra que supuestamente muestra el fantasma de una joven polaca. El espectro de un caballero inglés de aspecto majestuoso lleva como título «El fantasma del escritor inglés Charles Dickens, que murió en 1871 y está enterrado en la Abadía de Westminster. Apareció en 1873 y fue fotografiado».

Pero quizás lo más destacable de su biblioteca personal sea la presencia de un volumen titulado *Magia: Historia, teoría y práctica*, escrito por Ernst Schertel en 1923, y que trata sobre espiritualidad y satanismo. El ejemplar presenta una dedicatoria a Hitler por el propio autor. Su estado denota que fue leído en varias ocasiones, y sus márgenes contienen un total de 66 anotaciones del propio Hitler hechas a lápiz, además de numerosos pasajes subrayados. Eso hace que, de los ochenta ejemplares, este sea en el que el dictador dejó más observaciones por escrito, por lo que es de suponer que lo consideró de especial interés. Hay que señalar que Schertel escribió también libros sobre flagelación y erotismo, y que fue una figura central en el movimiento nudista alemán de los años veinte y treinta.

Resulta significativo destacar algunas de las frases del libro que Hitler decidió subrayar, por el motivo que fuera. Una que llama poderosamente la atención es esta: «Aquel que no lleva dentro de sí semillas demoníacas, nunca dará a luz un mundo nuevo». La figura del demonio aparece también en otras de esas frases destacadas: «El mágico demonio centra su mundo en los mejores individuos, aquellos de quienes emergen conceptos creativos básicos» o «Satán es el principio creativo y de valores. Satán es el fertilizante, el guerrero que destruye y construye».

Las loas al demonio por parte de Schertel eran siempre subrayadas por Hitler: «Satán es el inicio, Satán es todo lo que vive y puede verse, Satán actúa hasta en el más delicado rayo de luz de la estrella más lejana...Toda la realidad es solamente un fantasma...Nuestro demonio está luchando en medio del dolor y de las vicisitudes. ¡Debemos sufrir con él para compartir con él la Victoria!»

Desconocemos si Hitler se enfrascó en su lectura completa durante el tiempo que estuvo en el búnker, o si releyó tan solo algunos pasajes, pero nada resulta más estimulante que imaginarlo interiorizando esas alabanzas a Satán mientras el Reich milenario con el que había soñado se hundía con él, dejando tan solo ruinas, muerte y destrucción.

Apéndice

50 CURIOSIDADES SOBRE HITLER

1. No soportaba los adornos navideños. Su madre había muerto cerca de un árbol de Navidad encendido.
2. Además de la Cruz de Hierro de primera y segunda clase, recibió las siguientes recompensas en la Primera Guerra Mundial: La Cruz Militar de tercera clase con espadas, el *Regimentsdiplom* por su valentía sobresaliente, la medalla a los heridos y la medalla al servicio de tercera clase.
3. Durante un discurso importante, podía beber hasta veinte botellas pequeñas de agua mineral, y su camisa quedaba empapada de sudor. En los primeros tiempos, en Múnich, acostumbraba a beber cerveza de una jarra de vez en cuando, lo que provocaba siempre un aplauso extra.
4. Hitler había estado pagando impuestos desde 1924, describiéndose ante Hacienda como «escritor». Pero en diciembre de 1934, el jefe de la Oficina de Finanzas de Múnich, presionado por el Ministerio de Finanzas, lo declaró exento de pagar impuestos. Estaba sujeto al impuesto sobre la renta, el impuesto sobre facturación por las ventas de *Mein Kampf* y el impuesto sobre la propiedad.
5. Renunció a la nacionalidad austríaca en 1925, al temer ser deportado allí por las autoridades bávaras, convirtiéndose así en apátrida. En 1932 fue candidato para la elección de la presidencia de la República Alemana, por lo que necesitaba con urgencia convertirse en un ciudadano alemán legal; para conseguirlo, lo nombraron funcionario en la ciudad de Hildburghausen.
6. Escribía muy pocas cartas personalmente. Sólo escribía a mano y nunca utilizó una máquina de escribir. No obstante, escribía

de su puño y letra notas para las ofrendas florales en las ocasiones conmemorativas.

7. Cuando pronunciaba un discurso, no permitía bajo ningún concepto que nadie hablase después de él.
8. No consultaba nunca el calendario o la agenda. Para saber la hora preguntaba a sus ayudantes; a veces llevaba un reloj de pulsera en un bolsillo de su uniforme, pero se olvidaba de darle cuerda.
9. No tomaba nunca notas o apuntes, solo hacía dibujos y garabatos; banderas, símbolos del partido, escenarios, casas o retratos de personas. Esos esbozos eran recogidos ávidamente por su fotógrafo, Hoffmann, con la intención de editarlos algún día.
10. En 1934 poseía un par de fracs, un esmoquin, un traje de tarde, uno marrón, uno azul y un traje de diario de color claro. También tenía cinco chaquetas de uniforme, incluidas dos hechas a medida para acomodar un cinturón, tres pares de pantalones largos y dos pantalones de montar.
11. Cuando en su aniversario recibía como obsequio pasteles, chocolates, frutas y otros productos de comida, ordenaba que fueran destruidos por si habían sido envenenados.
12. Los personajes históricos que más le interesaban, y por tanto más había leído sobre sus vidas, eran: Solón, Alejandro Magno, Mario, Sila, Bruto, Catilina, Julio César, Enrique VIII, Gustavo Adolfo, Federico el Grande, Jesucristo, Mahoma, Moisés, Lutero, Cromwell, Napoleón, Kutuzov, Blücher, Richard Wagner y Bismarck.
13. Aunque disponía de un yate de representación, el *Grille*, botado en 1935, apenas lo utilizó, ya que se mareaba con el más ligero movimiento del mar.
14. Era extraordinariamente insensible al ruido. Cuando leía el periódico, las conversaciones bulliciosas no le estorbaban, más bien al contrario, porque le gustaba ser capaz de oír también lo que se decía alrededor suyo.
15. No se quitaba nunca la chaqueta en público, aunque hiciera mucho calor.
16. Antes de los Juegos Olímpicos de Invierno de 1936, Hitler insistió en que la disciplina de «patrulla militar», una prueba que combinaba el esquí de fondo y el tiro al blanco, precursora del

actual biatlón, fuera incorporada al calendario. El COI accedió a la petición de Hitler, aunque solo como deporte de exhibición.

17. Nunca utilizaba perfumes ni colonias, y criticaba o se burlaba de los que sí usaban.
18. En teoría, concentraba en sus manos un poder extraordinario; llegó a acumular 72 altos cargos del Estado.
19. Se afeitaba él mismo cada día, y un día a la semana el barbero le retocaba el bigote.
20. Nunca usaba pijama para dormir, siempre camisones largos de lino.
21. Aunque tenía unos conocimientos considerables sobre el funcionamiento de un coche o un avión, nunca aprendió a conducir ni a pilotar.
22. Le gustaba rodearse de luz artificial intensa, lo que solía incomodar a los demás presentes en la sala. Ese factor se manifestaba también en sus gustos pictóricos, al agradarle los colores muy brillantes. Es posible que esa anomalía fuera debida a los daños sufridos en la vista por gases durante la Primera Guerra Mundial.
23. No le gustaban las composiciones de Bach, Händel, Haydn, Mozart, Beethoven ni Brahms.
24. Era un entusiasta del circo. Le gustaban especialmente los números de la cuerda floja y los artistas del trapecio. Cuando alguno de los artistas sufría un accidente, se preocupaba por su recuperación o por sus familiares, en caso de defunción. En cambio, no mostraba mucho interés por los números con animales, a no ser que hubiera una mujer en peligro.
25. No quiso aprender a esquiar, montar a caballo o andar en bicicleta.
26. Sus discursos duraban entre dos horas y dos horas y media, incluso tres horas podía considerarse normal.
27. Tenía una pasión absoluta por leer las últimas noticias; para él, casi toda la información, por muy variada o poco importante que pareciera, podía ser útil para sus propósitos en algún momento. Cuando se retiraba a dormir, se llevaba unas cuantas revistas ilustradas, incluyendo revistas americanas y publicaciones sobre temas militares y navales.
28. Sentía una especie de fobia corporal; no permitía que sus sastres le tocaran, por lo que debían cortarle las ropas a ojo de buen cubero. Igualmente, solo permitió que le hicieran exploraciones médicas completas en contadas ocasiones.

29. Tenía una radio en cada una de las habitaciones principales. Le gustaba escuchar con atención los discursos de Mussolini.
30. El número de teléfono del apartamento privado de Hitler en la Cancillería era el 120050, desde 1939, cuando se instaló una moderna centralita en el edificio, hasta el final de la guerra. Esa centralita servía para obtener una conexión, desde cualquier localización, sin pasar por las máquinas de los servicios telefónicos generales.
31. El 1 de septiembre de 1939 tomó la decisión de no volver a vestirse más de civil mientras durase la contienda.
32. La única vez que visitó a soldados heridos fue en un tren hospital durante la campaña de Polonia, en 1939. Nunca visitó una ciudad bombardeada.
33. En su dormitorio de la Cancillería, a la derecha de la cama había una mesita de noche; Karl Krause, uno de sus criados, tenía instrucciones de colocar una mesa similar en idéntica posición dondequiera que él durmiese.
34. Hitler medía 1,75 m, es decir, 15 cm más que Mussolini, 10 cm más que Stalin y 9 cm más que Churchill, pero 13 cm menos que Roosevelt.
35. Uno de los platos más frecuentes de su menú era el *Leipziger Allerlei*, típico de la cocina sajona. Es una menestra de verduras hecha a base de judías verdes, zanahorias, guisantes, espárragos, coliflor y setas de temporada, además de mantequilla y leche.
36. Ordenó que una de sus películas favoritas, *Tres lanceros bengalíes*, ambientada en la India colonial, fuera de visionado obligatorio para los miembros de las SS.
37. En 1940 designó al arquitecto Hermann Giesler para que en el futuro construyese su tumba. Según sus indicaciones, debía erigirse en Múnich y ser sumamente sencilla.
38. Durante el ataque anglocanadiese al puerto francés de Dieppe, el 19 de agosto de 1942, los incursores no encontraron apoyo entre la población civil. Como agradecimiento, Hitler ordenó que los prisioneros de guerra naturales de esa ciudad fueran liberados y retornados a casa.
39. Se negó a aceptar doctorados *honoris causa*.

40. Ofreció una recompensa a quien fuera capaz de capturar a actor Clark Gable vivo, al tener conocimiento de que participaba a bordo de un bombardero en misiones aéreas sobre Alemania.
41. Como señal de duelo tras la derrota en Stalingrado, ordenó a sus generales que no se sirviesen la habitual copa de coñac que tomaban después de comer.
42. En el Berghof, solía desayunar dos tazas de cacao amargo y galletas de mantequilla de la marca Leibniz, elaboradas en Hanover desde 1891. Por su parte, Eva pedía café fuerte y pan untado con mucha mantequilla.
43. Hacia 1943, los derechos de autor de *Mein Kampf* recibidos por Hitler de sus editores de Eher Verlag ascendían a 5.525.811 *reichsmarks*, equivalente a unos 50 millones de euros en la actualidad.
44. No le interesaba el fútbol; sólo acudió a un partido y fue en los Juegos Olímpicos de Berlín en 1936 con derrota de Alemania por 0-2 contra Noruega. Aunque se suele afirmar que era simpatizante del Schalke 04, el equipo más laureado durante el Tercer Reich, no hay constancia de que asistiese a uno solo de sus partidos.
45. Sus secretarias usaban una máquina de escribir especial de tipos grandes para que él pudiera leer en público sin gafas.
46. En el sótano del Berghof se instaló una bolera porque a Eva le gustaba mucho ese juego. Pero Hitler, después de haber probado una vez y fallado todos los tiros, no quiso volver a jugar.
47. Aunque adoraba a los perros, sobre todo los pastores alemanes, consideraba antipáticos a los bulldogs y boxers. También hallaba estúpidos a los caballos y odiaba a los gatos.
48. Cuando paseaba por los jardines de la Cancillería, llevaba avellanas en los bolsillos para dárselas a las numerosas ardillas domesticadas que había allí. Cuando se le terminaban, llamaba a un criado para que le trajese más.
49. En todos los lugares en donde residió, incluido el búnker en el que se suicidó, tenía un retrato de su madre.
50. Adolf Hitler no sería declarado oficialmente muerto hasta el 25 de octubre de 1956, por un juzgado de Berchtesgaden. El fallecimiento quedaría anotado el 11 de enero de 1957 en el viejo registro bautismal de su pueblo natal, Braunau.

Bibliografía

BAUR, Hans, *Yo fui el piloto de Hitler*, Ediciones Sieghels, Buenos Aires, 2009.

BONNÍN, Pere, *Eva Braun y Adolf Hitler*, Plaza & Janés, Barcelona, 1999.

BULLOCK, Allan, *Hitler. Estudio de una tiranía* (2 Vol.), Grijalbo, Barcelona, 1964.

CHARLIER J.M. y LAUNAY J., *Hitler y las mujeres*, Planeta, Barcelona, 1979.

DELPLA, François, *Les Tentatrices du Diable*, L'Archipel, París, 2005.

EBERLE, Henrik y UHL, Matthias, *El informe Hitler*, Tusquets, Barcelona, 2008.

FEST, Joachim, *Hitler. Una* biografía (2 Vol.), Planeta, 2006.

GISEVIUS, Hans Bernd, *Adolf Hitler*, Plaza & Janés, Barcelona, 1974.

GUN, Nerin E., *Hitler y Eva Braun. Un amor maldito*, Bruguera, Barcelona, 1968.

HANFSTAENGL, Ernest, *Hitler: Los años desconocidos*, Sepha, Málaga, 2012.

HEIBER, Helmut, *Hitler*, Plaza y Janés, 1968. Península, Barcelona, 2005.

HEIBER, Helmut, *Hitler y sus generales*, Crítica, Barcelona, 2005.

HENDERSON, Neville, *Dos años junto a Hitler*, Los libros de nuestro tiempo, Barcelona, 1945.

HITLER, Adolf, *Mi lucha*, Ediciones D.P., Barcelona, 1984.

HITLER, Adolf, *Raza y destino*, Editorial Avanzada, Madrid, 2010.

HOFFMANN, Heinrich, *Yo fui amigo de Hitler*, Caralt, Barcelona, 2003.

IRVING, David, *El camino de la guerra*, Planeta, Barcelona, 1990.

JUNGE, Traudl, *Hasta el último momento. La secretaria de Hitler cuenta su vida*, Península, Madrid, 2005.

KERSHAW, Ian, *Hitler* (2 Vol), Península, Barcelona, 1999.

KUBIZEK, August, *El joven Hitler que conocí*, Tempus, Barcelona, 2010.

LEHMANN, Armin D., *En el búnker de Hitler*, Editorial El Ateneo, Buenos Aires, 2005.

LORINGHOVEN, Bernd F. von, *En el búnker con Hitler*, Crítica, Barcelona, 2007.

McKNIGHT, Gerald, *The strange loves of Adolf Hitler*, Sphere, Londres, 1978.

MISCH, Rochus, *Jo vaig ser escorta de Hitler*, Pagès Editors, Lleida, 2006.

MUSMANNO, Michael A., *Los últimos testigos de Hitler*, Robinbook, Barcelona, 2005.

OHLER, Norman, *El gran delirio. Hitler, drogas y el III Reich*, Crítica, Barcelona, 2016.
SAYER, Ian y BOTTING, Douglas, *The women who knew Adolf Hitler*, Carroll & Graf Publishers, Nueva York, 2004.
SCHELLENBERG, Walter, *Al servicio de Hitler*, Belacqva, Barcelona, 2005.
SCHIRACH, Henriette von, *Der Preis der Herrlichkeit*, Herbig, Múnich, 1985.
SCHROEDER, Christa, *Dotze anys al costat de Hitler*, Pagès Editors, Lleida, 2003.
SCHWARZWÄLLER, Wulf, *The unknow Hitler*, Berkley Books, Nueva York, 1990.
SIGMUND, Anna Maria, *Las mujeres de los nazis*, Plaza & Janés, Barcelona, 2000.
SPEER, Albert, *Diario de Spandau*, Plaza & Janés, Barcelona,1976.
SPEER, Albert, *Memorias*, El Acantilado, Barcelona, 2001.
STEINER, Marlin, *Hitler*, Javier Vergara Editor, Buenos Aires, 1996.
STRASSER, Otto, *Hitler y yo*, Titania, Barcelona, 2015.
TOLAND, John, *Adolf Hitler. Una biografía narrativa*, Ediciones B, Barcelona, 2009.
TREVOR-ROPER, Hugh, *Las conversaciones privadas de Hitler*, Crítica, Barcelona, 2004.
TREVOR-ROPER, Hugh, *Los últimos días de Hitler*, Los libros de nuestro tiempo, Barcelona, 1947.
WEBER, Thomas, *La primera guerra de Hitler*, Taurus, Madrid, 2012.